古典文獻研究輯刊

二五編

潘美月・杜潔祥 主編

第 1 冊

《二五編》總目

編輯部編

左傳人物名號研究（上）

方炫琛 著

國家圖書館出版品預行編目資料

左傳人物名號研究（上）／方炫琛 著 -- 初版 -- 新北市：花
木蘭文化事業有限公司，2017〔民 106〕
序 4+ 目 4+190 面；19×26 公分
（古典文獻研究輯刊 二五編；第 1 冊）
ISBN 978-986-485-239-0（精裝）
1. 左傳 2. 研究考訂
011.08　　　　　　　　　　　　　　　106015020

ISBN-978-986-485-239-0

9 789864 852390

古典文獻研究輯刊
二五編　第 一 冊　　　　　ISBN：978-986-485-239-0

左傳人物名號研究（上）

作　　者　方炫琛
主　　編　潘美月　杜潔祥
總 編 輯　杜潔祥
副總編輯　楊嘉樂
編　　輯　許郁翎、王筑　美術編輯　陳逸婷
企劃出版　北京大學文化資源研究中心
出　　版　花木蘭文化事業有限公司
社　　長　高小娟
聯絡地址　235 新北市中和區中安街七二號十三樓
　　　　　電話：02-2923-1455 ／傳眞：02-2923-1452
網　　址　http://www.huamulan.tw 信箱 hml 810518@gmail.com
印　　刷　普羅文化出版廣告事業
初　　版　2017 年 9 月
全書字數　444470 字
定　　價　二五編 8 冊（精裝）新台幣 15,000 元　　　版權所有・請勿翻印

《二五編》總目

編輯部　編

《古典文獻研究輯刊》二五編　書目

《古典文獻研究輯刊》二五編
各書作者簡介・提要・目次

第一、二、三冊　左傳人物名號研究

作者簡介

　　方炫琛（1952～2000），宜蘭人，1952 年 6 月生。1976 年入政治大學中文研究所碩士班就讀，1979 年 7 月畢業，碩士論文：〈春秋左傳劉歆僞作竄亂辨疑〉。同年進入政治大學中文研究所博士班就讀，1983 年 7 月畢業，指導教授爲周何、李威熊二先生。其論文撰寫極爲用心，深得師長好評。1983 年任教於台北工業專科學校，後於政治大學中文系任教，教授《左傳》、訓詁學等科目，深受學生歡迎。爲人謙和誠懇，做事篤實認眞，教學研究都有很好的成績。不幸於 2000 年 5 月因病去世。

提　要

　　周因於殷禮，變質從文，典章制度，燦然大備，而於人之名號稱謂，亦漸趨繁富，《禮記》云：「幼名，冠字，五十以伯仲，死諡，周道也。」姓氏之別，至周而著，凡此姓、氏、名、字、行次、諡、號，爲人道之至文，備於有周，澤流後世，影響直至於今。先秦史籍人名之富，勘能過於《左傳》，而同一人也，或稱名字，或稱行次，或稱諡號，不一而足。一人異稱之外，或又一稱異人，致使初讀左傳者如墮五里霧中。此本書所爲作也。

　　本書上編第一章總論姓氏、名字、行次、謚號、爵稱之意義，第二章歸納周代人物名號之條例，辨別男女稱號之方式。下篇為左傳人物名號分析，以人名稱謂為條目，依筆畫多少排列，全書共計 2427 條。最後為索引及引書表。

　　先秦人物名號，乍看頗為複雜，其實有一定之制度習慣，經過本書全面整理，皆有規矩脈胳可尋。人物名號所以代表人，為文化之幟號，由人物名號之研究，可以探知一民族之歷史、人文，其為用也亦宏。

　　本書參考資料齊備，考證深入，李學勤先生嘗譽為目前《左傳》人物名號研究之最佳著作，洵不虛也。

目　次

第四、五、六冊　漢志諸子略通考

作者簡介

司馬朝軍，祖籍湖北公安，生於湖南南縣。現爲上海社會科學院歷史所研究員、古代史室主任。曾任武漢大學特聘教授、中國傳統文化研究中心研究員、國學院教授、歷史學院教授、信息管理學院教授及四庫學研究中心主任。主要研究方向爲四庫學、文獻學與中國近三百年學術史。著有《四庫全書總目研究》、《四庫全書總目編纂考》、《經解入門整理與研究》等著作數十種，主編《辨僞研究書系》、《四庫學研究文庫》、《黃侃全集》等。

提　要

《漢志》是中國古典目錄學史上最爲重要的典籍之一，而有關《諸子略》的研究一直沒有獨立出來，也未見集大成的專題研究。《漢志諸子略通考》爲《漢志通考》之一，從存佚著錄、眞僞考辨、校讎源流、作者情況、學術大旨、出土文獻等方面逐條展開，實事求是，言必有據，旁徵博引，間下己見。既廣泛使用傳世文獻的治學方法，也兼顧出土文獻的最新動態。要之，這是一部集成性質的專書專題研究，代表了大陸學術界在此領域的最新水準。

目　次

上　冊

高華平教授序

第七冊　中古兵書文獻與語詞研究──以《孫子》曹操注 爲主

作者簡介

　　曹海花，女，河南南陽人。2000 年 9 月至 2004 年 7 月，就讀於信陽師範學院中文系，獲學士學位；2004 年 9 月至 2007 年 1 月，就讀於浙江師範大學人文學院，獲碩士學位；2007 年 4 月至 2007 年 8 月，就職於浙江古籍出版社，擔任編輯；2007 年 9 月至 2010 年 7 月，就讀於浙江大學古籍所，獲博士學位。

　　博士期間發表的論文如下：

　　1. 《從〈漢語大詞典〉看〈孫子〉曹注的語言學價值》，《西南交通大學學報（社科版）》2009 年第 3 期；

　　2. 《說「接」》，《文獻》2010 年第 2 期；

　　3. 《〈全宋詩〉文化詞語拾零》，《西南交通大學學報（社科版）》2010 年第 5 期。

　　參與課題和參加學術會議：

　　1. 參與教育部高校古委會《中古漢語資料彙編》（王雲路主持，負責「農書、兵書、雜著彙編」）；

　　2. 參與教育部重大課題《中古漢語辭彙史》（王雲路主持，負責校對文稿）；

　　3　參加第一屆「中國語言文學與社會文化」研究生國際學術研討會，提交論文《說「接」》；

　　4. 參加第四屆漢語史暨第七屆中古漢語國際學術研討會青年論壇，提交論文《淺說「中古兵書」》。

提　要

　　流傳至今的中古兵書雖然數量不多，但語料情況複雜，歷來對之關注較少，這不利於完整的中古漢語的研究。本文試圖鉤稽中古兵書語料，從文獻和語詞兩個方面進行研究。

　　全文共分上、下兩編：

　　上編爲中古兵書的整體研究，包括第一章概論、第二章文獻研究和第三章研究價值。

　　第一章概論對中古兵書語料及其研究概況進行了梳理，同時根據中古兵

書情況，確定了本文相關研究方法。

第二章的文獻研究將中古兵書分爲兵法類、兵略類、兵器類、注釋類四大類，每類選擇代表性作品進行文獻梳理，如兵法類選擇《將苑》，兵略類選擇《黃石公三略》，兵器類選擇《古今刀劍錄》，注釋類選擇《鬼谷子》陶弘景注，根據每部兵書的特點對其文獻進行針對性研究。

第三章，通過對中古兵書的全面梳理，認爲中古兵書具有兵書文獻學、文化學、語言學等方面的價值。

下編爲《孫子》曹操注的個案研究，包括第四章曹操注的研究概況、第五章曹操注的研究價值、第六章曹操注與其他注家的比較研究。

第四章在梳理曹操注注釋體例和版本情況的基礎上，就現有研究中關於「曹操刪削《孫子》說」的討論及立足於《孫子》對曹操注的爭議兩個問題進行探討。

第五章中對曹操注的語詞進行了窮盡性研究，從而肯定了曹操注本體在漢語史、辭書編纂、對《孫子》及杜佑注的校勘等方面具有重要價值。

第六章中對曹操注與十一家注中其他注家進行比較研究，從而肯定了曹操注的源頭地位及對其他注家的影響。

最後是結語部分。對本文的研究進行整體總結，同時對本文未盡的一些問題進行了說明。另外，對《孫子》曹操注、《將苑》、《古今刀劍錄》進行了版本集校，分別見附錄一、二、三。

目　次

第八冊　《昭明文選》叢考

作者簡介

羅國威，男，四川洪雅人，1944 年 4 月生。四川大學文學與新聞學院教授、博士生導師。曾任中華文學史料學學會古代文學分會副會長、中國文選學研究會理事。長期從事魏晉南北朝文學及文選學研究。已出版著作，有《劉校標集校注》、《敦煌本昭明文選研究》、《敦煌本〈文選注〉箋證》、《冤魂志校注》、《日藏弘仁本〈文館詞林〉校證》等等。

提　要

本書爲作者近三十年來研究《昭明文選》所發表的論文中的考證文章二十篇，包括四個內容：其一爲作家考，其二爲舊注考，其三爲文本考，其四爲雜考。這批文章，都曾在《文史》、《文獻》以及各大學學報等刊物發表。今將其選出，裒爲一集，以饗請者。

目　次

左傳人物名號研究（上）

方炫琛　著

作者簡介

方炫琛，宜蘭人，1952 年 6 月生。1976 年入政治大學中文研究所碩士班就讀，1979 年 7 月畢業，碩士論文：〈春秋左傳劉歆僞作竄亂辨疑〉。同年進入政治大學中文研究所博士班就讀，1983 年 7 月畢業，指導教授爲周何、李威熊二先生。其論文撰寫極爲用心，深得師長好評。1983 年任教於台北工業專科學校，後於政治大學中文系任教，教授《左傳》、訓詁學等科目，深受學生歡迎。爲人謙和誠懇，做事篤實認眞，教學研究都有很好的成績。不幸於 2000 年 5 月因病去世。

提　　要

　　周因於殷禮，變質從文，典章制度，燦然大備，而於人之名號稱謂，亦漸趨繁富，《禮記》云：「幼名，冠字，五十以伯仲，死謚，周道也。」姓氏之別，至周而著，凡此姓、氏、名、字、行次、謚、號，爲人道之至文，備於有周，澤流後世，影響直至於今。先秦史籍人名之富，尠能過於《左傳》，而同一人也，或稱名字，或稱行次，或稱謚號，不一而足。一人異稱之外，或又一稱異人，致使初讀左傳者如墮五里霧中。此本書所爲作也。

　　本書上編第一章總論姓氏、名字、行次、謚號、爵稱之意義，第二章歸納周代人物名號之條例，辨別男女稱號之方式。下篇爲左傳人物名號分析，以人名稱謂爲條目，依筆畫多少排列，全書共計 2427 條。最後爲索引及引書表。

　　先秦人物名號，乍看頗爲複雜，其實有一定之制度習慣，經過本書全面整理，皆有規矩脈胳可尋。人物名號所以代表人，爲文化之幟號，由人物名號之研究，可以探知一民族之歷史、人文，其爲用也亦宏。

　　本書參考資料齊備，考證深入，李學勤先生嘗譽爲目前《左傳》人物名號研究之最佳著作，洵不虛也。

序

　　孔子嘗謂「周監於二代，郁郁乎文哉」，周因夏殷之禮，變質從文，典章
制度，燦然大備，而於人之名號稱謂，亦漸趨繁富；禮記云「幼名，冠字，
五十以伯仲，死謚，周道也」是也。姓氏之別，亦至周而著，凡此姓、氏、
名、字、行次、謚、號，爲人道之至文，備於有周，澤流後世，影響直至於
今。人人沿用其制，而不究其始，甚或以譌傳譌，而有數典忘祖之譏。如姓
氏本不同，而大史公混姓氏爲一，其史記於齊太公曰「姓姜氏」，於陳胡公滿
曰「姓嬀氏」，於秦始皇曰「姓趙氏」，於漢高祖曰「姓劉氏」，實則姜、嬀，
姓也，趙、劉，氏也，而史公混而爲一，統曰姓某氏，致有周姓、氏之分泯
矣。此後學者多從之，以姓氏學最盛之唐代言，其論姓氏之最著者，厥推林
寶元和姓纂，然是書所輯論者幾皆氏也，而曰「姓纂」，又於盧字下云「姓盧
氏」、胡字下云「以謚爲姓」，以氏姓通用而混爲一譚。至鄭樵撰通志，始辨
姓、氏爲二，其氏族略序云「三代之前，姓氏分而爲二，男子稱氏，婦人稱
姓，氏所以別貴賤……姓所以別婚姻……三代之後，姓氏合而爲一，皆所以
別婚姻」，此說得其大略矣，而顧棟高春秋列國姓氏表敘謂鄭氏「貪多務博，
靳勝前人，其所據者，乃從典午以後，經十六國，南北朝之紛亂，包羅囊括，
合併雜糅，而于邃古得姓之始，與春秋列國由姓析爲氏族之源流，未嘗深析
而明曉也」，顧氏此論亦至中肯。下逮今日，所謂姓者，實皆氏也，姓氏之紛
亂譌誤而不明者如是。姓氏如此，字與行次等亦多如此。探究此與吾身有密
切關係之先人制度，尋其脈絡，辨其原委，自是吾輩之責任。而鄭樵通志總
序嘗謂姓氏「一家之學，倡於左氏」，顧棟高春秋列國姓氏表敘亦云「欲考姓
氏之分斷，須以左氏爲樞紐」，皆以記載姓氏源流及周人姓氏之書，莫備於左

傳也；實則左傳所記名、字、行次、謚、號亦稱最多，故欲研究此一問題，捨深入鑽研左傳人物名號莫由也，此琛撰寫本文動機之一也。

程廷祚左傳人名辨異自序嘗云：「左氏傳于一人之身，而名號錯陳，一篇之中，而判若甲乙，創矣而不經，華矣而弗則，由古以來，未有也。」左傳所載人物之有一人兩名、一人兩字，固不足以言其名號之殊異，綜觀其名號，以姓、氏、名、字、行次、謚、號、官、爵……及子字、父字、公字、王字、孫字、君字、之字……等爲基礎，彼此排列組合，而構成錯綜複雜之新名號，致一人而多至十數稱謂，一篇之中，異稱錯陳，研究左傳，釐清此異稱，實屬首要之務，故晉杜預即有世族譜之作，下逮有宋，馮繼先撰春秋名號歸一圖，清程廷祚亦撰左傳人名辨異，而日人重澤俊郎所編左傳人名地名索引收羅最廣，較爲完備，然缺漏、譌誤猶多。凡此諸家，皆僅錄人物之名號，而未嘗考究名號之由來，分析其結構。爲研究左傳人物名號闢一蹊徑者，則自王引之始，其春秋名字解詁首先全面收羅解析左傳人物名字，並釋其相應之故，自後踵其事者，有一、二十家，見周秦名字解詁彙釋及補編。然上諸前賢之作僅及名字，而於左傳人物之姓、氏、行次、謚、號等則未嘗及焉，於名字與行次、子字、父字、公字之相配關係亦未見有說，致左傳人物名號含義之眞相，猶未表於世，而彼等所解析者亦猶有未洽也。踵繼前人之業，廣蒐深探，而發揚光大之，實琛撰本文動機之二也。

本文共分上下兩篇，上篇分二章，第一章爲總論，又分八節：第一節論姓氏。姓氏之來源，渺遠而難以窺探，姓氏之分，亦難以究其詳，本文由周人姓氏之分，與殷周婦女稱謂不同之觀點而探究之。琛以爲周人區分姓氏爲二，以姓表血統，繫於婦女，而用以別婚姻者也；而氏則爲朝代名、國名、族名等徽幟，周人稱之爲氏，以此徽幟冠領導者及其子孫名號上，是即氏之起源。姓表血統，百世不易；氏則與封建、宗法相輔，凡立一國、一族，皆須別立一氏，故氏可不斷創造推衍。延至戰國，下逮秦漢，封建崩潰，宗法毀敗，天下皆庶民也，斯無別立一氏之必要，則亦不必再衍生創造。且周代之姓爲數本不多，實不足以爲庶民別婚姻，故以氏代姓，而姓氏合一矣。又春秋經於魯大夫之稱仲孫某、季孫某，臧孫某，後人即以仲孫、季孫、臧孫爲氏，然據琛所考，仲孫、季孫、臧孫等實非氏，乃對宗子之敬稱，其氏則孟氏、季氏、臧氏是矣。

第二節論名。春秋時人大多單名，於稱名之時，或與子字、行次字、父

字、孫字、公字相配爲稱。有改名之例，有兩字名而單稱其一之例等。

　　第三節論字。周人名外又有字，字幾皆止用一字，且與名相應。字與名同例，得冠以子字、行次字，或配以父字，而構成一通行名號。自司馬遷以下，每以此通行名號爲字，如云：孔子字仲尼，顏回字子淵，仲由字子路，實則非是。

　　第四節論行次。周人字外復有行次，由左傳人物名號考察，行次與字並行，配字而稱，原不相亂，而漢人稱行次爲字，後人襲其說，而亦不究其始。

　　第五節論諡。或謂諡法始自周公，王國維首揭其覆，以文、武、成、康、昭、穆爲生稱，其說是矣。杜預、孔穎達謂婦女於法無諡，妾而有諡，實越禮妄作，由左傳考之，夫人及其子爲君之妾有諡，乃禮之常也。

　　第六節論爵。先秦典籍有周制五等爵之說，近人傅斯年以爲乃後人拼湊而成，至今猶爲疑案。由左傳考之，春秋時以公、侯、伯、子、男稱諸侯，且有等級之分，諸侯於周室有班次之異，而稱班次曰「王爵」也。

　　第七節論號。春秋時，諸侯多有諡而無號，吳君則無諡而有號，莒君亦同，且多以地名爲號，與列國不同也。

　　第八節其他。論左傳人物名號所以錯綜複雜，乃因姓、氏、名、字、行次、諡、號廣泛與子、父、孫、公、王、君、之等附加字排列組合，而構成新名號，本節即討論此等附加字；又此等附加字與字結合，且影響及周人之氏，如魯公子及三家之後，多以公字配字爲稱，其後人即以爲氏。先秦典籍所載魯國人物，以公某爲氏者甚多，孔子弟子即有公西華、公冶長，又如公輸般等，多木明其世系，今由左傳人物名號考察，蓋可推知其爲魯宗室之後也。

　　第二章爲左傳人物名號條例。左傳人物名號之組成，型類複雜，向來難以縷述，此章將左傳人物名號構成之各種形式，歸納爲條例，凡兩百二十二條，分男子名號條例及女子名號條例二節，於是左傳四千五百餘人物名號，若網之在綱，而易於掌握矣。

　　下篇網羅左傳所有人物名號，分別歸納，每人一條，凡兩千四百二十七條，其名號多出者，亦統歸一條之下，然後徧考載籍，各加案語，辨其名號之異同，稽其世系，究其名號之由來，釋其組成名號諸要素之含義，以爲前篇綜合整理之基礎。

　　本文所研究之範圍，實包含左傳人物之姓、氏、名、字、行次、諡、號、

官、爵……及子、父、孫、公、王、君、之等組成之稱謂，無以名此稱謂，故姑援宋馮繼先春秋名號歸一圖之稱，題曰「左傳人物名號研究」。

　　左傳人物名號，散見於魯十二公兩百五十五年之間，人物既多，名號及年代復錯綜複雜，收集歸類不易，訂補亦極耗時，雖終日埋首於斯，欲求完備精確，而每感力有所不逮也。其間周師一田，李師威熊之提示綱領，大力斧正，教誨之恩，莫敢或忘，然限於時間，下筆倉促，學植疏淺，罣漏極多，敬祈博雅君子，幸垂教焉。

中華民國七十二年七月一日

目次

上 篇

第一章　總　論

第一節　姓與氏

甲、論　姓

　　王國維殷周制度論云：「上古女無稱姓者，有之惟一姜嫄，姜嫄者，周之妣也，而其名出於周人之口者也。傳言黃帝之子爲十二姓，祝融之後爲八姓，又言虞爲姚姓，夏爲姒姓，商爲子姓，凡此紀錄，皆出周世，據殷人文字，則帝王之妣與母，皆以日名，與先王同，諸侯以下之妣亦然，雖不敢謂殷以前無女姓之制，然女子不以姓稱，固事實也，而周則大姜、大任、大姒、邑姜，皆以姓著，自是訖於春秋之末，無不稱姓之女子。」以周自太王始，歷王季、文王、武王而下，其妃皆以姓稱，訖春秋之末，女子亦皆繫姓爲稱，與殷商不同，因謂同姓不婚之制爲周人制度之大異於殷商者，此周所以綱紀天下者也。王國維之說後人多從之，而亦有駁之者，如胡厚宣殷代婚姻家族宗法生育制度考，謂武丁之配有「帚妌，亦稱妌帚，亦稱帚井，帚好，亦稱好……帚妊……帚麗……帚杞……帚娈……帚楚……帚媛……帚娕，亦稱帚來……帚嫀、帚周……共計六十四人之多」，以爲「帚嫀、帚周、帚楚、帚杞、帚媛、帚娕、帚麗者，嫀、周、楚、杞、媛、娕、麗皆其姓，亦即所自來之國族。他辭又或言『取奠女子』，奠即鄭，取即娶，此非族外婚而何？」以爲殷代婦女已繫姓，已行族外婚制。丁山甲骨文所見氏族及其制度，謂：「凡是卜辭所見的婦某，某也是氏族的省稱。」魯實先先生卜辭姓氏通釋之一，亦謂稱帚某者，非武丁之妻，「蓋諸方之女酋」，又謂帚某之某「爲方名……文多

從女，則亦姓氏」，亦以爲殷人婦女已繫姓爲稱。然考殷人之姓氏觀念，則與周人有異，以周人區分姓氏爲二，姓以表血統，繫於婦女；氏以表國名及卿大夫之族名，詳本節論氏，而殷人婦女所繫之某字，則爲方國之名，與男子所繫之方國之名同，未嘗有姓氏之分，魯實先先生謂「卜人之名，俱爲姓氏，而姓氏又皆萌柢方名……卜人有曲氏，而有王曲、曲白、子曲與帚曲……卜人有先氏，而有先王、先侯與婦先，卜人有뮵氏，而有侯正、子蛹與婦蛹……卜人有丙氏，而有子丙、帚丙，卜人有𣲖氏，而有子𣲖、帚婞……卜人有喜氏，而有侯喜、帚喜……」據此，則帚某之某，與王侯伯子同例，皆爲方國之名，或於方國之名旁配以「女」字而已，與周婦女繫姓爲稱者不同。

　　姓之起源，甚難究其詳，或謂姓即圖騰，見李宗侗中國古代社會史第一章，又參劉節中國古代宗族移殖史論；而周人則謂姓由賜而得，言之鑿鑿，如左隱八眾仲謂天子立諸侯，「因生以賜姓，胙之土而命之氏」；左昭八史趙謂舜後「胡公不淫，故周賜之姓，使祀虞帝」；左昭二十九蔡墨謂有颺叔安裔子事帝舜，「帝賜之姓曰董，氏曰豢龍」。尚書禹貢亦有「錫土姓」之文，鄭玄注云：「胙之土，賜之姓，命之氏。」則亦左傳胙土賜姓之義，國語周語下大子晉謂皇天嘉禹，胙以天下，「賜姓曰姒，氏曰有夏」，胙四嶽國，「賜姓曰姜，氏曰有呂」，又稱得國者「命姓受氏，而附之以令名」，凡此皆謂諸侯之姓由天子所賜，而與天子賜諸侯土地，爲其命國名爲同時之舉，姓氏由賜而有，則必有所失，故太子晉又言失國者「亡其氏姓，踣斃不振，絕後無主，湮替隸圉」，然則姓氏與國共存亡矣，故左襄二十四叔孫豹有「保姓受氏，以守宗祊，世不絕祀」之言。凡此謂姓氏由賜而有之說，言之者非一人一書，或先秦有其制度爲基礎歟？

　　前謂王國維以同姓不婚爲周制，而胡厚宣則謂殷已有族外婚制。疑先民爲杜絕內部紛爭，或因民智日開，而知所謂「男女同姓，其生不蕃」之理者，故而行外婚制。如前所述，殷婦女稱帚某，某爲方國之名，則殷人婦女尚未如周代之繫以姓。疑降至周，外婚制益嚴，而封建益繁，同一祖先或分數國，國名不足以別婚姻，乃區分天下族類，溯其源流而爲之姓制。若果有所謂賜姓者，則於封建之初，即以此姓加之，以別婚姻，而稱此諸侯國名曰氏，如溯陳之源流而爲嬀姓，而稱其國名曰陳，陳即是氏，詳頁五，姓氏判然爲二矣。

　　殷婦女之以方國之名或於方國之名旁附加「女」字殿後爲稱，或即女子繫姓之濫觴，如甲文有帚妊、帚好，而金文亦有妊姓、好姓，見吳其昌金文

世族譜，蓋一方國或本即一族類，因即爲一姓，殷人婦女之繫方名，本即有分別之作用，而周人因其俗以姓繫婦女，而以國名屬男子，謂之氏，而姓氏之分明矣。

　　由上所述，周之治天下，蓋族外婚制既嚴，而封建亦大興，專賴國名不足以別婚姻，故講求族類之源流而爲姓制，姓者生也，金文作生，即因賴之以表血統之故。周婦女繫姓，有別於殷代婦女繫方國之名，則姓氏之分，或自周而明顯也，典籍所謂因生以賜姓者，蓋亦是爲區辨異姓諸侯之源流而爲之制也。由周之子孫未嘗賜以他姓，此可證姓之爲用，在別婚姻，非以寵榮之故，周既以姓別婚姻，故姓蓋定於周初，自後蓋不復更矣。

乙、論　氏

　　凡一朝代、一國、一族，皆爲一政治組織，此組織必有一徽幟，此徽幟即朝代名、國名、族名，周人稱此徽幟爲氏，以此徽幟冠領導者及其子孫名、號上，以與他朝代、他國、他族之人相區辨，是即氏之起源。

　　國語周語下皇天嘉禹，「祚以天下，賜姓曰姒，氏曰有夏」，是周人稱天子之朝代名「夏」爲氏，故夏啓、夏桀之夏，即其氏也。左襄二十四稱「陶唐氏」者，即因陶唐之徽幟是氏，故得配氏爲稱，杜注陶唐氏云：「陶唐，堯所治地。」此與後世晉魏氏食邑於魏，因稱「魏氏」者同。禮記檀弓上之稱「有虞氏」者，亦因虞即是氏，故尚書堯典「曰虞舜」下僞孔傳曰「虞，氏」，以虞爲氏，釋文及孔疏同，舜冠其氏曰虞舜，其後人冠其氏，曰虞思、虞遂、虞關父，並見左傳。由知天子之朝代名爲其朝代之徽幟，而亦即其氏也。

　　國語周語下皇天祚四嶽國，「賜姓曰姜，氏曰有呂」，此周人稱諸侯之國名「呂」爲氏者也。左隱八「天子建德，因生以賜姓，祚之土而命之氏」，謂天子立諸侯，既賜之姓，又予之土地而爲之命氏，命氏者，即爲其命國名也。杜注以周命舜後爲例，謂「報之以土，而命氏曰陳」是也，然則諸侯之國名皆得曰氏。周初之分封，蓋多以地名爲國名，如管、蔡、曹、成、霍、宋、卅等，皆本地名，因以爲國名，見史記管蔡世家，此等國名，皆氏也。左定四祝佗述踐土之盟載書云：「王若曰：晉重、魯申、衛武、蔡甲午、鄭捷、齊潘、宋王臣、莒期」等，皆氏名連言以別之，實與左宣十二稱晉荀林父、先穀、士會、郤克、趙朔、欒書之氏名連言者同，故左隱八孔疏云：「諸侯之氏，國名是也。」左昭二十楚平王之子大子建在宋稱楚建，小邾穆公之子亦稱郳

甲,考楚、郳之國名,本即建、甲之氏也,故傳以楚建、郳甲與宋樂舍、向宜等並稱,若其後人定居此國,則以此氏爲族名,如陳公子完奔齊,其後爲陳氏者是也。周人以國名冠該國領導者及其子孫名上以爲氏,周人所載古人之稱謂亦同,如左襄四「寒浞,伯明氏之讒子弟也,伯明后寒棄之」,謂伯明爲寒國之君時,棄寒浞而不收采,則寒爲寒浞之國名,稱寒浞者,即以其國名冠名上而爲氏也。

諸侯、天子之卿大夫,其族名亦曰氏,左隱八無駭卒,羽父爲之「請族」,公問族於眾仲,眾仲謂諸侯之卿大夫有以字爲族,有以官爲族,有以邑爲族;此族名,亦即氏也,故羽父請族,而傳載魯隱公「命以字爲展氏」,可證族之徽幟即是氏,亦可知有族則有氏,與諸侯有國則有氏同。故無駭之後人以展爲氏,左僖二十六所載展喜、展禽是也。另鄭穆公之子公子喜,字罕,其後爲罕氏,公子騑字駟,其後爲駟氏,公子偃字游,其後爲游氏,亦皆以先人之字爲族名而稱氏者。又眾仲謂有以官爲族者,如左僖二十八謂「荀林父將中行」,其後以官稱爲族名,稱中行氏,見 1396 荀林父條。晉之士氏,蓋亦以官名爲族名,因而稱氏,見 0024 士蒍條。眾仲又稱有以邑爲族者,如左閔元載晉獻公「賜畢萬魏,以爲大夫」,而其孫曰魏犨,曾孫曰魏錡,此諸侯之卿大夫以邑爲族名,而稱氏也,考之經傳,晉諸氏多此類。天子之卿大夫亦然,周襄王之母弟大叔帶,傳又稱甘昭公,其後爲甘氏;劉康公之後爲劉氏,以二人食邑於甘、劉,以甘、劉爲族名,而稱甘氏、劉氏也。凡此以邑名或地名爲族名,而稱氏者,與周封諸侯,以地名爲國名而稱氏者亦同也。由此言之,卿大夫之族名亦得曰氏也。

因氏本是政治組織之徽幟,故卿大夫之氏可隨其組織之擴大而爲國名,甚至朝代名,而一國名或一朝代名亦可隨其組織之縮小,而爲卿大夫之氏。如左閔元載晉獻公「賜畢萬魏,以爲大夫」,畢萬得魏,以魏爲其族之徽幟,故畢萬孫曰魏犨,曾孫曰魏錡,玄孫曰魏相,皆以此徽幟冠於名上爲稱,此即氏也。魏氏爲晉三家之一,後與韓、趙二家共分晉,此即戰國時代之魏國,則魏由卿大夫之氏升爲國之徽幟矣,雖爲國之徽幟,然其子孫仍以魏爲氏,如戰國策魏二稱魏惠王爲「魏嬰」是也。設其後一統天下者爲魏,而非秦,則原爲卿大夫氏之魏又將易爲朝代之徽幟矣。魏之始祖爲畢萬,史記魏世家云:「魏之先,畢公高之後也,畢公高與周同姓,武王之伐紂,而高封於畢,於是爲畢姓,其後絕封爲庶人,或在中國,或在夷狄,其苗裔曰畢萬。」則

畢本國名，畢爲其國之徽幟，故畢公高以此徽幟稱，國滅後，子孫仍以此徽幟稱，畢萬即其一，則畢由國之徽幟，降而爲族之徽幟，亦即卿大夫之氏矣。由卿大夫之氏可升爲國名或朝代名，國名或朝代名亦可降爲卿大夫之氏，可知氏之本質，原是政治組織之徽幟也。

　　由甲文亦可證氏本政治組織之徽幟，如就丁山甲骨文所見氏族及其制度一書所列殷代氏族觀之，稱某氏者極多，如虎氏、鄭氏、邑氏等是，其某字即氏族之徽幟，氏族之徽幟而稱氏，則殷代已稱政治組織之徽幟爲氏矣。

　　顧炎武原姓曰：「國君無氏，不稱氏……氏之所由興，其在於卿大夫乎？」據上所述，國君有氏，國名即其氏，氏之起源，非在卿大夫也。唯國君及其子孫在本國，不稱其氏耳，其在異國，或異國人稱之，則稱其氏，如前所舉晉重、魯申、衛武……及楚建、郳甲等是也。又如左文十八莒大子僕奔魯，魯人謂之莒僕；左襄十八荀偃禱於河稱齊靈公爲齊環；左昭十一鄭穆公之孫然丹在楚，楚人稱鄭丹；左昭三十楚子西稱吳子光曰吳光；左定十四宋公子朝以其日後仕於衛，故曰宋朝；左哀二衛大子蒯聵禱於先祖，稱晉君曰晉午，鄭君曰鄭勝，皆其例也。由左傳人物名號考察，蓋非任何人在他國皆得以國名冠名上爲稱，當須時君或先君之子孫乃得如此，後人於國君之子孫在他國冠本國名者，皆以「以國爲氏」解之，實則其國名本即其氏也。史記老子韓非列傳云：「韓非者，韓之諸公子也。」商君列傳云：「商君者，衛之諸庶孽子也……衛鞅曰……」，韓非，衛鞅在秦，以國名稱，以其爲韓、衛之子孫，國名本即其氏也。由此觀點論之，則左哀十一曰「衛賜進」，子貢在魯，稱衛賜，或子貢與衛公室有關。左哀二十六載衛出公之去國也，使以弓問子貢曰「吾其入乎」，或子貢與衛公室有密切關係，而有此問歟？

　　綜上所述，吾人稱唐堯、虞舜、夏禹、商湯、周武、魯申、齊潘、鄭捷、魏錡、畢萬、展禽，其唐、虞、夏、商、周、魯、齊、鄭、魏、畢、展者，爲朝代名，國名、族名，而周人謂之氏，以之冠個人名號上，是即氏之起源也。

丙、姓氏之異

　　氏爲政治組織之徽幟，故任何人凡能立爲一朝代、一國、一族，其朝代名、國名、族名皆曰氏，姓爲血統表徵之稱，同一姓之子孫，或分爲各氏，但姓仍不變，如姬姓之周以代商，其朝代名「周」，爲氏。周之子孫別立爲國，

其國名如魯、鄭等亦得爲氏，魯之子孫別立爲族，其族名如季氏、孟氏亦爲氏，季氏之子孫復別立爲族，其族名如公鉏、公父，亦得爲氏。由此推之，公鉏、公父之子孫如別立爲族，其族名亦得爲氏，其後亦同。以上周、魯、鄭、孟氏、季氏、公鉏、公父等，有朝代名之氏、有國名之氏、有族名之氏，地位不同，然皆姬姓也。姬姓之氏如此，他姓之氏亦不例外，如姜姓之齊立國於周代，以其國名齊爲氏，齊之子孫又有別立爲族者，如左襄二十五東郭偃告崔杼曰「今君出自丁、臣出自桓」，謂崔氏爲齊丁公之後，東郭氏爲齊桓公之後，然則東郭與崔之族名亦得爲氏，東郭與崔之後，若有別立族者，其族名亦得爲氏。以上齊、東郭、崔等氏，有國名、有族名，地位有高低，然皆姜姓也。

是故姓者，生也，爲血統表徵之總名，自周初而下，凡出自同一祖先者，皆同姓，歷百代而不易，而氏則爲諸姓中，任何人凡能立爲一朝代、一國、一族者，其朝代、國、族之徽幟即是氏，以此等氏冠個人名、號上即是個人之氏，氏可無限衍生創造，與姓之百代不易者不同。姓以別婚姻，故姓繫女子，而氏則爲政治組織之徽幟，周代政治組織以男性爲主，故氏多冠男子名號上。

丁、姓氏合一──以氏代姓

由上所述，氏與封建、宗法相輔，天子立一國，則復別立一氏；諸侯別立一族，亦須立氏；族之後別立一族，復別立一氏，如此不斷推衍，緜延渺遠。然至戰國，下逮秦漢，封建崩潰，宗法毀敗，君卿之子弟奔走流亡，與庶民同，而周初之姓爲數本不多，顧棟高於春秋大事表十一敘所謂「延及春秋之初，分封之國，存百有二十四，稽其姓，合中國及鄭瞞，僅及二十有一」，以此諸「姓」爲封建時代諸侯、卿大夫區別婚姻則可，爲封建崩潰後之庶民別婚姻則不可，故或以氏代姓，以別婚姻歟？而封建宗法既不行，亦無別爲立氏之必要，氏既不再衍生創造，乃取代周初之姓，遂百世不易矣。

姓氏之亂，究始於何時？考戰國策秦二載甘茂曰「昔者曾子處費，費人有與曾子同名族者而殺人」，日知錄卷二十四據此云：「不言姓，而言族，可見當時未嘗以氏爲姓也。」謂戰國時尚未有以氏爲姓。而孟子盡心篇下云：「諱名不諱姓，姓所同也，名所獨也。」則似已稱氏爲姓矣。姓氏之亂，下逮西漢，尚有其迹可尋。日知錄卷二十四引漢書外戚恩澤侯表「褒魯節侯公子寬，

以魯頃公玄孫之玄孫，奉周祀，元始六年六月丙午封，子相如嗣，更姓公孫氏，後更爲姬氏」，顧氏因云：「公子、公孫、氏也，姬，姓也，此變氏稱姓之一證。」日知錄又引水經注卷二十一「漢武帝元鼎四年，幸雒陽，巡省豫州，觀于周室，邈而無祀，詢問耆老，乃得孼子嘉，封爲周子南君，以奉周祀。按汲冢古文，謂衛將軍文子爲子南彌牟，其後有子南勁。紀年，勁朝于魏，後惠成王如衛，命子南爲侯。秦并六國，衛最後滅，疑嘉是衛後，故氏子南而稱君也」，顧氏云：「據此，嘉本氏子南，武帝即以其氏命之爲爵，而漢書恩澤侯表竟作姬嘉，則沒其氏而書其姓矣，與褒魯之封公孫氏，更爲姬氏者正同。」可見姓氏混雜，變氏稱姓，至西漢猶未已也。

以氏代姓，則姓氏合一，氏之爲物，失其原有特性及功能，而取代姓之特性及功能，就形式言，則爲氏，而就其精神言，實已爲姓矣。因其取代姓百世不易之特性及別婚姻之功能，故冒姓之稱以行，至今已二千餘年矣。

戊、論魯孟氏之由來

魯公子慶父又稱仲慶父，其後人傳稱孟氏，而經以仲孫配名稱仲孫某，然則公子慶父之行次爲孟，抑仲？其後人之氏爲孟？爲仲？抑仲孫？考公羊莊二十七云：「公子慶父，公子牙、公子友皆莊公之母弟也。」史記魯周公世家曰：「莊公有三弟，長曰慶父，次曰叔牙，次曰季友。」國語齊語韋注亦云：「慶父，莊公之弟共仲也。」皆以公子慶父爲魯莊公弟，而杜預則以爲莊公庶兄，左莊二經「公子慶父帥師伐於餘丘」，杜注：「莊公時年十五，則慶父、莊公庶兄。」孔疏引釋例云：「經書公子慶父伐於餘丘，而公羊以爲莊公母弟，計其年歲，既未能統軍，又無晉悼，王孫滿幼知之文……今推案傳之上下，羽父之弒隱公，皆諮謀於桓公，則桓公已成人也……桓以成人而弒隱即位，乃娶於齊，自應有長庶，故氏曰孟，此明證也。公疾問後於叔牙，牙稱慶父材，疑同母也，傳稱季友文姜之愛子，與公同生，故以死奉般，情義相推，考之左氏，有若符契。」謂公子慶父爲魯莊公庶兄，非母弟，其主要證據爲魯莊公以魯桓六年生，至莊二年，年止十五歲，若公子慶父爲莊公弟，當不能帥師伐餘丘也。公子慶父既爲庶長，爲孟，何以又稱仲慶父？孔疏云：「蓋慶父雖爲庶長，而以仲爲字，其後子孫以字爲氏，是以經書仲孫，時人以其庶長，稱孟，故傳稱孟孫。」又引劉炫云：「蓋慶父自稱仲，欲同於正適，言己少次莊公，爲三家之長，故以莊公爲伯，而自稱仲。」則劉炫、孔穎達亦

以公子慶父爲庶長而自以爲仲，故經稱仲孫，而傳以其爲庶長，稱孟孫。竹添光鴻左傳會箋（以下簡稱會箋）及梁玉繩史記志疑卷十八亦從杜預之說，然陳立公羊義疏則右公羊而駁杜云：「莊公於桓六年生，時年十五，慶父爲其弟，年宜十三、四……慶父年幼將兵，本不必實有統軍之能，虛假其名，以爲統帥，當時自必有撫軍之人。」其說亦非無理。

公子慶父之行次蓋爲仲，故以行次配名曰仲慶父，以諡配行次曰共仲，此實左傳人物稱謂之通例，不應公子慶父之行次爲孟，而如孔疏、劉炫所謂自以爲仲者也，故由公子慶父本身名號考察，公子慶父之行次當是仲無疑，以其行次爲仲，故經書其後人曰仲孫某，記其實也，至其後人以孟爲氏，此或後來之事也，孟本「長」義，說文云：「孟，長也。」或以其爲三家之長，故曰孟歟？不然則公子慶父爲庶子，其上復有兄，仲爲其行次，因公子慶父爲魯莊公、公子牙、公子友之庶兄，故其後人以孟爲氏歟？

己、論仲孫、季孫、臧孫等稱非氏

春秋書魯孟氏、季氏、臧氏之宗子曰仲孫某、季孫某、臧孫某，故後儒遂稱仲孫、季孫、臧孫爲氏，如杜預春秋釋例世族譜（以下簡稱杜氏世族譜）於魯國下即標仲孫氏、季孫氏，程公說春秋分紀世譜及陳厚耀春秋世族譜（以下簡稱陳氏世族譜）皆從之，又稱臧氏爲臧孫氏，春秋大事表同，甚至謂「三家稱仲孫、叔孫、季孫氏，未嘗單舉仲、叔、季也」，見列國卿大夫世系表及春秋大夫無生而賜氏論。

考春秋經傳，魯以氏配孫稱某孫，凡六家。公子慶父之後稱孟孫者，有仲孫蔑，見左成二；有仲孫速，見左襄二十三；有仲孫羯，見左襄二十七、三十一及左昭四；有仲孫貜，見左昭七；有仲孫何忌，見左定六、八、十二及左哀七、十四。則孟氏稱孟孫者凡五人，皆孟氏之宗子。

公子牙之後，稱叔孫者，有叔孫豹，見左襄二十七、二十八，左昭元、四；有叔孫婼，見左昭二十一、二十三、二十四、二十五；有叔孫不敢、見左定元；有叔孫州仇，見左定十及左哀十一。則公子牙後稱叔孫者四人，皆其家宗子也。

公子友之後稱季孫者，有季孫行父，見左成八、十六、及左襄二、四；有季孫宿，見左襄十九、二十一、二十三、二十九、三十一及左昭元、三、四、五、七；有季孫意如，見左昭十二、十三、十四、二十一、二十七、三

十一及左定元；有季孫斯，見左哀三，及公羊定八、九、十、十二；有季康子，見左哀六、八、十一、十二、十四、二十四、二十五，則季氏稱季孫者五人，皆季氏之宗子。

公子彄之後稱臧孫者，有臧孫辰，見左僖二十六；有臧孫許，見左成二；有臧孫紇，見左襄十四、十七、二十三；有臧昭伯，見左昭二十五。則臧氏稱臧孫者四人，皆臧氏之宗子。

郈氏即厚氏，參 2064 瘠條，稱厚孫者，有厚成叔，見左襄十四；稱郈孫者，有郈昭伯，見左昭二十五。則郈氏稱某孫者二人，皆郈氏之宗子。

魯有御氏，左襄二十二有御叔，左莊二十四有御孫，以魯三家及臧、郈二氏之宗子，以氏配孫曰某孫觀之，御孫當即御氏之宗子也。

據上所考，魯六家之宗子得稱某孫，非宗子則以氏配名或字爲稱，如孟氏有孟椒，孟公綽、孟之側等；季氏有季公鳥、季公亥、季寤、季魴侯等；臧氏有臧賈、臧疇、臧堅等；考諸春秋經傳，蓋未見魯非宗子稱其孫也。

由此觀之，宗子乃得稱孫，非宗子者，止以孟、季、臧等配名爲稱而已。然則孟、季、臧當是三家之氏，左傳亦以孟、季、臧爲氏，故載「季氏」之稱凡五十餘次，「孟氏」之稱十餘次，「臧氏」之稱亦十餘次，而絕未見有作仲孫氏、季孫氏、臧孫氏者。論語亦同，有「季氏」、「孟氏」之稱，而未嘗見「仲孫氏」、「季孫氏」、「臧孫氏」，由此可知，仲孫、季孫、臧孫非氏，孟、季、臧等乃其氏也。

仲孫，季孫、臧孫既非氏，則爲何？由上所述魯諸家宗子乃得稱某孫觀之，則以氏配孫蓋是敬稱。左文十五經「宋司馬華孫來盟」，傳云「宋華耦來盟」，華耦爲宋華父督之後，氏華名耦，參 1752 華耦條，魯史不稱其氏名，而以其氏配孫稱華孫者，傳以爲「其官皆從之……貴之也」，魯史於外大夫以氏配孫稱某孫，以表敬意，則於內大夫之執政者，蓋亦以其氏配孫稱某孫以貴之也。左文十六孔疏引世本云：「華督生世子家，家生華孫御事。」華孫御事亦宋華父督之後，氏華名御事，傳止稱曰華御事，則曰華孫御事，亦氏下配孫之例也。

魯大夫以氏配孫，曰某孫、某孫某，其孫字之義爲何？按左昭四「齊有仲孫之難，而獲桓公」，杜注謂仲孫即齊公孫無知，左莊八「僖公之母弟曰夷仲年，生公孫無知」，則公孫無知爲夷仲年之子，夷仲年名年，仲爲其行次，參 0753 夷仲年條，則公孫無知之稱仲孫者，仲爲其父之行次，孫者，則指爲

夷仲年父齊莊公之孫也，而非謂夷仲年之孫。左桓二載周內史稱臧哀伯曰「臧孫達」，臧孫達為公子彄之子，其稱孫者，亦指為公子彄之父魯孝公之孫，而非謂為公子彄之孫，由此觀之，以氏配孫，稱某孫者，其孫字指本國某先君之孫也，而非指公子之孫也。

公孫為國君之孫，得稱某孫，公孫之後亦得稱某孫者何？古人於孫之後，皆得稱孫，如詩稱魯僖公為「周公之孫」，故公子牙之子公孫茲得繫其祖而稱孫，曰叔孫戴伯，戴伯子亦得繫曾祖稱孫，曰叔孫得臣，得臣子亦得繫高祖稱孫，曰叔孫僑如，其後子孫嗣位者亦同。孫字之義蓋如此。故唯宗子得以氏配孫，上繫先君，以顯尊貴，而支庶則止以氏配名而已。

左傳於公子牙之後，則稱「叔孫氏」，與「孟氏」、「季氏」、「臧氏」、「邱氏」之稱不同，此蓋因魯文公子叔肸後亦立為一氏，叔肸之行次亦是叔，為相區辨，故公子牙之後，從其敬稱，曰「叔孫氏」；而叔肸之後，稱叔氏，實則叔孫氏之初，亦止稱叔氏，與孟氏、季氏不異，觀文十一經、十四經稱公子牙庶孫為「叔彭生」，以叔為氏，參 0962 叔仲彭生條，可知此說不誤。

左襄二十三「孟氏之御騶豐點好羯也，曰『從余言，必為孟孫』」，此孟氏家臣豐點欲立孟莊子嗣子秩之弟羯，謂羯若從其言，則得立為孟氏之宗子，「必為孟孫」意即必得立為孟氏之宗子，若孟孫為氏，則豐點所謂「必為孟孫」之言為無義矣。由此亦可證，孟孫等實以氏配孫，為春秋時魯人對宗子之敬稱，而非氏。

鄭樵氏族略氏族序云：「季氏之有季孫氏，仲氏之有仲孫氏、叔氏之有叔孫氏，適庶之別也。」顧炎武原姓曰：「孟孫氏小宗之別為子服氏、為南宮氏；叔孫氏小宗之別為叔仲氏；季孫氏之支子曰季公鳥、季公亥、季寤，稱季不稱孫。」此已見及季氏之宗子稱季孫，非宗子止稱季之可疑，故以「季孫氏」為適、為大宗，「季氏」為庶、為小宗以釋之，然此解說則又不當，如左傳、論語皆稱公子友後之大宗為季氏，足證其說之非。致誤之由，即不明季孫等本非氏，季為氏，孫乃對人之敬稱也。

由上之分析，可知三家初蓋皆以孟、叔、季為氏，臧氏、邱氏等亦同。以氏配孫，稱某孫，則為對宗子之敬稱，春秋為魯史，其對本國執政大夫之稱謂，或當異於其他大夫，故以對宗子之敬稱，書之於史，猶書本國國君之卒，稱「薨」，而於外諸侯之卒，則止書「卒」，後人徒見經稱仲孫某、季孫某、臧孫某，即以仲孫、季孫、臧孫為其氏也。

庚、氏字於左傳之用法

因朝代名、國名、族名即是氏，故朝代名、國名、族名皆可配「氏」爲稱，以指其朝代、其國、其族，其例如下：左襄九「陶唐氏之火正閼伯居商丘」，孔疏云：「氏猶家也，古言高辛氏、陶唐氏，猶言周家、夏家。」陶唐爲朝代名，即是氏，故可配「氏」以稱其朝代。左宣十五經「晉師滅赤狄潞氏，以潞子嬰兒歸」，孔疏謂潞爲「國名」，稱潞氏者，即以國名配「氏」以稱其國。左宣十六經「晉人滅赤狄甲氏」，甲亦是國名，以國名配「氏」以稱其國。左昭二十九蔡墨曰「古者畜龍，故國有豢龍氏，有御龍氏」，謂豢龍氏、御龍氏爲「國」，則豢龍、御龍皆是國名，即是氏，故得配氏字爲稱，以指其國。左宣十八「遂逐東門氏」，此以族名配「氏」，以指其族。左哀十四「我盡逐陳氏而立女」，亦以族名配「氏」，以指其族也。

氏原爲政治組織之徽幟，故有以此徽幟配「氏」，以稱此組織之代表人物。如：左昭二十九「有烈山氏之子曰柱爲稷」，烈山爲朝代名或國名，有爲國名上所冠之前置詞，與有周、有夏之有同，此以國名或朝代名配「氏」，以稱天子或諸侯。左昭二十八「昔有仍氏生女」，杜注：「有仍，古諸侯也。」仍爲國名，有爲國名上所冠之前置詞，此以國名配「氏」，以稱其國之君也。左襄十四「將執戎子駒支，范宣子親數諸朝，曰：來，姜戎氏」，姜戎爲一國，參0770 戎子駒支條，范宣子呼其君曰姜戎氏，則以國名配「氏」稱其君也。左莊二十二「初懿氏卜妻敬仲，其妻占之曰」，懿氏即指懿家之宗子也。左僖二十八「王命尹氏及王子虎、內史叔興父策命晉侯爲侯伯」，此尹氏當指周尹氏之宗子。左襄二十五「崔氏殺齮蔑于平陰」，崔氏亦非指崔族，乃指崔族之宗子崔杼也。以上皆以朝代名或國名、族名配「氏」以稱人者也。

氏原爲政治組織之徽幟，故可以氏稱其組織，如：左昭十七「黃帝氏以雲紀……炎帝氏以火紀……」，左昭二十九「帝舜氏世有畜龍」，凡此皆以古帝王之名號配「氏」，以稱其朝代也。又如左襄十七「瘈狗入於華臣氏」，左襄二十八齊慶封「以其內實遷于盧蒲嫳氏」，凡此以人之氏名配「氏」而稱其人之家也。左宣十一「將討於少西氏」，少西爲夏徵舒祖父之名；左昭八「聞彊氏授甲將攻子」，彊爲高彊之名，凡此以人名配「氏」稱其人之家也。左襄二十九「鄭大夫盟于伯有氏」，伯有即良霄，有爲其字，左襄三十「皆受盟於子晳氏」，子晳即公孫黑，晳爲其字；左昭八「而立子良氏之宰」，子良即高彊，良爲其字，凡此皆以人之字配「氏」而稱其人之家也。

　　左傳又有以行次、「舅」字、官稱及姓等配「氏」以稱其人，如：左宣十五晉景公稱荀林父爲「伯氏」，左宣十六周定王稱士會爲「季氏」，左昭十五周景王稱荀躒爲「伯氏」、稱籍談爲「叔氏」，皆以行次配「氏」稱其人也，詳 2348 籍談條。左僖十二周襄王稱管仲爲「舅氏」，以其爲異姓諸侯之臣，故以舅配氏稱之；左僖二十四重耳曰「所不與舅氏同心者……」，亦稱狐偃爲舅氏也。左襄二十五「南史氏聞大史盡死，執簡以往」，南史氏者，以官稱配氏以稱其人也。左隱元祭仲曰「姜氏何厭之有」，此以鄭武公夫人武姜之姓「姜」配氏曰姜氏，以稱武姜也。姓氏原不同，此以姓配「氏」字爲稱，或謂此即「姓氏相混」，見孫曜春秋時代之世族頁二三，日知錄卷二十四「氏族」條亦據此而云：「姓與氏，散亦得通」，實則非也，此乃以「氏」稱人，與以行次及「舅」字等配氏稱人者不異，行次、「舅」與氏不可通，亦不相混，則姓與氏亦不可通，而亦不相混矣。

辛、諸侯之氏

　　周所封諸侯，得氏之由，多左隱八眾仲所謂「胙之土而命之氏」者也，如詩魯頌閟宮云：「王曰叔父，嘉爾元子，俾侯于魯」，是魯本地名，伯禽封於魯，因以爲國名，即其氏也。如齊，傅斯年以爲太公初封呂，後乃徙封濟水之域，因稱齊，詳大東小東說。據此齊初國於呂，以爲氏，故史記齊太公世家稱太公曰呂尚，書顧命稱丁公曰呂伋，皆以氏稱也；後既以齊爲國名，則又易氏，左襄十八荀偃禱曰「齊環怙恃其險」，以氏配名稱齊靈公也。如晉，唐叔封於唐，以國名爲氏，故稱唐叔，後以國有晉水，故改曰晉也，詳 1832 虞條；既易國名曰晉，則晉亦氏也，左哀二衛大子禱曰「晉午在難」，以氏配名稱晉定公也。如衛，蓋本封於康，故康叔與其子康伯皆以康爲氏，後乃徙衛，參 2196 衛康叔條；既易國名曰衛，則衛亦氏也，左定四載踐土之盟，稱衛成公弟曰「衛武」，即以氏配名爲稱也。史記鄭世家鄭桓公友「初封于鄭」，是鄭亦以地名爲國名，參春秋大事表列國爵姓及存滅表譔異冊一「鄭」條下。又陳以地名爲國名，見左襄二十五，蔡、曹之以地名爲國名，見管蔡世家。則諸侯多以地名爲國名，因以爲氏也。故孔穎達嘗謂「顓頊以來，地爲國號」，見尚書堯典「曰虞舜」下疏。以地名爲國名，因以爲氏，蓋古常例也。

壬、卿大夫之氏

　　春秋卿大夫得氏之由，除眾仲所謂以先人之字爲氏，以官爲氏，以邑爲

氏者外，尚有以先人之字冠「子」字爲氏者，如鄭厲公之弟語，字人，傳稱子人，後人即以子人爲氏，故左僖七載鄭「子人氏」，左僖二十八鄭有子人九，即其後也。如魯仲孫蔑之子它，字服，國語魯語上稱子服，其後人以子服爲氏，子服椒、子服回、子服何皆是。如魯公孫歸父字家，傳稱子家，後人以子家爲氏，左定元叔孫不敢稱「子家氏」，同傳子家羈即其後也。又如左哀十六經衛子還成，傳稱瞞成，子還當是以先人之字爲氏者，參 0138 子還成條。又如齊子淵捷之子淵，蓋亦以父字爲氏，參 0363 公孫捷條。子師僕以子師爲氏，亦此類也，參 0114 子師僕條。左傳人物之氏，以父字爲氏者甚多，如鄭之罕氏、駟氏、豐氏、游氏、印氏、國氏、良氏、然氏、羽氏，宋之華氏、樂氏、皇氏、魚氏、向氏，魯之施氏、展氏皆是，然因左傳人物之字多冠「子」字爲稱，是以後人亦有以子某爲氏也。

　　有以先人行次爲氏，如魯季氏、宋仲氏等皆是，然左傳人物有以「子」配行次爲稱，如魯公子憖稱子仲，宋皇野亦稱子仲，而衛有二子伯，衛公子黑背亦稱子叔，是以後人因以先人「子」配行次之稱爲氏，如魯叔肸之行次爲叔，其後人以其行次「叔」爲氏，經稱叔某，而傳稱子叔某，左襄十四經「叔老」，傳作「子叔齊子」，左昭二經「叔弓」，傳載叔向稱其爲「子叔子」，左昭二十一經「叔輒」，傳載昭子稱其曰「子叔」。又如衛定公弟黑背，傳稱子叔黑背，叔爲其行次，而其子公孫剽傳稱子叔，當與叔輒稱子叔同，以子叔爲氏。

　　有以王字、公字配行次而爲氏者，如周王子虎爲周之王子，叔爲其行次，因以「王」配行次爲稱，左文三即稱其曰「王叔文公」，而其子曰王叔桓公，其後又有王叔簡公，以王叔爲氏，參 0469 王子虎條。如衛靈公之兄名縶者，以「公」配其行次爲稱，左昭二十即載時人稱其曰公孟，其後人即以公孟爲氏，公孟彄是也，參 0327 公孟縶，0325 公孟彄條。左哀九齊有公孟綽，或與此同例。又如衛公叔發，爲衛獻公之孫，其子曰公叔戌，皆稱公叔，公叔當是其氏，蓋公叔發之父或與公孟縶同，以「公」配行次爲稱，故其子孫因以公叔爲氏，參 0324 公叔發、0322 公叔戌條。凡此王叔、公孟、公叔之稱，非謂其人爲時王之叔，或時君之兄、弟也，乃因其爲王子、公子、因以王、公配行次爲稱，其證有三：一、魯昭公之子務人，左哀十一稱其爲公叔務人，據史記魯周公世家，時君哀公爲其堂兄弟，據傳，務人卒於此年，而稱公叔，是公叔之稱非時君之叔之謂也。二、魯公子或三家之後，有以公字配名、配

字爲稱，如公叔務人，字爲，傳稱公爲，魯季孫宿之子名彌，字鉏，傳稱公彌，公鉏，足證公之子孫有於名、字上冠公字之習慣，則於行次上冠公字，亦其例也。其三、由左傳人物名號考察，與王有關者或冠王字，經有王季子、王札子，傳有王儋季、王穆后、王大子壽等，其中王季子蓋即以王配其行次季爲稱，參 0488 王季子條，則王叔之稱，亦以王配其行次也。

有因先人字上冠公字爲稱，而因以爲氏者。如魯季孫宿之子公彌，字鉏，左襄二十三稱其爲公鉏，後人即以公鉏爲氏，公鉏極是也，參 0410 公彌條。季悼子之子曰公甫，甫蓋其字，其後人以公父爲氏，公父歜是也，參 0315 公父歜條。季悼子另一子公之，蓋名鞅字之，以公配字曰公之，後人以公之爲氏，參 0311 公之條。則魯三家之後有以公配字爲稱，而後人因以爲氏者也。考魯公子及三家之後以公字配字稱公某者頗多，參頁四九，而以公某爲氏者亦甚多，詳 0411 公歛陽、0310 公山不狃、0320 公巫召伯、0317 公甲叔子條，又參 0316 公冉務人、0408 公賓庚條。潛夫論志氏姓謂魯之公族有公山氏、公之氏、公巫氏、公析氏、公石氏，論語、禮記、孟子所載魯人以公某爲氏，如公西華、公輸班、公輸若、公罔之裘，蓋多有以先人之字冠「公」字曰公某爲氏也。由此推之，孔子弟子公冶長，蓋亦左襄二十九公冶之子或孫，而爲魯公族也，詳 0319 公冶條。衛與魯同，如衛獻公子公南楚名楚字南，傳稱公南楚，後人以公南爲氏，參 0251 公子荆條。潛夫論志氏姓所載衛公族有公文氏、公上氏，當即先人字文、字上，配「公」字稱公文，公上，而後人因以爲氏者也，如左哀二十五有公文要，即氏公文，參 0313 公文要條。

亦有先人以字配父爲稱，而後人因以爲氏者，如富父終甥、富父槐是也，參 1670 富父終甥、1671 富父槐條。又如左文二夏父弗忌氏夏父，蓋亦此類也，參 1263 夏父弗忌條。

有重二氏以爲氏者，如楚苗賁皇以父字爲氏曰賁皇，奔晉後，晉人予之苗，則又以地爲氏，而曰苗賁皇，參 1215 苗賁皇條。晉瑕呂飴甥，瑕、呂蓋皆其食邑，以邑爲氏，曰呂甥、瑕甥，而稱瑕呂飴甥者，則重二氏以爲氏矣，參 1819 瑕呂飴甥條。魯叔孫別立叔仲氏，叔仲氏當是重二先人之行次爲氏也，參 0962 叔仲彭生條。

因古人自孫而下皆得謂之孫，故有以公孫爲氏者，公孫彊是也，參 0391 公孫彊條。左哀十一楚伍員「使於齊，屬其子於鮑氏，爲王孫氏」，潛夫論志氏姓謂伍氏爲楚公族，然則伍員之子得以王孫爲氏，即因爲楚君之後。衛王

孫賈，王孫齊爲王孫氏，蓋亦因爲王後也。

　　有以所居或所居之地爲氏者，如南宮氏、北宮氏、北郭氏、東門氏、胥門氏等皆是，參 1142 南宮囂、0533 北宮佗、0538 北郭啓、0397 公孫歸父、1209 胥門巢條。有以技術或事爲氏，如釁氏、鍾氏、鍼氏、參 1035 釁夏、2259 鍾建、2254 鍼巫氏條。有以所主管之事物爲氏，如籍氏，參 2348 籍談條。餘則不煩列舉矣。

　　有易氏者，如上所述，齊、衛本封於呂、康，因以呂、康爲氏，而後易封，則以新封地齊、衛爲氏。凡易氏者，多因封邑之故，晉人多以地爲氏，故晉人易氏最多，而氏最亂。如士會原以士爲氏，以受范邑，而以范爲氏，傳稱范會是也；其子士燮之後即晉范氏；士會季子士魴受彘邑，而以彘爲氏，傳稱彘季是也，彘季子彘裘，亦以彘爲氏。魏犨之子魏錡，蓋以受厨、呂二邑，傳稱厨子，呂錡，其子魏相又稱呂相，亦其例也。餘參左僖三十三會箋。凡易氏者，而新舊二氏或並稱，如自士燮始，士匄、士鞅、士吉射皆士、范並稱，魏錡、魏相亦以魏、呂二氏並稱。以其他原因而易氏者同，如荀林父氏荀，又以官稱中行爲氏，其子孫皆以荀、中行並稱，至其族滅而後止。

癸、論公子、公孫得有氏及以己字爲氏、以父字爲氏

　　公羊成十五云：「孫以王父字爲氏」，就春秋時人之氏觀之，於公族中，孫多以王父字爲氏，然亦有未盡然者，後人或執「孫以王父字爲氏」之說，以爲定則而不可易，則未必是。左隱八「公命以字爲展氏」，杜注云：「諸侯之子稱公子，公子之子稱公孫，公孫之子以王父字爲氏，無駭、公子展之孫，故爲展氏。」同傳孔疏云：「公子、公孫於身必無賜族之理。」謂公子、公孫不得有氏。左隱五「臧僖伯諫之」，孔疏亦云：「諸侯之子稱公子，公子之子稱公孫，公孫之子不得祖諸侯，乃以王父之字爲氏，計僖伯之孫，始得以臧爲氏，今於僖伯之上已加臧者，蓋以僖伯是臧氏之祖，傳家追言之也。」左桓二「立華氏也」，杜注：「督未死，而賜族，督之妄也。」以華父督爲公孫，公孫之後乃得有族氏，今華父督已有族氏，是督之妄。楊伯峻春秋左傳注亦云：「宋督此時亦未以華爲氏，華氏亦是追書之辭。」凡此皆以公子、公孫不得有氏，其有氏者，乃傳家追書也。

　　考之左傳，春秋時公孫有以父字、父行次爲氏者，如左昭元稱鄭公子偃之子公孫楚曰「游楚」，以偃字游，公孫楚即以父字游爲氏也，故稱游楚。左昭四稱鄭穆公子子然之子子革曰然丹，則子革以父字「然」爲氏也。左昭四

載子產不改所施之政，渾罕曰：「國氏其先亡乎」，子產父爲公子發，字國，渾罕於子產生時稱國氏，則至遲至子產已以父字國爲氏也。左襄二十六載子展如晉，賦將仲子兮，叔向曰「鄭七穆，罕氏其後亡者也」，子展父曰公子喜，字罕，叔向於子展生時稱罕氏，則至遲至子展已以父字「罕」爲氏矣。以上所舉四例，皆鄭穆公之孫，而得有氏。

左文七宋「鱗矔爲司徒」，杜注謂鱗矔爲宋桓公孫，而左成十五孔疏引世本云：「桓公生公子鱗，鱗生東鄉矔……」，則鱗矔爲公孫，而以父之名或字「鱗」爲氏也。

左成十六范文子曰「子叔嬰齊奉君命無私」，子叔嬰齊即公孫嬰齊，爲魯文公之孫，其父曰叔肸，叔肸之後爲子叔氏，此公孫嬰齊當已以子叔爲氏，故時人得據而稱之也。

左定十經「宋公之弟辰暨仲佗、石彄出奔陳」，經書石彄，傳亦稱石彄，杜注云：「褚師段子。」又注左襄二十「褚師段」云：「共公子子石也。」謂其爲宋共公之子，則爲公子，古人名段多字石，如鄭公孫段、印段並稱「二子石」，則石爲其字，石彄爲其子，則爲公孫，石彄以父字石爲氏，故經書石彄。然則公孫得以父字爲氏也。

左哀二十五衛出公「奪南氏邑」，左襄二十六又謂「南氏相之」，南氏指公孫彌牟，爲衛公子郢之子，公子郢字南，則公孫彌牟以父字爲氏也。

左宣九稱公孫寧曰孔寧，左成二載巫臣稱孔寧與儀行父曰「孔、儀」，公孫寧已以孔爲氏，故時人得據而稱之。

齊公孫捷又稱子淵捷，蓋以父字爲氏，詳0363公孫捷條。魯眾仲蓋亦以其父公子益師之字「眾」爲氏，參1549眾仲條。

由上所列諸條觀之，公孫多以父字爲氏。

左襄二十六「伯賁之子賁皇奔晉」，賁皇爲鬬椒之子，椒又稱伯賁，賁爲其字，則賁皇以父字爲氏矣。

左隱八「無駭卒，羽父請謚與族，公問族於眾仲，眾仲對曰『……諸侯以字爲謚，因以爲族』……公命以字爲展氏」，杜注謂無駭爲公子展之孫，故爲展氏。楊伯峻春秋左傳注（以下簡稱楊注）云：「明傅遜則以『展』爲無駭本人之字，以文義觀之，傅遜之說較可信。自杜注而後，孔疏、鄭樵氏族略、唐書宰相世系表，均從杜氏誤說矣。」此說甚是，然謂無駭字展，則非始自明傅遜，鄭玄已有此說，儀禮少牢饋食禮鄭注：「大夫或因字爲氏。春秋傳曰：

魯無駭卒，請謚與族，公命之以字爲展氏，是也。」「之」指無駭，謂隱公以無駭字展爲謚，並以爲其後人之族氏，故鄭氏又於禮記檀弓上魯哀公誄孔子稱「尼父」時，注云：哀公以孔子字爲謚。以左傳文意觀之，無駭卒，羽父爲之請謚與族於隱公，隱公問族於眾仲，眾仲答以諸侯命大夫「以字爲謚，因以爲族」，是以隱公以無駭字「展」爲其謚，並以爲其族氏曰「展氏」，以終傳羽父「請謚與族」之文。杜注牽就所謂「以王父字爲氏」之成說，推測無駭爲公子展之孫，故以「諸侯以字，爲謚，因以爲族」斷句，注曰：「諸侯位卑，不得賜姓，故其臣因氏其王父字。」「或使即先人之謚稱以爲族。」此解文義不甚通暢，且使傳文所述「羽父請謚與族」之所請無駭之謚無所交待，左傳蓋無此文法，故其說非也。由此無駭卒後，後人即有氏觀之，可證以父字爲氏，當是春秋時之常例也。

左襄三十「王儋季卒，其子括……儋括圍蒍」，杜注：「儋季，周靈王弟。」則儋季爲周簡王之子，其子稱儋括，其後又有儋翩，見左定六，是儋爲其氏，路史後紀高辛紀下謂「簡之子儋季爲儋氏」，以儋爲儋季之氏，不知是否，然儋季之子稱儋括，已足證王孫得有氏也。王室如此，公室亦當如此，公子、公孫不得有氏之說，蓋非。

左僖二十六「東門襄仲如楚乞師」，東門襄仲即公子遂，杜注：「襄仲居東門，故以爲氏。」謂東門爲其氏。左宣十八載魯「遂逐東門氏」，時東門氏之宗子爲公子遂之子公孫歸父，然則公孫歸父已稱東門氏矣。左昭三十二晉史墨曰「東門遂殺適立庶」，稱東門遂，似公子遂已以東門爲其族氏。左襄二十三載魯盟東門氏之文曰「毋或如東門遂不聽公命，殺適立庶」，又載盟叔孫氏之文曰「毋或如叔孫僑如，欲廢國常，蕩覆公室」，又載盟臧孫氏之文曰「無（毋）或如臧孫紇干國之紀，犯門斬關」。以東門遂、叔孫僑如、臧孫紇並列觀之，則東門亦如叔孫氏、臧氏之爲氏也。此盟東門氏之文，當書於逐東門氏之時，則公孫歸父確已以東門爲氏，甚或公子遂生時，即以東門爲氏，故盟書得據而稱之也。

衛靈公同母兄名縶，左昭二十謂之公孟縶，並載衛人齊豹、宗魯生稱其曰「公孟」。其稱公孟者，以其爲衛靈公之兄，故以與公室有關之公字，配其行次爲名號，而時人即因而稱之也。其後有公孟氏，見左定十二經，云：「衛公孟彄帥師伐曹」，杜注：「彄，孟縶子。」孔疏云：「世族譜云『孟縶無子，靈公以其子彄爲之後也』，爲後則爲其子，故云孟縶子，此實公孫，而不稱公

孫者，繫字公孟，故即以公孟爲氏。」則孔疏於公孟繫之子經稱公孟彄之事實，亦不得不謂公孫得有氏矣。孔疏云：「劉炫謂公孟生得賜族，故彄即以族告。」則據劉炫之說，公孟繫已以公孟爲氏，然則公子亦得有氏矣。

左文三經「王子虎卒」，傳書王叔文公，以行次冠與王有關之王字，曰王叔；同傳有「王叔桓公」，杜注以爲王子虎之子；其後又有王叔陳生，杜氏世族譜以此三人爲王叔氏，孔疏云：「王叔文公不知何王之子，字叔，遂以叔爲氏，桓公是其子，王叔陳生是其後也。衛有公叔文子，此人蓋以王叔爲氏也。」則與公孟繫、公孟彄同例，或王子虎生時即以王叔爲氏也。

左成十經「衛侯之弟黑背帥師侵鄭」，傳云「衛子叔黑背侵鄭」，黑背爲衛定公之弟，叔爲其行次，以子配行次爲稱，並冠於名上，或以之爲氏；左襄二稱其子公孫剽曰子叔，則以子叔爲其氏矣，猶王叔陳生左襄十稱其氏曰王叔也。然則至遲至公孫剽而有氏矣，杜預於此事實亦不能否認，故於子叔黑背下云：「子叔黑背……以子叔爲氏。」遁以公子爲有氏。

左僖二十四「甘昭公有寵於惠后，惠后將立之」，杜注：「甘昭公，王子帶也，食邑於甘。」王子帶食邑於甘，即以甘爲其氏，故傳稱甘昭云。左宣十「天王使王季子來聘」，王季子爲周王子，參 0488 王季子條，傳稱王季子爲劉康公，左襄十五經孔疏云：「王季子食采於劉，遂爲劉氏。」則王季子雖爲王子，而有氏矣。

左隱五「臧僖伯諫曰」，孔疏云：「僖伯名彄字子臧，世本云：孝公之子。」又謂臧僖伯之孫始氏臧，此稱臧，乃傳家追言。然考左桓二周內史稱其子曰「臧孫達」，已冠臧字，當即以臧爲氏也。孔疏謂臧僖伯字子臧，此蓋見臧僖伯之後以臧爲氏，據公羊「孫以王父字爲氏」之說，而推之也，其說或是；然臧或爲其邑，亦非不可能。通志氏族略第三云：「魯孝公之子公子彄食邑于臧，因以爲氏。」即以臧爲魯邑，路史後紀高辛紀下亦以臧氏爲以邑爲氏者。考春秋之世，天子諸侯賜卿大夫一邑，即以地名爲氏，如前所舉劉康公、甘昭公是也。又如詹嘉處瑕，即稱瑕嘉，賈皇奔晉，晉人與之苗，即稱苗賈皇；桓叔子韓萬受韓，傳稱韓萬，見 1488 詹嘉、1215 苗賈皇、2273 韓萬各條。如此者甚多，若臧僖伯有采邑，據孔疏之說，以身爲公子之故，亦不得稱氏，則何以厚於一般大臣，而薄於國君之子孫耶？由知公子、公孫不得有氏之說非。

左桓二載宋戴公之孫華父督弒君而賂諸侯，諸侯「爲賂故，立華氏」，則

華父督及生而得立，立者，當如左桓二師服所謂「天子建國，諸侯立家」之立，既立之後，當自爲一族，既自爲一族，則應有族號，猶如天子所建之國有國號也。春秋君賜一地，或即以其地名爲族號，而公室則或以字爲號，華父督當即以己字爲族號，而杜注云：「督未死而賜族，督之妄也。」孔疏云：「案世本，宋督是戴公之孫，好父說之子，華父是督之字，計督是公孫耳，未合賜族，應死後其子乃賜族，故杜云：『督未死而賜族，督之妄也』。」於華父督生而有氏，無以爲說，而以「督之妄」解之，以爲例外。然據上所舉公子、公孫得有氏觀之，華父督以公孫得立而有氏，乃常例也，何妄之有？

左僖二十五經「宋蕩伯姬來逆婦」，杜注云：「伯姬，魯女，爲宋大夫蕩氏妻也。」考宋之蕩氏，始自公子蕩，左文七「公子蕩爲司城」，杜注謂「桓公子也」，其後有公孫壽爲其子，見左文十六，有蕩虺爲其孫，見左文十六，有蕩意諸亦爲其孫，見左文八及十六，其後又有蕩澤，見左成十五，此宋之蕩氏也。春秋左氏傳舊注疏證謂嚴蔚、朱駿聲以「蕩伯姬即公子蕩之妻」，是也，左隱八孔疏之說同。經稱「宋蕩伯姬來逆婦」者，與左僖三十一經「杞伯姬來求婦」類似，然此伯姬爲大夫婦，不得不冠夫氏族，以別於國君之夫人如杞伯姬者，是以稱「宋蕩伯姬」，經稱蕩伯姬於公子蕩未卒前，則公子蕩生前蓋即以己之名或字爲氏也。而左隱八孔疏云：「其蕩伯姬者，公子蕩之妻，不可言公子伯姬，故繫於夫字，言蕩伯姬，蕩非當時之氏。」此曲爲之說。左氏經傳婦女名號，未嘗見以夫字冠前者，而以夫家之氏冠前者，則爲常例，詳第二章女子名號條例。若公子蕩無氏族，經或宜曰「公子蕩之妻伯姬」，與左成十經「衛侯之弟黑背」之書法同例，不應夫在，而以夫字繫伯姬上爲稱也，實則經稱蕩伯姬，與左哀十五稱孔伯姬同，皆以夫家氏配行次、配母家姓也。同傳孔疏引杜氏釋例曰：「舊說以爲大夫有功德者，則生賜族，非也。」則左氏先儒固謂生得有氏，唯杜、孔以爲非耳。

據上所考，公孫以父字爲氏者，有游楚、然丹、子產、子展、鱗矔、石彄、公孫彌牟、子淵捷、眾仲等。公孫、王孫以父行次爲氏者，有公孟彄、公孫剽、子叔黑背、王叔桓公等。另臧孫達、儋括、公孫歸父，亦以公孫而有氏。公子、王子及身有氏者，有公子蕩、甘昭公、劉康公；而王僑季、東門襄仲、公孟縶、王叔文公、子叔黑背、臧僖伯等，或亦及身而有氏。其以己字爲氏者，有公子蕩、華父督二人。由此觀之，公子、公孫皆得有氏，有以己字爲氏，有以父字爲氏，有以己行次爲氏、有以父行次爲氏。所謂公子、

公孫不得有氏之說非矣。

第二節　名

　　春秋時人多一字名，二字名較少，於稱名之時，或與子字、行次字、父字、孫字、公字相配爲稱。

甲、名上冠子字

　　左桓六「子同生」，子同謂魯莊公，傳載魯桓公曰「是其生也，與吾同物，命之曰同」，命之曰同，即爲其取名曰同，史記魯周公世家即作「故名曰同」，同爲其名；而稱子同者，名上冠子字也。左僖七經「公會⋯⋯鄭世子華于寧母」，經多書名，則華爲其名，而傳載管仲稱其曰子華，亦名上冠子字也。左僖十七載晉懷公之命名云「故名男曰圉」，是圉爲其名；同傳又稱子圉，是名上冠子字也。左襄二十六行人子朱曰「朱也當御」，自稱朱，則朱爲其名；同傳又稱其曰子朱，則名上冠子字也。左昭八經「陳侯之弟招殺陳世子偃師」，經多書名，則招爲其名，故傳又稱公子招，司徒招；而左昭元載鄭子羽稱其曰子招，於名上冠以子字也。

乙、名上冠行次

　　左桓三經「齊侯使其弟年來聘」，經多書名，則年爲其名；而傳稱仲年者，以其爲齊僖公之母弟，仲爲其行次，以行次仲配名，故曰仲年也。左僖二十四周襄王告於魯曰「不穀不德，得罪于母弟之寵子帶」，稱其弟曰帶，則帶爲名；左昭二十六稱叔帶，以行次配名爲稱也。左僖二十六經「公子遂如楚乞師」，經多書名，則遂、其名也，此魯莊公之子；左宣八經稱其曰仲遂，以行次配名也。左襄十四「季札辭曰『⋯⋯札雖不才』」，自稱札，則札爲其名，其稱季札者，以其爲吳子乘之幼子，吳子諸樊之幼弟，故以行次配名曰季札。左襄十九叔向曰「肸敢不承命」，自稱肸，則肸、其名也；左襄十一稱其曰叔肸者，叔爲其行次，參 0789 羊舌肸條，曰叔肸，以行次配名爲稱也。左昭十三羊舌鮒曰「昔鮒也⋯⋯」，自稱鮒，則鮒爲其名；同傳稱其曰叔鮒者，叔爲其行次，參 0791 羊舌鮒條，曰叔鮒，以行次配名爲稱也。左昭二十經「盜殺衛侯之兄縶」，經多書名，則縶爲其名；左昭七孔成子以周易筮曰「余尚立縶」，於神前當稱名，亦可證縶爲其名；而左昭七又稱孟縶者，因其爲衛靈公之兄，

孟爲其行次，以行次配名爲稱，故曰孟縶也。左昭三十二載公子友之將生也，
卜人曰「其名曰友」，及生「有文在其手曰友，遂以名之」，則友爲其名；同
傳又謂公子友爲「桓之季也」，謂魯桓公之季子，則季爲其行次，左莊三十二
稱其曰季友者，以行次配名也。左定四祝佗述踐土之盟載書曰「晉重、魯申、
衛武……」，所載諸侯皆以國名配名爲稱，則武亦爲名；同傳祝佗稱武爲衛成
公之「母弟」，左僖二十八稱其曰叔武，則亦以行次冠名上也。

丙、名下配子字

左襄十五經「晉侯周卒」，經多書名，則周、其名也；左成十八稱其曰周
子，則名下配子字也。左僖十經「晉里克弑其君卓」，經多書名，則卓爲其名，
左宣九經亦稱其名曰公子卓，而左莊二十八則稱之曰卓子，此名下殿以子字。
左桓十六「衛宣公……生急子」，急子，史記衛康叔世家、漢書古今人表作太
子伋，詩邶風新臺及二子乘舟序、新序節士等作伋，詩芃蘭孔疏引左傳亦作
伋，急、伋當同音通假，諸書稱伋、大子伋，伋蓋其名，而傳稱急子，此名
下配以子字也。左桓十六「衛宣公……生壽及朔……宣姜與公子朔構急子……
壽子告之……壽子載其旌以先」，壽及朔爲衛宣公之子，朔爲名，見 2188 衛
侯朔條，壽亦當爲名，故詩邶風二子乘舟序、史記衛康叔世家、新序節士皆
稱壽，漢書古今人表作公子壽，而此傳又稱壽子者，乃名下配子爲稱也。以
上周子、卓子、急子、壽子，皆名下配男子美稱子字，而構成之通行稱謂，
此類名號在春秋時代尚不多見，而至戰國時代，則爲常例，如戰國策田文又
稱文子，田盼稱盼子，田嬰稱嬰子，燕王噲稱噲子等皆是也。

丁、名下配父字

左襄三十一謂魯立「齊歸之子公子裯」爲君，此即魯昭公也，魯昭公稱
公子裯，則裯、其名也，杜注亦云：「裯，昭公名。」而左昭二十五載童謠云：
「裯父喪勞。」則稱其爲裯父。漢書五行志中之上顏師古注曰：「父讀曰甫，
甫者，男子之通號，故云裯父。」左定元「若公子宋主社稷」，杜注：「宋，
昭公弟定公。」則魯定公名宋，楊伯峻亦云：「名宋」，見春秋左傳注頁一五
二一；而左昭二十五載童謠曰「宋父以驕」，稱其曰宋父。漢書五行志中之上
顏師古注曰：「父讀曰甫，甫者，男子之通號。」父爲男子通號，故以名配父
曰宋父。凡此二例，名下配父字也。左僖十一經「晉殺其大夫㔻鄭父」，左文
九經「晉人殺……箕鄭父」，左宣元經「晉放其大夫胥甲父于衛」，凡此㔻鄭父、

箕鄭父、胥甲父，傳稱芊鄭，箕鄭、胥甲而無父字，則父字爲附加，故可有可無，芊、箕、胥爲此三人之氏，而經多書名，則鄭、甲爲此三人之名矣，此亦名配父字之例，參 0730 芊鄭父、1915 箕鄭父、1205 胥甲父條。

戊、名上冠孫字、公字

左傳人物於諸侯之孫或孫而下，有於名上冠孫字爲稱者，詳頁四八，有於名上冠公字爲稱者，詳頁四九。

己、改　名

楚君臣有改名之例，如楚平王原名棄疾，左昭十三云「弃（棄）疾即位，名曰熊居」，史記楚世家亦云「弃疾即位爲王，改名熊居」，是楚君即位有易名之舉，故左昭二十六經書「楚子居卒」，即書其名曰居，參 1801 楚子居條。同傳「大子壬弱」，大子壬即楚平王之子楚昭王，壬蓋其名，而左哀六經書「楚子軫卒」，則軫又爲其名，蓋爲大子時名壬，即位後亦如其父，而改名軫也，參 1805 楚子軫條。又如楚靈王原名圍，故左昭元經稱「公子圍」，而其即位後，春秋經易稱曰「楚子虔」、「虔」，是虔爲即位後易名也，參 1804 楚子虔條。以上爲楚君即位改名之例。左宣四楚莊王使箴尹克黃「復其所，改命曰生」，杜注：「易其名也。」箴尹爲楚官名，克黃當是其名，改命曰生，即爲之改名曰生也，此則楚臣易名之例。餘如晉趙軼名軼，又名志父，則不知是否易名，參 1965 趙軼條。他國或亦有改名者，如左僖十八衛文公曰「燬請從焉」，自稱燬，則燬，其名也，楊注引賈誼新書云：「衛侯朝于周，周行人問其名，答曰『衛侯辟疆』，周行人還之曰『啓疆、辟疆，天子之號，諸侯弗得用』，衛侯更其名曰燬，然後受之。」如此說可信，則衛文公初名辟疆，燬乃其後所改之名也。

庚、兩字名而稱其一者

有一人兩字名，而傳稱其一之例，如：左宣十二「趙嬰齊爲中軍大夫」，左傳魯有公孫嬰齊、仲嬰齊，楚有公子嬰齊，皆以嬰齊爲名，則趙嬰齊蓋名嬰齊；而左成四稱之爲趙嬰，左成五稱之爲嬰，則稱其兩字名之一也。左成二「使屈巫聘於齊」，屈巫即申公巫臣，巫臣蓋其名；稱屈巫者，以氏配兩字名之一也，參 1054 屈巫條。左昭元經「莒展輿出奔吳」，經多書名，則展輿爲其名，而傳曰「莒展之不立」，單稱其兩字名之一也。左昭元叔孫豹曰「然

鮒也賄」，鮒指樂王鮒，其人氏樂，名王鮒，見 2022 樂王鮒條，此單稱其兩字名之一也。左定四「王若曰：晉重」，晉重指晉文公重耳，重耳爲其名，此稱其兩字名之一也。顧炎武、楊樹達皆謂兩字之名而省稱其一，會箋則以爲避諱之故，然或闕文耳，參 1338 晉侯重耳條。左定六經書「晉人執宋行人樂祁犁」，樂祁犁爲樂喜之孫，以樂爲氏，經多書名，祁犁爲其名，而同傳作「樂祁」，則單稱其兩字名之一也。左定十宋景公母弟辰曰「子分室以與獵也」，獵指蘧富獵，富獵蓋其名，見 2357 蘧富獵條，此亦單稱其兩字名之一也。以上稱趙嬰、屈巫、樂祁、省其名之下字者也，稱鮒也、獵也，省其名之上字者也。

辛、其　他

左傳所載婦女之名極罕見，然如左僖十七晉惠公之女名曰妾，左襄二十六晉平公夫人名曰棄，左昭二十七齊景公夫人名曰重，皆可斷定其爲名，參 1006 妾、1698 棄、1247 重條。左僖十五秦穆公女曰簡璧，蓋亦名也，參 2289 簡璧條。

子不得稱父名，臣不得稱君名，此倫常大道，然亦有例外，如禮記曲禮上云「君前臣名」，左成十六欒鍼於晉厲公前呼其父欒書曰「書退」，左成三晉荀罃在楚於楚莊王前稱其父荀首曰「君之外臣首」，即其例也。又神前則臣稱其君之名，如左襄十八晉荀偃禱於河曰「曾臣彪將率諸侯以討焉」，稱其君之名曰彪，即其例也。

第三節　字

甲、論名字義相應

清王引之撰春秋名字解詁（以下簡稱解詁），集周秦人物名字凡三百七十餘條，釋其名字相應之故，學者踵繼其業者，有一、二十家，而後古人名字相應，始爲世人普遍了解。然此理先儒多已知者，如白虎通姓名篇云：「聞名即知其字，聞字即知其名，若名賜字子貢，名鯉字伯魚。」是班固知古人名字義相協也。而許慎亦屢引古人名字發明古訓，如說文「施，旗旖施也，从㫃也聲，齊欒施字子旗，知施者，旗也。」此許慎運用古人名字相應之理，以證施訓旗。說文「孔……嘉美之也，从乞子，乞，請子之候鳥也，乞至而得子，

嘉美之也，故古人名嘉字子孔」，段注云：「此又以古人名字相應，說孔訓嘉美之證。」餘如說文「放，旌旗之游放蹇之貌……讀若偃，古人名放字子游」，「碫，碫石也……鄭公孫段、字子石」，皆許慎據古人名字相比附，而證文字訓詁之義。左襄三十一「寡君使匃請命」，釋文云：「匃，本作丏……案：士文伯字伯瑕，又春秋時人名字皆相配，楚令尹陽丏（琛案：當作匃），字子瑕，即與文伯名字正同。又鄭有駟乞，字子瑕，匃與乞義同，則作匃者是。」此陸德明據「春秋時人名字皆相配」之理，而考訂左傳人物之名。

因古人名字義相應，故春秋時人名同、字多同，如郳子克、周王子克、楚鬭克、宋子儀克，皆名克字儀，參 1226 郳子克、0465 王子克、2404 鬭克、0132 子儀克條。宋孔父嘉、鄭公子嘉、楚成嘉，皆名嘉字孔，參 0415 孔父嘉、0274 公子嘉、0890 成嘉條。晉荀偃、籍偃、鄭公子偃、駟偃、吳言偃，皆名偃字游，參 1402 荀偃、2347 籍偃、0226 公子偃、2149 駟偃條，及史記仲尼弟子列傳。鄭公孫段、印段、褚師段、皆名段字石，參 0353 公孫段、0732 印段、2102 褚師段條。齊欒施、鄭豐施、魯巫馬施皆名施字旗，參 2380 欒施、2303 豐施條及史記仲尼弟子列傳。魯孟之側、楚公子側皆名側字反，參 1009 孟之側、0229 公子側條。晉士文伯、楚陽匃皆名匃字瑕，參 0532 匃條。魯叔輒、叔孫輒皆名輒字張，參 0986 叔輒、0975 叔孫輒條。楚大子建、屈建皆名建字木，參 0034 大子建、1057 屈建條。晉羊舌赤，魯公西赤皆名赤字華，詳 0788 羊舌赤條及史記仲尼弟子列傳。魯公孫歸父、齊析歸父、鄭公子歸生、蔡公孫歸生、楚仲歸等，其名皆有一歸字，而其字皆家也，參 0397 公孫歸父、1074 析歸父、0302 公子歸生、0398 公孫歸生、0701 仲歸條。鄭公孫黑、楚公子黑肱，衛子叔黑背及狄黑等，其名有黑字，而其字皆晳也，參 0374 公孫黑、0257 公子黑肱、0098 子叔黑背條，及史記仲尼弟子列傳。

由上所舉諸例，知春秋時周、魯、晉、蔡、衛、鄭、齊、宋、吳、楚、郳等國人物，有名同、字同之情形，此不僅可證春秋時天下書同文，且可證春秋時人名字相應，乃不分國別也。

古人名字相應既如前述，至其如何相應，諸家解說互有異同，周法高周秦名字解詁彙釋及補編收羅甚備，其書普及，本文限於篇幅，則不加討論矣。

乙、論字之義

何以春秋時人名字必相應？此需由字之義論之。考說文釋「字」云：「乳

也，从子在宀下。」又釋乳云：「人及鳥生子曰乳。」故說文通訓定聲因謂「人生子曰字」。就「字」字形分析，从子在宀，蓋母於深屋中產子之意。故山海經中山經「其實如蘭，服之不字」，郭樸注云「字，生也」，並引周易「女子貞不字」爲證，漢書嚴安傳「五穀蕃孰，六畜遂字」，顏師古注「字，生也」，廣雅釋詁亦釋字爲生。綜上所述，可證字之義爲「母生子」也。然則古人所以稱二十冠後之代號爲「字」者，蓋因其由名衍生之故，猶若古人稱合體之文字爲「字」者，以其由文拼合而成，名字之字與文字之字均由名與文衍生，故合稱「名字」、「文字」也。然則名之與字，應若母子，關係密切，是以今所見古人名字，義必相應也。由此得知，古人命字，蓋因其名而求一與名相關之字爲之也。

丙、論字多止一字及其演變

　　史記仲尼弟子列傳謂顏回、字子淵，閔損、字子騫，冄耕、字伯牛，冄雍、字仲弓……以古人之「字」多二字，後儒亦同，如禮記檀弓上鄭注：「公西赤，字子華。」左隱二經杜注：「子帛、裂繻字。」左隱五孔疏：「僖伯……字子臧。」等是。王引之春秋名字解詁所列古人名字，如「宋公子充石、字皇父」，「鄭良霄、字伯有」，「齊高彊、字子良」……亦以古人之字爲二字，一字者甚少，其後研究名字諸家亦從之，而無異說，如張澍春秋時人名字釋、俞樾春秋名字解詁補義、胡元玉駁春秋名字解詁等皆是也。今人亦不例外，如楊伯峻於左隱元經「公子益師」下注云：「益師……字衆父。」於左桓元「華父督」下注云：「名督，字華父。」案以上諸人所謂古人之字者，乃古人以「子」配字、以行次配字、以字配「父」而構成之通行名號，實非字也。其證如下：

一、字者，由名衍生，與名相應者也，前既詳之矣，上所舉子華、伯牛、衆父之華、牛、衆與其人之名赤、耕、益師義相協，即字也，而子、伯、父與名無關，故非字也。

二、由左傳人物名號考察，春秋時人以子配名，以行次配名，以名配父之例極多，如第一章第二節甲、乙、丁之下所舉魯莊公名同，傳稱子同；世子華名華，傳稱子華；公子招名招，傳稱子招；晉懷公名圉，傳稱子圉；齊僖公之母弟夷仲年名年，傳稱仲年；吳王壽夢之幼子公子札名札，傳稱季札；衛靈公之同母兄公孟縶名縶，傳稱孟縶；魯桓公之幼子公子友名友，傳稱季友；公子裯名裯，傳稱裯父；公子宋名宋，傳稱宋父，皆

是也。凡此春秋時人之名作子某、伯某、叔某、某父者，其名止一某字，子、父及行次皆附加者也。則春秋時人之字作子某、伯某、叔某、某父者，其子字、父字及行次字亦皆附加者也。吾人未嘗以子招、子圍、孟縶、季友、褍父、宋父等為其名，則吾人豈能以子淵、子騫、伯牛、仲弓、眾父、華父等為其字？

三、由左傳人物名號考察，所謂古人之字作子某、伯某、叔某者，其子、伯、叔……可與某字分離，足證字止一某字，如解詁云「楚文之無畏字子舟」，左傳既稱子舟，又以氏配舟稱申舟。解詁云「陳夏徵舒字子南」，國語稱子南，而左傳則以氏配南稱夏南。解詁云「晉楊食我字伯石」，左傳既稱伯石，又以氏配石稱楊石。解詁云「晉郵無恤字子良」，左傳既稱子良，又以氏配良稱郵良。解詁云：「周劉狄字伯蚠。」左傳既稱伯蚠，又以氏配蚠曰劉蚠。解詁云「鄭公子嘉字子孔」，左傳既稱子孔，又以其官稱配孔稱司徒孔。又如仲尼弟子列傳謂顏回字子淵、原憲字子思、樊須字子遲，而論語則以氏配淵、思、遲稱顏淵、原思、樊遲。以上諸例足證古人之字止一字而已，子某、伯某、叔某……乃字上冠子、伯、叔等而成之名號，與上所舉字上冠氏、冠官稱而成之名號同也。

四、史記仲尼弟子列傳謂「仲由，字子路」，索隱引家語則云：「一字季路。」而左傳子路、季路二稱並載，參0682仲田條。仲尼弟子列傳又謂「高柴，字子羔」，而左傳既稱子羔，又稱季羔，參 1436 高柴條。解詁云「鄭公孫黑肱字子張」，左傳既稱子張、又稱伯張，參 0375 公孫黑肱條。解詁云：「鄭公孫段字子石」，左傳既稱子石，又稱伯石，參0353 公孫段條。凡此四人皆有二字乎？非也，乃因字止一某字，既於字上冠子，又於字上冠行次，故有二稱也。史記仲尼弟子列傳謂「冉求字子有」，孔子家語同，而左傳則作有子，何也？此乃有為其字，字上冠男子美稱子字，則曰子有，字下殿男子美稱子字，則曰有子也，參0528 冉求條。此足證子有、有子皆非字，字乃一有字而已。解詁云：「楚鬬克，字子儀」，左傳稱子儀，而國語楚語上則稱其曰儀父，此亦可證子儀、儀父皆非字，儀乃其字，字上冠「子」曰子儀，字下配「父」曰儀父，故楚語上更有以子、父附加於其字上，而謂之子儀父矣，參2404 鬬克條。

五、仲尼弟子列傳謂「曾葴（按：即論語曾點）字皙」，而索隱引家語則謂「字子皙」；列傳云「任不齊，字選」，而索隱引家語則謂「字子選」，

同一人也，或謂字晳，或謂字子晳；或作字選，或作字子選，何也？必曰：晳、選爲其本字，而子晳、子選乃字上冠子字後通行之名號也。

由以上所舉五證，亦足以明古人之字止一字，字上冠子、冠行次、字下配父字所成之名號實非字也。

或謂儀禮士冠禮加冠時稱「曰伯某甫，仲叔季，唯所當」，則冠時已配伯仲叔季及父等稱之也，如禮記檀弓「幼名、冠字、五十以伯仲」下孔疏云：「士冠禮二十已有伯某甫、仲叔季，此云五十以伯仲者，二十之時，雖云伯仲，皆配某甫而言，五十之時，直呼伯仲耳。」謂冠後呼字，有曰伯某甫、仲某甫。儀禮士冠禮賈疏則謂「周文，二十爲字之時，未呼伯仲，至五十乃加而呼之，故檀弓云：『五十以伯仲，周道也。』是呼伯仲之時，則兼二十字耳，若孔子生於周代，從周禮呼尼甫，至五十，去甫以尼配仲而呼之曰仲尼。」（頁三二）謂冠後呼字曰某甫。此二說也不同。孫希旦禮記集解右賈云：「冠時字之，雖已曰伯某甫、仲叔季，惟所當，而其後稱之，則但曰某甫，至五十而後稱曰伯某也，特牲禮稱其祖曰皇祖甫某，少牢禮則曰皇祖伯某，是伯某之稱，尊於某父可知。」（頁一八七），孔疏謂冠後呼伯某甫、仲某甫，賈、孫以爲冠後呼某父，今以左傳考之，二說蓋皆有可議，蓋就左傳人物名號觀之，其所謂字者，十之七八以上作子某之形式，稱伯某、叔某、某父之形式者蓋寡，而伯某甫之形式更尠，則所謂「曰伯某甫」者，乃命「字」時「字辭」公式，其所命之「字」，唯一某字而已，冠後呼之，蓋多以「子」字配所命之「字」，合曰「子某」而稱之也。

春秋時人物名號形式極多，參上篇第二章，而字多僅一字，字上冠子，冠行次、字下配父等，亦僅是各種名號形式中一部而已。降及後世，名號形式漸趨統一，淘汰各種名號形式，而保留氏名相配者，沿用至今。其於字也，則或採子配字，行次配字二形式，漢代即是如此，如司馬遷字子長、揚雄字子雲、班固字孟堅、班超字仲升等是；然子長、子雲、孟堅、仲升之子、孟、仲等字，則爲其字之一部，故不可拆散，單曰長、雲、堅、升，或與氏相配曰司馬長、揚雲、班堅、班升也。足證漢人雖採古人以子、行次配字之形式，然實以二字爲字，與古人以單字爲字，再附加子、父、行次者不同，此字之一變也。是以漢後儒者，蓋見古人以子、行次配字之名號，與漢人之字作子某、伯某……者同，遂多誤以古人此等名號爲字也。降至晉後，人之字雖仍以二字爲常，然子及行次字等漸消失，多以二實字爲之，此又字之一變也。

又漢以後命字不必與名義相應，如司馬相如字長卿，李陵字少卿，蘇武字子卿，朱買臣字翁子，趙充國字翁孫，金日磾字翁叔，陳遵字孟公，桓寬字次公⋯⋯皆以尊稱、美詞、行次等組合爲字，雖名之曰字，然失古人命字之義矣。

丁、其 他

春秋時人之字，除上所述，可冠子、行次，或配父、配子爲稱外，又有冠以公字者，如魯昭公子務人字爲，傳稱公爲；季孫宿之子公彌字鉏，傳稱公鉏等是也。字上冠公字，亦猶名上冠公字，公鉏之名爲彌，傳即稱公彌也。得於字上冠公者，其人必與公室有關，或爲公子、或爲公族，以魯、衛之公子與魯三家之後爲最多，詳頁四九。

左文十一孔疏云：「古人連言名字者，皆先字後名。」左僖三十二孔疏亦謂：「古人之言名字者，皆先字後名而連言之。」此誠發古人名字組合條例之祕，如孔父嘉、皇父充石、百里孟明視之孔、皇、明爲其字，居前，而嘉、充石、視爲名，則殿後也，蓋無有例外者，故王引之春秋名字解詁多援其說以解析古人名字，郭某更就彝銘所載古人名字考之，以證孔穎達此說不可易，參郭某金文叢考彝銘名字解詁。

古人之字多止一字，二字之字極罕見，然非絕無，如鄭游吉即字大叔，參 1709 游吉條。古人之字多冠子，冠行次、冠公、冠氏、或配父爲稱，前既詳之矣；單稱字者極罕見，然非絕無，如左襄二十二即稱游吉爲大叔，單稱其字也，亦參 1709 游吉條。左哀二「姚、般、公孫林殿而射」，姚爲罕達之字，般爲馹弘之字，參 0933 罕達、2147 馹弘條，此亦單稱其字也。又如韓非子外儲說左下「人有惡孔子於衛君者曰：『尼欲作亂。』」亦先秦典籍單稱孔子字之例也。

左傳人物有一人兩名之例，亦有一人兩字之例。如公孫僑字產，又字美，參 0383 公孫僑條。鬬椒字賈、又字越，參 2416 鬬椒條。鄭靈公字蠻，又字貉，參 0029 大子夷條。

方苞嘗謂「春秋從無書字之法」，顧棟高因之以作「春秋無書字之法論」，見春秋大事表，由左傳人物名號考察，春秋經幾皆書名，然非無書字者，如 1196 紀子帛、226 邾儀父、0415 孔父即春秋經書字之例也。

本節乙論字之義，謂「古人命字，蓋因其名而求一與名相關之字爲之」，

王引之春秋名字解詁敘嘗分析此因名命字之法有五，名之曰「五體」，云「一曰同訓，予字子我，常字子恆之屬是也」，此謂以與名義相同之字爲字也；「二曰對文，沒字子明，偃字子犯之屬是也」，此謂以與名義相反之字爲字也；「三曰連類，括字子容，側字子反之屬是也」，此謂以與名同類之字爲字也；「四曰指實，丹字子革，啓字子閭之屬是也」，此謂以與名有關之實物爲字也；「五曰辨物，鍼字子車，鱣字子魚之屬是也」，此謂以名所歸屬之物爲字也。凡此五例，頗近完備，而後儒或有加以補充，參周秦名字解詁彙釋敘例及中國人名的研究頁三三。

春秋時人之字幾皆止一字，而於字上冠子，冠行次，或於字下配父爲稱，前已詳之，前人多稱此等名號爲字，本論文凡引前人此類敍述時，即不再一一辯駁矣。

第四節　行　次

甲、行次與字之辨

周人有名、有字，然又有行次，如禮記檀弓上云：「幼名、冠字、五十以伯仲、死諡、周道也。」謂周人幼時稱名，二十以後稱字，五十以後則稱伯仲叔季等行次，由檀弓此文，可知周人之字與行次爲二，原非一事。然後人或亦稱伯仲叔季爲字，如詩邶風燕燕「仲氏任只」，毛傳云：「仲，戴嬀字。」據左傳，戴嬀爲厲嬀之娣，故毛傳以戴嬀之行次「仲」爲字。穀梁隱九經「天王使南季來聘」，傳云：「南，氏姓也，季、字也。」亦以行次爲字。左閔元經「季子來歸」，杜注云：「季子，公子友之字。」公子友爲魯桓公幼子，季爲其行次，而杜預以季爲字。清人亦以行次爲字，如顧炎武日知錄卷四「人君稱大夫字」條下，引左傳載周天子稱士會曰季氏，稱荀躒曰伯氏，稱籍談曰叔氏，而云「此其稱字，必先王之制也」，是顧氏亦以行次爲字。下逮今人亦不例外，如楊伯峻春秋左傳注於左僖二十八「榮季曰」下云：「季則字。」左桓十七「高伯其爲戮乎」下云：「高伯，伯蓋渠彌之字，所謂五十以伯仲也。」是楊氏亦以行次爲字。

考春秋時人既有其字，復有行次，原不相亂。如左僖三十三百里孟明視，氏百里、名視、字明，解詁引洪範「視曰明」，以爲名字相應是也；同傳稱孟明，字上冠行次也，左僖三十二蹇叔呼之曰「孟子」，則以其行次配子爲

稱矣。又如左襄二十七公孫段名段，字石，解詁云：「段讀爲碫……說文『碫，厲石也』。」以爲名字相應是也；同傳稱子石，字上冠子字也，而左襄二十九又稱伯石，則以其行次配字爲稱矣。左哀十五仲由名由，字路，解詁云：「取由路之義。」以爲名字相應是也；傳稱子路，字上冠子也，同傳又稱季子，則以其行次配子爲稱矣。公孫黑肱名黑肱，字張，傳稱子張，字上冠子字也，又稱伯張，則以行次配字矣。楊食我名食我，字石，傳稱楊石，字上冠氏也，又稱伯石，則以其行次配字矣。高柴名柴、字羔，傳稱子羔，字上冠子字也，又稱季羔，則以其行次配字矣。又如左僖二十二展禽名獲，字禽，解詁云：「義取田獵得獸也。」而其行次則季，故莊子稱柳下季，參1301展禽條。此外如羊舌赤之稱伯華，羊舌肸之稱叔向，孔子之稱仲尼等，其華、向、尼皆其字，而伯、仲、叔等則爲其行次，皆有明證，俱詳下篇。

由上所舉諸證，知古人字與行次並見，不以行次爲字也，故梁履繩嘗據通志氏族略所載衛公子黑背字子析之文，駁左襄二十六孔疏以子叔爲黑背字之說，見左通補釋十三。此乃偶見古人有字、有行次，因感稱行次爲字實不當也。

古人有字，有行次，並行而不相亂，孔穎達非不知，然以行次爲字之說相承既久，故其於左傳稱展禽、莊子稱柳下季、字與行次並行之時，只得爲之解曰：「季是五十字，禽是二十字。」析字爲二，以與名相應之字爲二十之字，行次爲五十之字，見左僖二十二孔疏。但以行次冒字之稱，究屬可疑，且易與其入眞實之字相混淆，故孔氏即於左隱元「孟子」下爲之解說云：「孟仲叔季，兄弟姐妹長幼之別字也。」稱行次爲別字，以與眞實之字相區辨，然既謂之別字，則非字可知；夫字者，孳乳衍生之義，由名衍生，與名相應，乃得謂之字，行次非由名衍生，豈能謂之字乎？倘亦稱之爲字、別字，實冒字之稱以行也，故左莊二十「見虢叔」，杜注：「叔，虢公字也。」以行次叔爲字，而會箋則更之曰：「虢公……以行次稱耳，非字也。」謂叔爲行次、非字，其說是矣。

竹添光鴻左傳會箋，於男子稱伯仲叔季者，皆謂之行次，此能釐清字與行次之不同矣，然竹添氏主婦女以行次爲字之說，左隱二經「伯姬歸于紀」，會箋云：「伯，字也，婦人以行次爲字。」謂婦人與男子不同，以行次爲字，此蓋見曲禮上「女子許嫁，笄而字」，而經傳所載婦女名號多以行次配姓爲稱，因疑婦女乃以行次爲字。考之載籍，女子名號亦有類似男子名字者，如

左傳之畀我、媤始等，其爲名爲字尙難斷定，而說文女部自嬺至姆，凡十四字，許愼皆曰「女字」，其媤始二字且見左昭七，說文云：「媤，女字也，从女周聲。始，女字也，从女合聲。春秋傳曰『嬖人媤始』。」若其所說爲是，古婦女有行次以外之字也。王國維謂彝銘中，周代女子之字，可考見者十有七焉，其形式作「某母」，猶男子之曰某父，如魚母、囧母、穀母、斐母皆是，見觀堂集林卷三「女字說」、據其說，則周女子蓋有行次以外之字也，經傳所以罕見者，以周女子例稱姓，故不惟字罕見，名亦不常見也。

儀禮士冠禮載命字時之字辭曰：「禮儀既備，令月吉日，昭告爾字；爰字孔嘉……曰伯某甫、仲叔季，唯所當。」據此文，則字爲一某字，故於加冠時，由主冠者昭告之，伯仲叔季則配字而稱，與字並行，由儀禮此文，亦得證之矣。

古人有字，有行次，前已言之，若以行次爲字，易致相淆，如左襄二十七稱齊慶封爲「慶季」，杜注：「季，慶封字。」左襄二十八稱慶封爲「子家」，杜注又云：「子家，慶封字。」則慶封一人有二字，一字季、一字子家乎？按此非也，解詁云：「封讀爲邦，邦與家相對爲文。」則與名「封」相應之字，止一「家」字，此由名孳乳而生之字，亦止一「家」字，季當是其行次，楊伯峻春秋左傳注所謂「慶封行第最幼，故稱慶季」是也。杜以行次爲字，遂致其注左傳人物之字與行次時，無以區別，以行次爲字之說，其弊也如是。

今溯「字」之源，正「字」之名，辨明字與行次之不同於上，其後於述左傳人物行次時，稱行次，而引前人以行次爲字之時，則且錄其說，不加辯駁矣。

乙、其　他

周人之行次唯伯仲叔季四者，而兄弟多者，則如何？禮記檀弓上「五十以伯仲」下孔疏曰：「禮緯含文嘉云：質家稱仲，文家稱叔，周代是文，故有管叔、蔡叔、霍叔、康叔、聃季等，末者稱季是也。」謂周代是文，稱叔，稱叔之「稱」當是誤字，白虎通姓名篇有「積於叔……不積於伯季」之文，孫希旦禮記集解因云：「據白虎通，稱當作積，蓋伯仲叔季之稱惟四，其昆弟多者，質家則積於仲，文家則積於叔也。」據其說，周代兄弟多者，伯仲叔季不足以分配，則居中者皆稱叔，由史記管蔡世家所載周文王之子十人，長曰伯邑考、次曰武王，次曰管叔、次曰周公、次曰蔡叔、次曰曹叔、次曰成

叔、次曰霍叔、次曰康叔、次曰耼季觀之，其說可從。左定四「三者皆叔也」，指周公、康叔、唐叔，「五叔無官」，即指管叔、蔡叔、成叔、霍叔等；左昭二十九「少皞氏有四叔」，楊注以爲少皞氏之弟輩，則兄弟可多人稱叔。由春秋時人名號考之，亦有可相互印證者，如新唐書宰相世系表謂羊舌職五子「赤、肸、鮒、虎、季夙。赤字伯華……肸字叔向……鮒字叔魚……虎字叔羆……」據此，羊舌職五子，長子稱伯，幼子稱季，居中三人皆稱叔也，左傳所載略同，如：羊舌赤又稱伯華，羊舌肸曰叔肸、叔向，羊舌鮒曰叔鮒、叔魚，羊舌虎曰叔虎。左成十鄭「殺叔申、叔禽」，杜注：「叔禽、叔申弟。」是兄弟二人皆稱叔，然則周人行次之稱雖唯四者，而兄弟多者，每人亦皆得有行次，皆能於名字上配行次爲稱矣。

　　周男女行次不相亂，禮記曲禮上所謂「男女異長」，鄭箋云：「各自爲伯季。」是也。今日吾人男女亦異長，或即沿自周代此禮矣。

第五節　諡

甲、諡之起源

　　逸周書諡法篇云「諡者，行之迹也」，則諡者乃人死後依其生時行迹所立之號也。先儒或以三代之上已有諡，如史記五帝本紀集解引諡法以釋堯，則以堯爲諡；索隱亦謂堯爲「諡也」；正義云「諡堯」，則諡法之起遠矣。逸周書諡法篇則謂周公等「制作諡」；史記周本紀亦謂「西伯崩……諡爲文王」，以周初已有諡矣。歷代儒者於此說多無異言，至近人王國維始據彝器文字證諡法不起於周初，王氏以獻侯鼎生稱周成王爲「成王」，遹敦生稱周穆王爲「穆王」，豛敦生稱周臣曰「穆公」，敔敦生稱周臣爲「武公」，因謂「周初天子、諸侯爵上或冠以美名，如唐宋諸帝之有尊號矣」，以爲「此美名者，死稱之，生亦稱之」，故其結論謂「周初諸王，若文、武、成、康、昭、穆，皆號而非諡也……諡法之作，其在宗周共懿諸王以後乎」，見觀堂集林遹敦跋。此以新資料、新方法而爲後人開啓研究諡法起源之一門徑。其後郭某金文叢考諡法之起源一文，謂宗周鐘生稱之邵王即周昭王，以證王氏之說不可易。另郭某又以趞曹鼎所生稱之「龏王」即周恭王，匡卣所生稱「亞王」即周懿王，其說若是，則諡法之起源又在周孝王、夷王之時或其後矣。而郭某又據齊侯鐘、庚壺二器所載「靈公」者，以爲即生稱齊靈公之證，洹子孟姜壺所載「洹子」

者，以爲即生稱齊陳桓子之證，因謂諡法之興，「當在春秋之中葉以後」。

考之左傳，齊靈公卒於魯襄公十九年，而左昭二猶見陳桓子送女於晉事，則陳桓子之卒猶在齊靈公之後，據郭某之說，則魯昭公二年之前，猶未有諡法也。然左傳於是年前屢載列國爲其國君制諡、議諡、改諡，如：左文元楚太子商臣攻楚成王，「王縊，諡之曰『靈』，不瞑，曰『成』，乃瞑」，魯文公元年去齊靈公之卒凡七十二年，去魯昭公二年凡八十六年，而楚國已有爲君制諡之事矣。左宣十「鄭人討幽公之亂，斲子家之棺，而逐其族，改葬幽公，諡之曰『靈』」，魯宣公十年去齊靈公之卒凡四十五年，去魯昭公二年凡五十九年，而鄭已有爲君改葬而改諡之事矣。左襄十三楚共王疾，告大夫曰「不穀不德……請爲『靈』若『厲』，大夫擇焉」，及楚共王卒，「子囊謀諡，大夫曰『君有命矣』，子囊曰『君命以共，若之何毀之？赫赫楚國，而君臨之，撫有蠻夷、奄征南海，以屬諸夏，而知其過，可不謂共乎？請諡之曰共』，大夫從之」，魯襄公十三年去齊靈公之卒凡六年，去魯昭公二年凡二十年，而楚國亦有臣議君諡之事矣。國語楚語上亦載此事，與左傳同。凡此豈皆後人僞託之事乎？即如郭某所謂生而稱靈之齊靈公，左傳亦以其稱靈者爲諡而非生號，左襄二載「齊侯伐萊，萊人使正輿子賂夙沙衛以索馬牛，皆百匹，齊師乃還，君子是以知齊靈公之爲靈也」，是以齊靈公之靈，爲卒後依行而制之諡也，則左傳、國語所載與郭某所考者異，未知郭某之說是否，而楊伯峻仍據王國維之說，謂「諡，死後依其人之行事而賜名，此禮蓋起於宗周共王、懿王諸王之後」，見春秋左傳注頁六十。

孟子離婁上載孟子云：「孔子曰：道二，仁與不仁而已矣，暴其民甚，則身弒國亡，不甚，則身危國削，名之曰幽、厲，雖孝子、慈孫，百世不能改也」，趙注：「名之，謂諡之也，諡以幽、厲，以彰其惡，百世傳之，孝子、慈孫何能改也。」朱注云：「幽、暗，厲、虐，皆惡諡也。」則孔子或孟子以幽、厲爲諡，據其說，西周之末已有諡法矣。案幽、厲實爲惡稱，與文、武、成、康等之爲美名者不同，當非周幽王、周厲王之生號，由此觀點論之，則西周之末，已有諡法歟？

乙、制　諡

據前所引，楚商臣及子囊爲其君制諡，鄭爲其君改諡，知諡有美惡；由傳載君子由齊靈公之行而「知齊靈公之爲靈也」，及子囊議楚共王諡所舉之理

由，知謚依生時行迹而制也。左定元載季平子曰「吾欲爲君謚，使子孫知之」，杜注：「爲惡謚。」則此謂季平子欲予魯昭公惡謚，使子孫知其惡，知禮記聞謚知行非空言也。臣得爲君議謚，而君亦得賜臣謚。左昭二十衛齊豹之亂平，「衛侯賜北宮喜謚曰貞子，賜析朱鉏謚曰成子」，是君賜臣謚之事也。古人葬前議謚、賜謚，禮記檀弓下「公叔文子卒，其子戍請謚於君，曰『日月有時，將葬矣，請所以易其名者』」，是先定謚而後葬。楚語上載楚共王卒，「及葬，子囊議謚」，亦葬前先議謚。另左文元楚大子商臣之謚其父，亦在葬前。何以葬前制謚？白虎通謚篇云：「因眾會欲顯揚之也。」

丙、諸侯之謚

春秋經所書諸侯之葬，蓋皆舉其謚。左隱三經「葬宋穆公」，杜注：「書葬則舉謚。」左桓十七經「葬蔡桓侯」，孔疏：「五等諸侯卒，則各書其爵，葬則舉謚，稱公，禮之常也。」考魯十二公，哀公卒於春秋之後，又隱公、閔公之卒不書葬，餘九君皆書葬稱謚；經書外諸侯，如宋、晉、齊、衛、陳、蔡、鄭、曹、秦、杞、藤、薛、邾、許等國之君葬，凡八十六次，無不稱謚。列國諸侯中，吳君有號而未見其謚，莒君亦有號而蓋亦無謚，參第七節，而春秋經亦皆不載此二國之君葬；楚君則多有謚，而春秋亦不載其君之葬也。此諸侯之謚之大概者也。

丁、卿大夫之謚

左隱八「無駭卒，羽父請謚與族，公問族於眾仲，眾仲對曰『……諸侯以字爲謚，因以爲族』……公命以字爲『展氏』，此謂無駭卒，羽父爲之請「謚」與族於隱公，隱公問族於眾仲，眾仲言諸侯以卿大夫之字爲謚，因以爲其族稱，故隱公即命以其字爲族稱，曰「展氏」。據此隱公既據眾仲之言以展爲無駭之族稱，則當亦據眾仲之言以展爲無駭之謚，故鄭玄於儀禮少牢饋食禮注云：「大夫或因字爲謚。」引此傳爲證，又於禮記檀弓上魯哀公誄孔子，稱「尼父」時，注云：「尼父，因其字以爲之謚。」其字爲且字之誤，見校勘記及段玉裁經韵樓集且字考。鄭玄之意即謂哀公因孔子之字尼而爲其謚也，段玉裁從其說，亦見且字考；孔廣森之說同，並謂以字爲謚，乃殷制也，見經學卮言，然此以字爲謚之謚，爲人卒後，以字易名，與依生時行迹立謚者不同。

崔述豐鎬考信別錄嘗考周卿大夫謚云：「晉自文公以前，惟欒共叔有謚，

狐偃、先軫有佐霸之功，而諡皆無聞。至襄公世，趙衰、欒枝始有諡，而先且居、胥臣之屬仍以字稱……成、景以後，卿始以諡爲常；先縠、三郤以罪誅，乃無諡。降於平、頃，則雖欒盈之以作亂死，荀盈、士吉射之失位出奔，而靡不諡矣。魯大夫有諡者，較他國爲獨多，然桓、莊以前，卿尚多無諡者。昭、定之間，則榮駕鵝、南宮說、子服、公父之倫，下大夫靡不諡者，鄭大夫初皆無諡，至春秋之末，子思、子贑亦有諡，惟宋大夫始終無諡」，楊注據崔述此文謂：「春秋初年，大夫並無賜名之諡，故眾仲云以字爲諡，古人多不知此義。」以春秋初年，大夫以字爲諡，而未有依行迹別立他字爲諡之事。然左隱元鄭共叔段，賈服以共爲其諡，左隱五魯臧僖伯即諡僖，左隱七齊夷仲年亦諡夷，左桓二魯臧哀伯亦諡哀，則春秋初年卿大夫非無諡也。由春秋列國觀之，宋卿大夫蓋未見有諡，鄭卿大夫亦罕見其諡，然非絕無諡者，除楊注所引國參稱桓子思，諡桓，罕達稱武子贑，諡武外，如鄭語八稱子產爲公孫成子，韋注以成子爲子產之諡；又左襄三十一鄭有馮簡子，簡蓋亦其諡。齊有諡者，如管仲之諡敬，晏嬰之諡平，國歸父之諡莊、國佐之諡武，國弱之諡景，鮑牽之諡莊，崔杼之諡武等皆是。衛如石惡之稱悼子，孫林父之稱孫文子，孔圉之稱孔文子，皆有諡。陳如轅濤塗之稱宣仲，夏齧世本稱悼子齧，蓋亦有諡。餘如楚、秦、吳、越、蔡、許、曹、莒諸國，或以夷狄，或以小國，而其卿大夫之諡罕見，或未嘗見之矣。至如魯、晉卿大夫之有諡者甚多，前引崔述豐鎬考信別錄已詳之。

戊、婦女之諡

　　春秋時婦女有諡乎？其爲常例乎？左隱元「孟子卒」，孔疏云：「周禮小史，卿大夫之喪，賜諡、讀誄，止賜卿大夫，不賜婦人，則婦人法不當諡，故號當繫夫。」引釋例云：「婦人無外行，於禮當繫夫之諡，以明所屬，詩稱莊姜、宣姜、即其義也。」以爲婦女於法不當諡，宜繫夫之諡。左隱元經「仲子」，杜注亦云：「婦人無諡，故以字配姓。」孔疏釋云：「婦人於法無諡，故以字配姓，言其正法然也……繫夫諡者，夫人而已，眾妾不合繫夫，正當以字配姓也。其聲子、戴嬀有諡者，皆越禮妄作也。」孔疏謂夫人得繫夫諡，眾妾則應以字配姓稱之也。如魯隱公母聲子、衛桓公母戴嬀者皆妾，而有諡，此乃越禮妄作也。

　　今以春秋經所載魯君夫人及妾名號爲例，考春秋時婦女得諡之情形，並

以見杜、孔之說然否。

一、孟子：此惠公元妃，因在春秋前，故春秋不載其卒，葬。

二、聲子、君氏：孟子卒後，魯惠公「繼室以聲子」，生隱公，杜注：「聲、諡也。」左隱三經「君氏卒」，傳以爲聲子，並云：「不赴於諸侯、不反哭於寢、不祔于姑、故不曰薨。不稱夫人，故不言葬，不書姓。爲公故，曰君氏。」

三、仲子、夫人子氏、子氏：此亦魯惠公夫人，生魯桓公。左隱二經「夫人子氏薨」，杜注以爲即仲子。

四、文姜、姜氏、夫人姜氏：此魯桓公夫人，魯莊公之母。左莊二十一經書「夫人姜氏薨」，左莊二十二經書「葬我小君文姜」，經書文姜，文蓋其諡也。

五、哀姜、夫人姜氏、夫人氏：此魯莊公夫人。左僖元經書「夫人姜氏薨于夷……夫人氏之喪至自齊」，左僖二經書「葬我小君哀姜」。經書哀姜，哀蓋其諡也。

六、叔姜：此魯莊公之妃，哀姜之娣，魯閔公之母，經未見其卒、葬。

七、孟任：此魯莊公妃，生子般。據左莊三十二，子般即位，旋卒，故經未見孟任卒，葬。

八、成風、夫人風氏：此魯莊公妾，僖公母。左文四經書「夫人風氏薨」，左文五經書「葬我小君成風」。經書成風，成蓋其諡。

九、聲姜、夫人姜氏：此魯僖公夫人，文公母。左文十六經書「夫人姜氏薨」，左文十七經書「葬我小君聲姜」，經書聲姜，聲蓋其諡也。

十、出姜、姜、夫人姜氏、哀姜：此魯文公夫人，生惡及視，爲襄仲所殺。左文十入謂其大歸于齊，哭而過市，魯人哀之，謂之哀姜。其稱哀姜，出姜，皆號而非諡，詳 0531 出姜條。因其大歸，故經傳不載其卒、葬。

十一、敬嬴、夫人嬴氏：此魯文公二妃，宣公母。左宣八經書「夫人嬴氏薨……葬我小君敬嬴」，經書葬敬嬴，敬蓋其諡也。

十二、穆姜、夫人姜氏、姜氏、姜：此魯宣公夫人。左襄九經書「夫人姜氏薨……葬我小君穆姜」，經書葬穆姜、穆蓋其諡也。

十三、齊姜、姜氏、夫人姜氏：此魯成公夫人，左襄二經書「夫人姜氏薨……葬我小君齊姜」，杜注云：「齊、諡也。」

十四、定姒、夫人姒氏：此魯成公妾，襄公之母。左襄四經書「夫人姒氏

薨……葬我小君定姒」，杜注：「定，謚也。」

十五、敬歸：左襄三十一「立胡女敬歸之子子野」，杜注謂敬歸爲魯襄公妾。
　　　　敬蓋其謚也。子野立旋卒，故經未見敬歸之卒葬。

十六、齊歸、夫人歸氏：據左襄三十一傳，此敬歸娣，魯昭公之母，則亦爲
　　　　魯襄公之妾。左昭十一經「夫人歸氏薨……葬我小君齊歸」，杜注：「齊、
　　　　謚。」

十七、孟子、昭夫人：左哀十二經「孟子卒」，傳云：「昭夫人孟子卒。昭公
　　　　娶于吳，故不書姓；死不赴，故不稱夫人；不反哭，故不言葬小君。」

十八、公衍之母：經傳未見其名號。

十九、公爲之母：經傳未見其名號。

二十、定姒、姒氏：左定十五經「姒氏卒……葬定姒」，杜注以爲定公夫人。
　　　　傳云：「不稱夫人、不赴且不祔也。」又云：「不稱小君，不成喪也。」
　　　　會箋謂定姒之定爲從夫謚，是也，詳 1044 定姒條。

　　據上所考，魯君妻妾之名號，於母家姓上冠謚者，計有：聲子、文姜、
哀姜、成風、聲姜、敬嬴、穆姜、齊姜、定姒（成公妾）、敬歸、齊歸、定姒
（定公夫人）等十二人，除定姒（定公夫人）之定爲夫謚外，餘十一人皆與
夫異謚，可知是爲己謚，其中聲子以隱公故，經書「君氏卒」，不書葬；敬歸
之子子野立旋卒，經亦不書卒葬；此外尚有九人，此九人經皆書「夫人某氏
薨……葬我小君某某」，稱夫人、小君，而書薨，此蓋備禮而葬之者，故葬時
即爲之制謚者也。考定公夫人經書「姒氏卒……葬定姒」，不稱夫人、小君、
不書薨而書卒，蓋葬較其餘九人減一等，故不爲之制謚，而以夫謚稱之也。
然則經備書夫人、小君而書薨者，皆有己謚，可證君夫人賜謚，爲禮之常，
杜、孔以爲婦女於法不當謚，說蓋非是。晉書禮志載博士曹耽之議曰：「春秋
婦人有謚甚多，經無譏文，知禮得謚」，是也。

　　又就魯君妻妾有謚者十一人分析之，文姜、哀姜、聲姜、穆姜、齊姜者，
皆爲魯君夫人，雖嗣君非其子，亦得有謚，而聲子、成風、敬嬴、定姒、齊
歸五人則爲妾，然其子嗣爲魯君，母以子貴，因得有謚；孔疏謂妾而有謚爲
越禮妄作，則亦非是。

　　其爲夫人而經傳不見其謚者，有惠公夫人仲子，經書「夫人子氏薨」，稱
夫人，而書薨；左隱五經書「考仲子之宮」，蓋甚得魯敬重，而經不書其葬，
經傳亦未見其謚。有出姜，因大歸於齊，不卒於魯，故不爲之制謚。有昭夫

人孟子，蓋因諱故，不書薨、不稱夫人、小君，不書葬，故亦未見其謚。有定公夫人定姒，蓋因其夫定公卒，定姒尋卒，定公葬、定姒尋葬，嗣君哀公不知其子否，經傳無明文，然亦尚未即位改元，故止從夫謚，稱定姒。

經書魯君夫人卒葬者，皆在嗣君繼立之後，然則夫人先夫卒者，經皆不書歟？考魯隱公、閔公、襄公、哀公夫人之卒葬皆未見經，或以此之故歟？然則諸侯夫人先夫而死，當亦不爲之制謚歟？此在諸侯或然，在周則否，如周景王未崩，而左昭十五云：「王穆后崩」，稱穆后，夫未死，而妻已制謚矣。

又白虎通謚篇云：「卿大夫妻無謚何？賤也。」而左文七載「穆伯娶于莒，曰戴己，生文伯，其娣聲己，生惠叔」，穆伯即魯公孫敖，其稱穆伯，穆蓋其謚，而其妻戴己，聲己之戴，聲與夫謚異，會箋因云：「戴、聲皆謚。」以爲戴、聲爲戴己、聲己之謚，楊注亦云：「戴、聲俱是其謚，則春秋時，卿之夫人亦有謚。」會箋、楊注之說若是，則卿大夫之妻亦有謚矣。

第六節　爵

甲、五等爵

春秋左傳所見對諸侯之稱謂有公、侯、伯、子、男，舊說謂此爲五等爵。孟子萬章下：「北宮錡問曰：『周室班爵祿也如之何？』孟子曰：『其詳不可得聞也，諸侯惡其害己也，而皆去其籍，然而軻也嘗聞其略也。天子一位，公一位，侯一位，伯一位，子男同一位，凡五等也。』」禮記王制：「王者之制祿爵，公、侯、伯、子、男凡五等。」史記漢興以來諸侯年表：「周封五等：公、侯、伯、子、男。」三王世家亦載「昔五帝異制，周爵五等」之言，然近人傅斯年撰論所謂五等爵，則以爲並無五等之爵，其言云：「公伯子男，皆一家之內所稱名號，初義並非官爵，亦非班列。侯則武士之義，此兩類皆宗法封建制度下之當然結果……蓋家族倫理即政治倫理，家族稱謂即政治稱謂。自戰國來，國家去宗法而就軍國，其時方術之士、遂忘其古者之不如是，於是班爵祿之異說起焉。」又云：「五等爵之本由後人拼湊而成，古無此整齊之制。」其後郭某及楊樹達皆由金文以證成傅斯年之說，見金文叢考金文所無考及春秋大事表列國爵姓及存滅表譔異後敘。而陳槃則以爲五等爵在西周成、康以後已爲定制，逮春秋時因諸侯僭分自尊，困而自貶，或因舊俗而紛錯其稱，其言云：「案五爵之稱，至少自殷以來有之。厥初雖非制度，然習稱

既久，約定俗成，自亦有尊卑之別，爰爲定制，亦自順理成章。疑至晚自西周成王、康王以後則既然矣。」又云：「由前論之，則班爵之制，雖自西周既有之矣，而秉此禮者獨有魯史，至于列國，多循舊俗，遂不能革。亦或僭分自尊，或則困而自貶，原因匪由一端，而其稱遂紛錯而不可究詰矣。」亦見春秋大事表列國爵姓及存滅表譔異後敘。而後邱信義撰五等爵說研究，謂五等爵說之理論，產生於孟子，而完成於周禮、禮記。案周代有無五等爵爲一聚訟紛紜之問題，依左傳考之，此五種加於諸侯之稱號，春秋時代已並見，且有等級之分，多數諸侯之爵稱業己固定，如左僖二十九魯僖公會諸侯之大夫，傳曰「在禮，卿不會公、侯，會伯、子、男可也」，分諸侯爲五等，以公侯伯子男爲代稱。又如左襄十五「王及公、侯、伯、子、男，甸、采、衛大夫，各居其列，所謂周行也」，此亦以公、侯、伯、子、男並列而分等次矣。左昭四楚王使問禮於宋左師與鄭子產，「左師……獻公合諸侯之禮六……子產……獻伯子男會公之禮六」，蓋以宋是公，而鄭爲伯也，故各以世守之禮獻之。國語亦載此五等稱號，楚語上云「天子之貴也，唯其以公侯爲官正，而以伯子男爲師旅」。周語中云「昔我先王之有天下也，規方千里以爲甸服，以供上帝山川百神之祀，以備百姓兆民之用，以待不庭不虞之患。其餘以均分公侯伯子男，使各有寧宇」，亦分諸侯爲五等，而以公、侯、伯、子、男爲代稱。然則據左傳國語二書，春秋時代諸侯已有此五種稱號，且有等級之差異矣。

左桓十經「齊侯、衛侯、鄭伯來戰于郎」，傳云：「初，北戎病齊，諸侯救之，鄭公子忽有功焉，齊人餼諸侯，使魯次之，魯以周班後鄭，鄭人怒，請師於齊，齊人以衛師助之，故不稱侵伐。先書齊、衛，王爵也。」杜注：「鄭主兵，而序齊、衛下者，以王爵次之也。」此謂魯以諸侯在周室之班次而次鄭於後，故鄭以齊衛之師伐魯，鄭實戎首，而此經次鄭於齊、衛之下，亦以周室班次之故。由此文可知諸侯在周室有班次之事實，周室班次而曰「王爵」，似其班次以「爵」分之，而據左傳、國語，諸侯有公、侯、伯、子、男五種班次，豈王爵之班次，即指此五種班次？或其中數種歟？國語吳語載晉董褐告吳曰「夫命圭有命，固曰吳伯，不曰吳王……夫諸侯無二君，而周無二王，君若無卑天子，以干其不祥，而曰吳公，孤敢不順從君命長弟」，據此，周似有以命圭命諸侯之事，命吳曰吳伯，而晉請吳去「王」稱「公」，似又有命以「公」稱者，而公與伯之間，其有等差亦顯然矣，豈此即左傳所謂「王爵」

乎？上述若無誤，則春秋時代蓋有區分公、侯、伯、子、男五種，或其中數種稱號而爲「王爵」。

五等爵爲千年聚訟、至今未已之問題，今以文獻不足，謹考之左傳、國語，而作如上之推論。

乙、畿內諸侯之爵

天子畿內諸侯，亦有稱公、伯、子者，先儒亦以爲爵稱，如左隱元經「祭伯」，杜注：「伯，爵也。」左文五經「召伯」，杜注亦云：「伯，爵也。」陳槃亦以公、伯、子是爵，春秋大事表列國爵姓及存滅表譔異冊三「溫」條下云：「舊籍于畿內諸侯或稱公、或稱伯、或稱子，而毛公、毛伯、單公、單伯、單子之稱，亦見金文。『公』已爵號，『伯』亦宜然。若謂此諸稱伯者皆是以世子嗣位，必無此理。公、伯已並爲爵號，則子亦爵號可知矣。」而竹添光鴻則以爲畿內諸侯無爵，左隱元經「祭伯」下會箋云：「伯，行次，所以代名爲尊稱也，非爵也……王臣有封國而入爲王卿者，則繫國書爵，尚書顧命有衛侯、齊侯，其例也，內諸侯未有國者，無五等之爵，其召伯、蘇子、尹子、劉子、單子，皆以邑氏，則伯、子非爵也。」左文五「召伯」下會箋云：「周語：規方千里以爲甸服，其餘以均分公侯伯子男。孟子曰：天子之卿受地視侯，大夫受地視伯，元士受地視子男，周以前之書，無言畿內有五等爵之諸侯者，使有五等之爵，王臣見經者，何以獨有公、伯、子，而無侯、男哉？畿內無五等之爵，知書序之芮伯、榮伯，詩之南仲、張仲、方叔非爵，而春秋之書召伯與祭叔、榮叔、南季，皆行次也。」左文十經「蘇子」下會箋云：「蘇子稱子……非五等爵之子也……特爲是稱，以尊異之。」凡此謂外諸侯有爵，內諸侯無爵，以周以前書未言王畿內有五等爵，及春秋未嘗以侯、男二爵稱內諸侯爲證，故謂內諸侯稱伯者爲其行次，稱子者爲其尊稱。然內諸侯如周召氏等有累世稱伯，豈皆以長子嗣位？會箋於此則別立「家號」之說，左莊二十七「召伯廖」下會箋云：「伯，家號。」左桓八經「家父」下云：「以父繫氏，非名非字，世以父稱，即其家號也。」楊注蓋從其說，故於左文元經「毛伯」下云：「毛蓋其采邑，伯乃其家號，杜注云：『毛、國，伯、爵。』恐不確。」又於左文五經「召伯」下云：「召氏世稱伯，如莊二十七年傳有召伯廖；又宣十五年經之召伯，召戴公也；成八年經之召伯，召桓公也；昭二十二年傳之召伯奐，召莊公也；又二十六年經、傳之召伯盈，

召簡公也，蓋自召康公稱召伯之後，即世襲此稱歟？」然由春秋有以公、伯、子稱外諸侯觀之，內諸侯之稱公、伯、子，或有與彼同義者，春秋之不以侯、男稱內諸侯者，或侯本是為王守邊，為王斥候之義，詳陳槃「侯與射侯」及邱信義五等爵說研究頁八十，則多封於畿外邊遠地區，畿內諸侯之不稱侯也亦宜。至若不稱男者，據春秋大事表五所載外諸侯稱男者，亦僅許男、宿男、驪戎男而已，內諸侯之不稱男，亦不必以為疑。綜上所述，內諸侯之稱公、伯、子，或有爵稱在焉，未必皆其人之行次或家號也。

第七節　號

甲、周初諸王之號

　　左傳人物名號中，周初諸王稱文、武、成、康、昭、穆者，皆其生號，而非諡，已詳第五節。

乙、吳君之號

　　由左傳人物名號考察，吳君未見其諡而有號，如：左襄十二「吳子壽夢卒」，同年經稱「吳子乘卒」，經多書名，則乘為其名，然則傳稱壽夢者，壽夢當是其號，故杜注傳云：「壽夢，吳子之號。」左襄十四「吳子諸樊既除喪」，此吳子乘之長子吳子遏也，左襄二十五經「吳子遏……卒」，則遏為其名；傳稱諸樊，諸樊蓋其號，左昭二十三孔疏云：「吳子遏，號諸樊。」即以諸樊為其號。左襄三十一「閽戕戴吳」，杜注：「戴吳，餘祭。」此吳子乘之次子，左襄二十五經「閽弒吳子餘祭」，經多書名，則餘祭為其名，戴吳當是其號。左襄二十八「吳句餘予之朱方」，杜注：「句餘，吳子夷末也。」左昭十五經「吳子夷末卒」，經多書名，夷末為其名，則句餘為其號，參 0838 吳子夷末條。左昭二十五員「言伐楚之利於州于」，杜注：「州于，吳子僚。」左昭二十七經「吳弒其君僚」，經多書名，僚為其名，則州于、其號也。左昭二十七「闔廬以其子為卿」，杜注：「闔廬，光也。」左定十四經「吳子光卒」，經多書名，光為其名，然則闔廬為其號。左定五「夫槩王歸自立也，以與王戰」，此吳子光之弟，而稱夫槩王者，杜注：「自立為吳王，號夫槩。」謂夫槩為其號。

　　據上所考，吳自吳子乘後，至吳子光止，歷代之君皆有號，然而未見諡

者，與中原諸國異。又吳子光子夫差，據史記，或亦號終纍，參 0842 吳王夫差條。

丙、莒君之號

由左傳人物名號考察，莒君亦無諡而有號，號或取自邑名，如：左僖二十六「公會莒茲丕公」，茲丕公即莒君名期者，參 1574 莒期條，杜注云：「茲丕，時君之號，莒夷，無諡，以號爲稱。」左文十八「莒紀公生大子僕」，莒紀公即莒君名庶期者，參 1487 庶期條，杜注云：「紀，號也。莒夷無諡，故有別號。」紀爲莒邑，左昭十九載齊伐莒「齊師入紀」是也。則莒君以邑爲號。左成八「申公巫臣如吳，假道于莒，與渠丘公立於池上」，渠丘公即是莒國之君名朱者，詳 1567 莒子朱條，渠丘爲莒邑，次年傳謂楚伐莒「入渠丘」是也。孔疏云：「渠丘，莒之邑名，夷不當有諡，或作別號，此朱以邑名爲號，不知其故何也。」左襄十六「執邾宣公，莒犂比公」莒犂比公即莒君名密州者，參 1474 密州條，杜注云：「犂比，莒子號也。」左昭十四「莒著丘公卒」，莒著丘公即莒君名去疾者，詳 1566 莒子去疾條。左昭十四「郊公不慼」，杜注：「郊公，著丘子。」左昭十九「莒共公懼」，莒共公即莒子庚輿，詳 1569 莒子庚輿條。

綜上所列，左傳稱莒君爲某公者七，其中渠丘公以莒邑渠丘配公爲稱，無可疑也，紀公亦以莒邑紀配公爲稱，俱詳前；而著丘公之著丘與渠丘類似，亦當是地名，餘如茲丕公、犂比公、郊公、共公之茲丕、犂比、郊、共，後人亦有以爲地名者，如詩大雅韓奕「汾王」下鄭箋云：「厲王流于彘，彘在汾水之上，故時人因以號之，猶言莒郊公、犂比公也。」則鄭玄以郊公及犂比公之郊與犂比爲地名，孔疏云：「莒在東夷，不爲君諡，每世皆以地號公，此外猶有茲丕公，著丘公之等。」則孔穎達又以茲丕公及著丘公之茲丕、著丘爲地名。左成八會箋云：「莒無諡……莒共公疑共公非諡，亦以邑名爲號也，此外昭十四年莒郊公、襄三十一年黎比公，定四年茲丕公，昭四年著丘公，皆以地號公也。」亦以共、郊、犂比、茲丕、著丘爲莒邑、而莒君以爲號。鄭、孔、竹添之說蓋是。左氏經傳以國名配某公者，某多爲其諡，而左傳於莒君稱某公者七，除共公外，皆不類諡，左傳有地名曰共，雖非莒邑，然莒或有共邑，亦未可知，渠丘、紀與著丘既可斷定爲地名，餘如犂比、茲丕、郊或亦當是地名也。由上所述，莒君蓋無諡，而有號，且其號蓋取自邑

名也。

丁、其　他

　　魯文公夫人之稱哀姜、出姜，亦號而非諡，詳見 0531 出姜條。左哀六齊「使胡姬以安孺子如賴」，杜注：「安，號也。」謂安爲號。餘如晉翼侯居翼，傳稱翼侯，居鄂，則「晉人謂之鄂侯」，參 1766 鄂侯條，翼、鄂皆號也。周靈王以生而有須，故號頹王，參 2399 靈王條，則頹亦號也。

　　以上爲左傳人物名號中，號之大略也。

第八節　其　他

甲、論子字

一、子字在左傳人物名號之一般用法

　　（一）有以國名配子稱諸侯者。如：左襄三十稱楚君曰楚子，左襄二十經稱「莒子、邾子、滕子、……小邾子」亦同例也。此子，前人以爲即其爵，而近人以爲蠻夷之君未有王命亦稱子，如傅斯年論所謂五等爵云：「春秋……以子稱一切蠻夷。」左隱元楊注：「考之經例，凡小國，或當時文化落後，或國土在邊裔，所謂蠻夷戎狄者，皆稱其君爲子，未必皆有王命。」

　　（二）天子之卿大夫以氏配子爲稱，如左昭二十二「王……將殺單子、劉子」，單子指單穆公，劉子指劉獻公。

　　（三）諸侯之卿大夫有以氏配子爲稱，如左隱四「厚問定君於石子」，石子指石碏。左傳諸侯卿大夫以氏配子爲稱自此始，其後大夫稱子爲常例，如左宣十七郤子指郤克、晏子指晏弱、高子指高固，左成二石子指石稷，孫子指孫良夫，左成十三郤子指郤錡，左傳亦稱仲尼爲孔子，如此者甚多，參下篇。

　　（四）子可冠名上或殿名下而構成名號，參第二節，亦可冠字上或殿字下而構成名號，參第三節。

　　（五）有以子字冠「叔孫」、「季孫」爲稱，如：左昭五叔仲帶曰「帶受命於子叔孫」，子叔孫指叔孫豹。左定十齊景公曰「子叔孫，若使郈在君之他竟……」，子叔孫指叔孫州仇。左哀十一仲尼曰「且子季

孫若欲行而法」，子季孫指季康子。案魯三家之宗子有以氏配孫稱
某孫者，詳頁十一，叔仲帶稱叔孫豹爲子叔孫，齊景公稱叔孫州仇
爲子叔孫，孔子稱季康子爲子季孫，於叔孫、季孫之稱上復冠以子
字，此或敬稱也。

（六）有以子字冠氏上以爲稱者。如魯叔肸之後，經稱叔某，傳稱子叔
某，參 0394 公孫嬰齊條。禮記檀弓下「使子叔敬子弔」，孔疏云：
「叔是其氏，此記云子叔者，子是男子通稱，故以子冠叔也。」

（七）有以子字配行次爲稱者。如：公子懃稱子仲、皇野亦稱子仲；衛定
公母弟黑背，傳稱子叔黑背，黑背爲其名，叔則其行次，冠以子字
稱子叔黑背。衛有二子伯，蓋亦以子配行次爲稱也。左傳人物有單
稱行次者，詳第二章第一節，故亦可於行次上冠美稱子字，猶左傳
人物之字多止一字，而於字上冠美稱子字也。

（八）有以諡配子者。如：左文六宣子指趙盾，左成二武子指士會、左昭
十一僖子指仲孫貜、懿子指仲孫何忌，皆以諡配子爲稱。

（九）由左傳人物名號考察，子字多稱男子，爲男子通稱或美稱，如左閔
二經杜注「子，男子之美稱」是也。然亦有用於稱女子者，如春秋
經以子字冠「叔姬」上稱魯女凡三，參 0096 子叔姬條。季孫斯之
妻曰南孺子，是女子稱子之例，參 1146 南孺子條。又如魯昭公夫人
本吳女，其姓曰姬，而經書「孟子」，則子亦婦女之美稱，左襄十
九稱齊靈公諸妾仲子、戎子曰「諸子」，左哀五稱齊景公妾亦曰「諸
子」，是子亦可用以稱婦女也。

二、論諸侯父卒稱子、攝位稱子

子字有用於諸侯卒未逾年，嗣君在喪之稱。左僖九經「公會宰周公、齊
侯、宋子……于葵丘」，傳云「宋桓公卒，未葬而襄公會諸侯，故曰子，凡
在喪，王曰小童，公侯曰子」，謂宋桓公卒，宋襄公在喪，會諸侯，故經書
宋子。考春秋之例，舊君死，不論已葬未葬，繼立之君，當年參與盟會，稱
子，如僖二十五夏衛文公卒，既葬，而衛成公會於洮，經書衛子。僖二十八
陳穆公卒，冬陳共公會於溫，經書陳子。定四年陳惠公卒，未葬，而陳懷公
會于召陵，經書陳子；及此年宋桓公卒，未葬，宋襄公會于葵丘，經書宋子，
是也。

若非參與會盟，則雖未逾年，亦不稱子，如左宣十經「齊侯使國佐來聘」，

是年齊惠公卒，此時已葬。左成四經「鄭伯伐許」，此年鄭襄公卒，是時已葬，是也。

若已逾年，雖先君未葬而參與盟會，亦不稱子，如宣十陳靈公卒，宣十一陳成公會于辰陵，經書陳侯，宣十二始葬陳靈公，是也。

亦有單稱子者，如左文十八經「子卒」，子指魯文公之子惡，以魯文公卒於是年，六月葬，十月惡卒，以未逾年之故，是以書「子」。

左莊三十二經「子般卒」，公羊云：「子卒云子卒，此其稱子般卒何？君存稱世子，君薨稱子某，既葬稱子。」謂世子父卒未葬稱子某，既葬稱子。考子般父卒未葬，稱子某，合於此例。左襄三十一經「子野卒」，亦父卒未葬，稱子某，合於此例。左文十八經「子卒」，父卒已葬稱子，合於此例。除此三者外，考之春秋，未嘗有合於此例者，而不合此例者，如前所舉陳惠公，宋桓公卒，未葬，嗣子經書陳子，宋子，而不曰子某，此其一；又如前所舉齊惠公、鄭襄公已葬，而嗣子經書齊侯、鄭伯，而不曰子，此其二；然則公羊此例不可通於春秋，蓋僅據「子卒」、「子般卒」，「子野卒」三條經文歸納而得。考左桓六經「子同生」、左莊六經「王人子突救衛」、左莊九經「齊人取子糾殺之」、左文十四經「宋子哀來盟」，則經固有書子某之例，非爲「君薨稱子某」之故也，而左傳亦稱「子般怒」、「立……子野」，與稱其他左傳人物以子配名，曰子某者同，未必爲「君薨稱子某」之故也。左莊三十二孔疏亦云：「公羊以爲經存稱世子，君薨稱子某，既葬稱子，踰年稱公，據子般、子野卒，似欲當然，但左氏稱宋桓公卒，未葬，而襄公會諸侯，故曰子，即發例曰『凡在喪，公侯曰子』，是未葬稱子，傳之明文，不得如公羊說也。」然則公羊「君薨稱子某」之說，存疑可也。

左傳亦有父卒書子之例，左僖三十三「子墨衰絰」，子指晉襄公，其父文公卒於僖三十二、至此已逾年，而稱子，此左傳行文，與春秋之例不合。

由上所考，左傳人物名號中，有因父薨而稱子也。

亦有代立而稱子者，如左僖二十八經「公會晉侯、齊侯……衛子……盟于踐土」，杜注云：「衛侯出奔，其弟叔武攝位受盟，非王命所加，從未成君之禮，故稱子。」鄭君子儀傳稱鄭子，或亦其類，參0130子儀條。

乙、論父字

由左傳人物名號考察，父字爲男子通稱或美稱，穀梁隱元云「父……男子之美稱也」；禮記檀弓上「尼父」，孔疏云「父……是丈夫之美稱」；漢書五

行志「宋父」，顏注「父爲男子之通號」是也。父字於左傳人物名號中之地位，與子字類似，可殿名、字之下，而構成一新名號，如魯昭公名裯，傳稱裯父；魯定公名宋，傳稱宋父，此名下配父字也。如孔父嘉，名嘉字孔，而傳稱孔父；皇父充石，名充石字皇，傳稱皇父，此字下配父字也。餘如閔子馬，傳之稱閔馬父，國語僕夫子晳，傳稱僕析父，馬與析爲名或字，配子稱閔子馬，僕夫子晳，而配父字則曰閔馬父、僕析父矣。又如周公之子伯禽，傳稱禽父，史記晉世家稱晉唐叔之子曰燮，而傳稱燮父。左僖十七「卜招父與其子卜之……招曰」，皆足證禽、燮、招爲其名或字，父字皆附加也。餘如國語周語上內史興，左僖十六稱內史叔興，於名或字上附加行次也；左僖二十八則作內史叔興父，則更殿以父字矣。父亦可殿男子氏下爲稱，如左昭十五周景王稱籍談曰籍父是也。

丙、論孫字

　　說文：「孫，子之子曰孫，从系子、系，續也。」古人固稱子之子曰孫，如公子之子曰公孫，是也；然後代子孫亦皆得謂之孫，詩魯頌閟宮「周公之孫，莊公之子」，謂魯僖公也，僖公去周公已數百年，而僖公猶得稱周公之孫；左哀十五子贛告魯公孫成曰「子，周公之孫也」，公孫成去周公愈遠，然亦得謂周公之孫，是孫爲後代子孫之意。

　　左傳人物名號中，爲公孫或公孫而下，有以孫字配名稱孫某者，如：左襄十五經「晉侯周卒」，經多書名，則周爲其名，左成十七稱之爲「孫周」，蓋其爲晉襄公之曾孫，故以孫配名爲稱；其父談，國語稱孫談，則爲晉襄公之孫，參 1337 晉侯周條。左定四經「陳侯吳卒」，經多書名，則吳爲其名，左昭十三「悼大子之子吳歸于陳」，亦稱其名曰吳，而左昭八則稱其曰「孫吳」，以其爲陳哀公之孫，故於名上冠孫字也。左成十三鄭殺「孫叔、孫知」，據傳及杜注，孫叔爲鄭公子班之子，孫知爲公子班弟之子，則孫叔、孫知爲公孫矣，其稱孫者，蓋與其爲公孫有關。左襄八「鄭群公子以僖公之死也，謀子駟，子駟先之……辟殺子狐、子熙、子侯、子丁，孫擊、孫惡出奔衛」，杜注謂孫擊、孫惡爲子狐之子，據傳，子狐似鄭之公子，依杜注，孫擊、孫惡爲子狐之子，則蓋鄭之公孫也，其稱孫者，蓋以其爲公孫歟？

　　據上所舉孫周、孫吳、孫叔、孫知、孫擊、孫惡之例，則諸侯之孫或孫而下，有以孫字配名稱孫某也。

　　有以氏配孫稱人者，魯孟孫、叔孫、季孫、臧孫、郈孫等是也，參頁十一。

丁、論公字

一、名或字上冠公字

由左傳人物名號考察，魯、衛人物與公有關者，得於名或字上冠公字，如：

（1）左成二「公衡爲質」，此魯君之子，參 0409 公衡條。同傳載臧宣叔稱其曰「衡父」，左昭七楚蒍啓彊亦述魯成公之言曰「將使衡父昭臨楚國」。

（2）左昭二十九「公衍先生」，據傳，此魯昭公之長子。

（3）左昭二十九「公爲生」，據傳，此魯昭公之次子，爲公衍之弟。傳又載魯昭公曰「務人爲此禍也」，稱其曰務人，則務人爲其名。解詁云：「魯公子務人，字爲。」以爲爲其字。

（4）左昭二十五「公爲告公果、公賁」，杜注：「果、賁皆公爲弟。」則公果、公賁亦爲魯昭公之子。

以上五人爲魯之公子，而傳稱公某者。

（5）左定八孟氏「爲公期築室於門外」，杜注：「公期，孟氏支子。」

（6）左襄二十五魯「孟公綽曰」，杜注：「孟公綽，魯大夫。」論語憲問篇孔子稱其曰孟公綽，又曰公綽，則孟爲其氏。會箋以爲魯「孟氏族」，是也。陳厚耀春秋世族譜亦歸之於魯孟氏下。

以上二人爲魯孟氏之後，而傳稱公某者。

（7）左定十「叔孫成子欲立武叔，公若藐固諫」，杜注：「藐，叔孫氏之族。」傳下文稱「公若」，解詁云：「魯公藐、字若。」蓋以古人名字連言，皆先字後名，故定若爲字，王氏當以藐爲其名，因藐字居「公若」二字之下。

以上一人爲魯叔孫氏之後，而傳稱公某者。

（8）左襄二十三「公彌長……而召公鉏」，據傳及杜注，公彌即公鉏，傳載其父季武子稱其曰「彌」，則彌爲其名，解詁：「魯季公彌、字鉏。」以彌爲其名，鉏爲其字，是也，詳 0410 公彌條。

（9）左襄二十九季武子「使公冶問」，杜注：「公冶，季氏屬大夫。」國語稱公冶爲季冶，則公冶爲季氏族，國語又稱其曰子冶。

（10）左昭二十五「季公鳥娶妻……」，杜注：「公鳥，季公亥之兄，平子

庶叔父。」謂季公鳥爲季平子之庶叔父，則亦季氏之支子，傳又稱
其曰公鳥。

（11）左昭二十五「季公亥與……」，杜注：「公亥，即公若也。」同傳即
稱其曰公若，又稱季公若，解詁：「季公亥，字若。」以亥爲其名，
若爲其字，據杜注，此亦季平子之庶叔父。

（12）左昭二十五「又訴於公甫」，杜注：「公甫，平子弟。」謂季平子之
弟也。

（13）左昭二十五「秦姬以告公之」，杜注：「公之，亦平子弟。」謂季平
子之弟也。

以上六人爲魯季氏之後，而傳稱公某者。

（14）左昭二十「公南楚驂乘……中南楚之背」，公南楚蓋衛公子，名楚字
南，名字連言曰南楚，復冠公字曰公南楚，參 0251 公南楚條。通志
氏族略第三云：「衛獻公之子楚，字公南，生子弁，爲公南氏。」

以上一人爲衛之公子，而傳稱公某者。

餘如左昭二十五公思展、左定五公何藐，杜注皆謂魯季氏族，或思與何
爲二人之字，或公思、公何爲二人之氏，尚難斷定，故不列於上。左文十八
公冉務人、左哀八公賓庚亦同。

綜上所列十四條觀之、魯、衛之公子及魯三家宗子之庶子及族子，於名
字之上有冠以公字者，其爲魯、衛之公子者，有公衡、公衍、公爲、公果、
公賁、公南楚；爲宗子之庶子者，有公彌、公鳥、季公亥、公甫、公之、公
期；三家之族人者，有孟公綽、公冶、公若藐等。

由（1）臧宣叔稱公衡曰「衡父」，可知「公衡」之基本名號只一衡字，
配公字稱公衡，配父字稱衡父。由（9）公冶，國語稱之曰季冶、子冶，知
「公冶」之基本名號亦止一冶字，配公字稱公冶，冠氏稱季冶、冠美稱「子」
則曰子冶。由（8）季武子稱其子曰「彌」，可知公彌原名彌，稱公彌者，名
上冠公字也。公彌又稱公鉏，彌與鉏二字相應，見 0410 公彌條，當是一名
一字，彌既是名，則鉏當是字，公彌爲名上冠公字，則公鉏當亦字上冠公字
也。春秋時有以先人之字爲氏者，公鉏子孫以公鉏爲氏，見 0407 公鉏極條，
亦可證鉏爲字。古人名字連言，皆先字後名，而古人名楚或與楚有關者多字
南，如鄭游楚字南，衛公子郢亦字南，則（14）公南楚名楚字南，名字連言
曰南楚，傳稱南楚，又稱公南楚，知公字亦字名上附加之詞也。又由（7）

公若藐稱公若，知公若藐或名藐，故王引之即以古人名字連言皆先字後名之例斷之，以公若藐爲名藐字若，稱公若藐者，字上冠公字，復殿以名者也，由（11）季公亥又稱季公若考察，當如公彌之稱公鉏，一名一字也，故王引之即以亥爲其名，若爲其字。由左昭二十五、二十九傳以公爲與其兄（2）公衍、其弟（4）公果、公賁並稱觀之，公爲之爲是字，則衍、果、賁當亦字也。由（9）公冶之後有公冶氏，（12）公甫之後有公父氏，（13）公之之後有公之氏，知冶、甫、之皆其人之字也，參0319公冶、0321公甫、0311公之條。

　　據上所考，名上冠公字者有公彌、季公亥，字上冠公字者，有公鉏、公爲、公衍、公果、公賁、公若、公冶、公甫、公之，字名上冠公字者，有公若藐、公南楚，字名難定者，有公衡、公期、公鳥等人。

　　左成二「公衡爲質」，會箋據魯昭公稱公爲爲務人，知公爲爲字，因謂公衡之衡亦字，然據上所考，名上亦可冠公字，而名下亦可配父字，詳頁二三，會箋之說存疑可也。又會箋謂稱公衡者，乃「以公子，故冒公」，並以公果公賁爲昭公之子證之，然考左傳子稱公某止六人，三家之後稱公某者則有八人，然則公子固可繫公稱公某，三家之後亦可繫公稱公某，此蓋魯、衛二國之稱謂習慣，其作用蓋與時人於名字上冠以男子之美稱「子」字近似，然二者略有不同，前者可表示與公室之關係，後則止爲美稱，或便於稱謂而已。

　　考左傳人物名號，與王有關者冠王字，如周王季子、王儋季、王大子壽、王穆后等皆是。周王子虎之行次爲叔，以其爲王子，與王有關，故亦以王字配行次爲稱，傳稱王叔文公是也。與君有關者冠君字，如君氏、君姬氏、君夫人氏等是也，詳頁五三。而與公有關者，亦冠公字，如衛靈公之兄名縶者，其行次爲孟，傳載時人稱其曰公孟；魯公爲之行次爲叔，以其行次冠公字爲稱，傳稱公叔務人，然則魯、衛二國有以公字配行次爲稱之習慣，既可配行次，則配名、字爲稱，亦其例也。

　　春秋時人有因先人之稱謂而爲氏者，如王子虎稱王叔，後人即以王叔爲氏；衛靈公之兄縶稱公孟，而後人即以公孟爲氏；衛獻公之孫公叔發以公叔爲氏，蓋與公孟氏同例。故魯、衛公子或魯三家之後，有以字稱公某者，其後人亦以公某爲氏，詳頁一五。

二、縣大夫稱公

楚縣大夫稱公，左宣十一楚莊曰「諸侯、縣公皆慶寡人」，即稱縣大夫曰公。楚縣大夫稱公者，如：白公、析公、蔡公、郎公辛，申公巫臣、息公子朱、葉公諸梁，期思公復遂等是，參下篇。其稱公者何？淮南子覽冥篇高注：「楚僭號稱王，其守縣大夫皆稱公。」左莊七杜注亦云：「楚僭號，縣尹皆稱公。」皆以爲楚君僭稱王，故縣大夫僭稱公；而王引之經義述聞春秋左傳中則云：「縣公猶言縣尹也，與公吳之公不同，如謂楚僭稱王，其臣僭稱公，則楚官之貴者，無如令尹、司馬，何以令尹、司馬不稱公，而稱公者反在縣大夫乎？襄二十五年傳齊棠公之妻，東郭偃之姊也，杜注曰：『棠公，齊棠邑大夫。』，齊之縣大夫亦稱公，則公爲縣大夫之通稱，非僭擬於公吳也。」其說亦非無理。諸侯之臣稱公者，除楚縣大夫曰公、及王引之所謂齊棠公稱公者外，齊另有邢公，見左襄二十三，餘如鄭亦有商成公，見左昭十八，會箋以爲「與齊棠公似」，則亦縣邑之大夫也。

三、其　他

公爲諸侯爵稱之一，詳第六節。又公爲諸侯之通稱，臣子於其國內稱其君曰公，如春秋經書魯君即位曰「公即位」，書魯君之卒曰「公薨」，左文十四「齊公子元不順懿公之爲政也，終不曰『公』，曰『夫己氏』」皆其例也。春秋經書外諸侯葬凡八十餘次，除左桓十七經書「葬蔡桓侯」外，不復分公、侯、伯、子、男，皆以其國名配諡配「公」爲稱，則以「公」爲諸侯之通稱也。

戊、論王字

由左傳人物名號考察，與王有關人物冠王字，如左莊十九「王姚嬖于莊王」。王姚爲周莊王之妾，姚爲其母家姓，於母家姓上冠王字爲稱，參 0490王姚條。左僖五「會王大子鄭」。此周惠王之子也，於「大子鄭」之稱上冠王字，同年經「會王世子」王世子即王大子鄭，於「世子」之稱上冠王字。左文三「王叔文公卒」，此王子虎，周王之弟，叔爲其行次，於行次上冠「王」字曰王叔文公。左文十六「夫人王姬使帥甸攻而殺之」，王姬爲周襄王之姊，宋襄公夫人，稱王姬者，於母家姓上冠「王」字爲稱。左宣十經「天王使王季子來聘」，公羊謂王季子爲周天子「母弟」，穀梁以爲「王子」。季當是其行次，季子之稱與公子友經稱季子同，此於「季子」之上冠王字。左宣十五經

「王札子殺召伯、毛伯」，王札子當即傳之王子捷，札蓋其名，於「札子」之上冠以王字，參 0480 王札子條。左襄三十「王儋季卒」，杜注謂儋季為「周靈王弟」，傳又稱儋季之子曰「儋括」，明王儋季者，於儋季上冠王字也。左昭十五「王大子壽卒……王穆后崩」，此周惠王之大子及后，於大子壽及穆后之名號上冠王字也。左昭二十二經「劉子、單子以王猛居于皇」，王猛即王子猛，猛為其名，此於名上冠王字。餘如王之子曰王子，王之孫曰王孫，周文王父曰王季，以王配行次為稱皆是也。

己、論君字

　　由左傳人物名號考察與君有關人物，或冠君字。如左隱三經「君氏卒」，君氏指魯隱公之母。左宣二「君姬氏之愛子也」，此趙盾稱晉文公女，晉時君成公姊妹趙姬為君姬氏。左襄二十六「君夫人氏也」，君夫人氏指宋時君平公之夫人，故稱君夫人氏。左昭十三「國人殺君司馬」，同傳載楚公子比為王，公子棄疾為司馬，君司馬即公子棄疾，為楚君之司馬也。

庚、論之字

　　左傳人物名號中有語助「之」字，如：左莊八「石之紛如死于階下」，杜注：「石之紛如，齊小臣。」會箋云：「石，姓，之，語助也……蓋因姓名音節用助聲也。」楊注亦云：「之字蓋加以助音節者。」左莊二十八「耿之不比為斾」，耿之不比為楚人。左閔二「舟之僑曰」，杜注：「舟之僑，虢大夫。」舟之僑後奔晉為晉大夫。左僖二十四「介之推不言祿……推曰」，介之推為晉人，從晉文公出亡國外，杜注：「介推，文公微臣，之、語助。」杜氏蓋以介之推下文傳止稱推，乃以「之」為語助，而稱介推。其說是也。史記晉世家正作介推，餘先秦典籍或作推，或作子推，或作介子推，或作介子，詳 0168 介之推條，不以之字與介、推連言，可証之字非氏與名字也。介蓋其氏，推為其名或字。會箋云：「氏名之間有助聲者，因音節之便也。」左文十有文之無畏，傳又稱無畏，淮南子作文無畏，與介之推同例。左僖三十「佚之狐言於鄭伯曰」，佚之狐為鄭大夫。左僖三十「若使燭之武見秦君」，杜注謂燭之武為鄭大夫，燭為其氏，參 2227 燭之武條。燭之武、後漢書張衡傳作燭武，無之字，則之字蓋氏與名或字間之語助。左僖二「宮之奇諫」，宮之奇為虞大夫。左文十「文之無畏為左司馬……無畏抶其僕以徇」，文之無畏為楚大夫，無畏為其名，文蓋其氏，參 0448 文之無畏條。文之無畏，

呂氏春秋行論篇，淮南子主術篇皆作文無畏，無之字，亦可証之字爲氏與名或字間之語助。左襄二十三「齊侯伐衛，上之登御邢公」，上之登爲齊人。左襄二十三「齊侯伐衛……商子游御夏之御寇」，夏之御寇爲齊人，左傳人物有名禦寇者，如楚有屈禦寇；御寇蓋其名，夏或其氏，之字當即氏名間之語助。左哀四「文之鍇後至……鍇執弓而先」，文之鍇爲蔡大夫，傳稱鍇，鍇爲名或字，文或其氏，之蓋氏與名或字間之語助。左哀十一「孟之側後入」，杜注：「之側，孟氏族也，字反。」論語雍也篇即作「孟之反」，杜注謂其魯孟氏族，則孟、其氏也；側爲其名，反爲其字，詳 1009 孟之側條，而劉寶楠論語正義引鄭注云：「姓孟，名之側，字之反。」其說非，之當是語助。劉寶楠云：「古人名多用之爲語助，若舟之僑、宮之奇、介之推、公罔之裘、庾公之斯、尹公之他，與此孟之反皆是。」此說得之。

　　綜上所列，左傳人物名號中有之字，由介之推、文之無畏、文之鍇，傳又止稱推、無畏、鍇，及介之推、燭之武、文之無畏古籍又作介推、燭武、文無畏觀之，「之」字非氏或名、字，乃氏與名或字間之語助，由孟之側名側字反，論語作孟之反觀之，之字可介於氏名、氏字間，以爲語助。其所以有之字者，竹添氏以爲「氏名之間有助聲者，因音節之便也。」此說蓋是。左傳人物名號中有語助之字，其他載籍亦同，如左襄十四有尹公佗、庾公差，差與佗蓋其名，參 0437 尹公佗、1679 庾公差條，而孟子離婁下則作尹公之佗、庾公之斯，有之字，當與左傳氏名間加之字者同；其異者，爲尹、庾先與公字結合後，再與「之」字及名相配也。禮記射義「孔子射於矍相之圃……使公罔之裘、序點揚觶而語」，鄭注云：「公罔、人姓也，又作罔之裘，裘，名也，之，語助。」此說蓋是。魯君及三家之後有以字冠「公」稱公某者，後人以公某爲氏，詳頁一六。公罔之裘或魯人，其先人蓋字罔，配公字以公罔爲稱，公罔之裘即以公罔爲氏，若單以先人字爲氏，則曰罔之裘，鄭玄謂裘爲名、之爲語助，以氏配之配名曰公罔之裘，與左傳氏、名間有語助之字者同。

　　考察左傳人物名號中有「之」字者之國別，徧及魯、齊、晉、楚、鄭、蔡、虢、虞等國，蓋氏名間之有語助之字，原不分地域也。

　　古人除以之字爲語助外，又有以設、施爲語助，如左昭二十鱄設諸，公羊、史記刺客列傳、吳越春秋作專諸，文選子虛賦作剸諸，皆無設字，左通補釋二十六謂「設，語辭，故杜氏衹稱鱄諸」。孟子公孫丑上孟施舍，趙注云：

「孟、姓，舍、名，施、發音也，施舍自言其名，則但曰舍」是也。楊樹達古書疑義舉例續補據此綜合解曰「施、設雙聲字，之與施、設同屬舌葉音，故或加之、或加施、或加設矣」，此外有以不爲語助者，如左定五公山不狃，解詁謂「不，語詞，不狃，狃也」，則不亦語助也。

辛、釋孺子

由左傳人物名號考察，國君、卿大夫之子被定爲繼承者，或父死嗣位不久者，時人皆可呼之爲孺子。左僖十五呂甥曰「征繕以輔孺子」，孺子指晉惠公之子名圉者；時惠公拘於秦，稱孺子者，以其爲惠公嗣子也。左襄二十三公鉏告季武子曰「孺子秩固其所也」，杜注：「固自當立。」此已被視爲繼承者，故於名上冠「孺子」二字，是時其父未卒，同傳季武子曰「孺子長」，此時則秩之父已卒尚未葬。左昭八子良之臣曰「孺子長矣」，孺子謂子良，是時其父死未逾年。左昭十六韓起曰「孺子善哉」，孺子指子蠆，其父子皮之卒見左昭十三，楊注云：「子蠆嗣位，未滿三年喪，故宣子稱爲孺子。」左哀六「使胡姬以安孺子如賴」，杜注：「安、號。」此齊景公之子荼，據傳，其父已卒於哀五年，是年荼立，而六年傳齊大臣鮑牧，陳乞皆稱其曰「孺子」。左哀十一「孟孺子洩帥右師……孟孺子語人曰」，此仲孫何忌之子，仲孫何忌卒於哀十四年，此時孟孺子洩尚未得立，然蓋被定爲繼承人，故於魯與齊戰事中帥右師；左哀十四亦稱孟孺子、孺子。

據上所考，國君及卿大夫之子被定爲繼承者，或父死嗣位不久，時人皆可呼爲孺子。鮑牧、陳乞之呼荼，此國君之子已嗣位者；呂甥之呼圉，此國君之子已被擬爲嗣君者；韓起之呼子蠆，子良之臣之呼子良，此卿大夫之子已嗣位者；公鉏、季武子之呼秩，孟孺子洩之稱孺子，此卿大夫之子已被擬爲嗣位者也。

壬、釋大叔

由左傳人物名號考察，傳稱大叔有指天子、諸侯之同母大弟。左隱元「大叔又收貳以爲己邑」，大叔指鄭共叔段，同傳稱其爲鄭莊公母弟。左僖二十二「請召大叔」，大叔指王子帶，史記周本紀謂王子帶爲周襄王異母弟，其說非，左僖二十四謂周襄王「出居於鄭，辟母弟之難也」，則王子帶乃周襄王之母弟。左昭元「當武王邑姜方震大叔」，大叔指晉始祖唐叔，左昭十五周景王謂唐叔爲「成王之母弟也」。

考傳凡五稱大叔，除游吉之稱大叔，大叔爲其字、大叔疾之稱大叔，大叔爲其氏外，餘三大叔爲天子或諸侯之母弟。其稱大叔者何？叔爲其行次，此可確定也。其冠「大」者，左隱元楊注云：「大同太……顧頡剛謂古人用太字，本指其位列之在前，叔段之稱太叔段，以其爲鄭莊公之第一個弟弟也。」謂大叔即大弟之謂。由傳所載三「大叔」觀之，顧氏之說可從。則傳稱大叔，多指天子、諸侯之同母大弟也。

癸、職官名冠名或字上

左傳人物名號中，有以職官名冠名或字上者，如：

1. 左閔元「卜偃曰」，國語晉語稱郭偃，卜爲其職官名，參 0003 卜偃條。
2. 左僖十七「卜招父與其子卜之」，杜注：「卜招父，梁大卜。」傳下文稱招，則招蓋其名或字，卜爲其職官名。
3. 左昭五「以示卜楚丘」，杜注：「楚丘，卜人姓名也。」會箋云：「楚丘似是其名，卜人多不稱氏。」則卜爲其職官名也。

以上三條以職官名卜冠名或字上。

4. 左莊三十二「虢公使祝應、宗區、史嚚享焉」，杜注：「史，大史。」
5. 左僖十五「史蘇占之曰」，杜注：「史蘇，晉卜筮之史。」
6. 左昭二十「君盍誅於祝固、史嚚以辭賓」，傳下文稱「故欲誅于祝、史」，則史爲職官名。
7. 左哀九「占諸史趙、史墨、史龜」，杜注：「皆晉史。」

以上四條以職官名史冠名或字上。

8. 左莊三十二「虢公使祝應……享焉」，杜注：「祝，大祝……應……名。」
9. 左昭十六「使屠擊、祝款、豎柎有事於桑山」，杜注：「三子，鄭大夫，有事，祭也。」鄭使祝款祭於桑山，則祝蓋其官名。
10. 左昭二十「公孟有事於……使祝鼃賓戈於車薪以當門」，杜注：「有事，祭也。」故會箋釋祝鼃云：「祝是祭事之人。」
11. 左昭二十「君盍誅於祝固、史嚚以辭賓」，傳下文稱「故欲誅于祝、史」，則祝爲職官名。
12. 左定四「其使祝佗從」，杜注祝佗云：「大祝子魚。」同傳又載「子魚辭曰……夫祝，社稷之常隸也。」自稱爲祝，則祝爲其職官名。

13. 左哀二十六「使祝爲載書，祝襄以載書告皇非我」，杜注：「襄，祝名。」

以上六條以職官名祝冠名或字上。

14. 左桓二「師服曰」，會箋：「師服、蓋樂師也。」

15. 左僖二十二「楚子使師縉示之俘馘」，杜注：「師縉，楚樂師也。」

16. 左襄十一「鄭人賂晉侯以師悝、師觸、師蠲」，杜注：「悝、觸、蠲皆樂師名。」

17. 左襄十四「師曹請爲之……公使歌之」，杜注：「師曹，樂人。」

18. 左襄十四「師曠侍於晉侯」，杜注：「師曠，晉樂大師。」

19. 左襄十五「鄭人納賂于宋，以馬四十乘，與師筏、師慧」，杜注：「樂師也，筏、慧其名。」

以上六條以職官名師冠名或字上。

20. 左僖三十「晉侯使醫衍酖衛侯」，杜注：「衍、醫名。」

21. 左成十「秦伯使醫緩爲之」，杜注：「緩、醫名。」

22. 左昭元「晉侯求醫於秦，秦伯使醫和視之」，傳下文載醫和曰「和聞之」，自稱和，則和爲其名，醫爲其職名。

以上三條以職官名醫冠名上。

23. 左莊三十二「虢公使祝應、宗區、史嚚享焉」，杜注：「宗，宗人……區……名。」

24. 左僖十七「雍巫有寵於衛共姬，因寺人貂，以薦羞於公」，杜注：「雍巫，雍人名巫。」孔疏：「周禮掌食之官有內雍、外雍，此人爲雍官，名巫。」

25. 左昭四「未問其名，號之曰『牛』……遂使爲豎，豎牛欲亂其室」，杜注豎云：「小臣。」

26. 左襄四「匠慶謂季文子」，杜注：「匠慶，魯大匠。」

27. 左哀二十五「公使優狡盟拳彌」，杜注：「優狡，俳優也。」則優爲其職名。

以上五條，以職官名宗、雍、豎、匠、優冠名或字上。

據上所考，左傳人物任樂師、祝、史、卜、醫、宗、雍、豎、匠、優者，多以職官名冠名、字上。又左傳有屠擊、屠蒯，疑屠亦其職名，參 1678 屠擊條、1676 屠蒯條。

第二章　左傳人物名號條例

　　分析左傳人物名號構成之過程，其人物名號略可分三類，第一類爲基本名號，傳所單稱之姓、氏、名、字、謚、號、行次及子、父、孫、公、王、君……等附加字。第二類爲二基本名號組成之名號，如孟明者，以行次配字；子儀者，以「子」配字；皇父者，以字配「父」，此前人所謂字者也。僖子者，以謚配「子」；敬仲者，以謚配行次；伯姬者，以行次配母家姓……凡此形式之名號，皆已甚固定而常見。第三類則由第二類與第一類結合而成也，如百里孟明視者，乃以氏配「孟明」配名組成；子儀克者，以「子儀」配名；孟僖子者，以氏配「僖子」；杞伯姬者，以夫家國名配「伯姬」。左傳人物名號之構成，雖有此三類之不同，而本章所列左傳人物名號條例，則皆分析至基本名號爲止也。

　　本章所列諸條例皆常見或較確定者，餘有爭論或不敢確定者，暫不收入。所歸納之每一名號形式各列一條，每條之下舉一至三例，而依筆畫排列之，筆畫相同者，依康熙字典之順序排列。又本章僅條列名號之形式，至名號之含義，則詳見下篇。

第一節　男子名號條例

1.「大」配行次。如 0470 大叔、0722 大叔、0836 大伯。
2.「大」配行次配名。如 0470 大叔帶、0722 大叔段。
3.「大子」配名。如 0034 大子建、0513 大子申生、0514 大子光。
4.「子」配名。如 0037 子圉、0208 子招、0521 子華。

5.「子」配字。如 0274 子孔、0682 子路、2302 子張。

6.「子」配字配名。如 0132 子儀克、2416 子越椒。

7.「子」配行次。如 0290 子仲、1180 子仲。

8.「子」配「叔孫」、「季孫」。如 0970 子叔孫、0971 子叔孫、1107 子季孫。

9.「公」配名。如 0410 公彌。

10.「公」配字。如 0323 公爲、0410 公鉏、1016 公若。

11.「公」配字配名。如 0251 公南楚、0331 公若藐。

12.「公」配行次。如 0327 公孟。

13.「公子」配名。如 0274 公子嘉、1804 公子圍、2128 公子蘭。

14.「公子」配行次配名。如 0180 公子季友。

15.「公孫」配名。如 0352 公孫青、0353 公孫段、0392 公孫關。

16.「公孫」配字。如 0362 公孫成、0393 公孫盱。

17.「公孫」配諡配「子」。如 0355 公孫貞子。

18. 天干。如 0847 丁。

19. 天干配「公」。如 0847 丁公。

20. 氏。如 1094 狐、1920 管、1960 趙。

21. 氏配「大夫」。如 0787 羊舌大夫、1103 祁大夫。

22. 氏配「子」。如 0416 孔子、0674 石子、1352 晏子。

23. 氏配「子」配名或字。如 1770 閔子馬。

24. 氏配「子」配字。如 1038 宗子陽、1430 高子容、1631 陳子行。

25. 氏配「之」配名。如 0448 文之無畏、1009 孟之側、1262 夏之御寇。

26. 氏配「公」。如 0997 周公、1700 棠公。

27. 氏配「公」配名。如 1016 季公亥。

28. 氏配「公」配名或字。如 0996 周公楚、0997 周公閱。

29. 氏配「公」配字。如 1016 季公若。

30. 氏配「公子」配名。如 1650 單公子愆期。

31. 氏配「氏」。如 0438 尹氏、2364 懿氏。

32. 氏配「氏」配名或字。如 0443 尹氏固。

33. 氏配「父」。如 2348 籍父。

34. 氏配名。如 1930 臧紇、1953 趙武、2270 韓厥。

35. 氏配兩字名之一。如 0811 樂祁、1054 屈巫、1967 趙嬰。

36. 氏配名配「子」。如 0625 正輿子。

37. 氏配名配「父」。如 0730 丕鄭父、1205 胥甲父、1915 箕鄭父。

38. 氏配名配「甥」。如 1819 瑕呂飴甥。

39. 氏配字。如 1272 夏南、1610 郵良、1798 楊石。

40. 氏配字配「子」配名。如 1536 梁餘子養。

41. 氏配字配「父」。如 0666 石甲父。

42. 氏配字配名。如 0656 白乙丙、1140 南宮長萬、1213 苑羊牧之。

43. 氏配行次。如 1947 賓孟、1956 趙孟、2014 慶季。

44. 氏配行次配「子」。如 0090 子伯季子、0317 公甲叔子。

45. 氏配行次配名。如 1554 祭仲足、2182 蕭叔大心。

46. 氏配行次配字配名。如 0786 百里孟明視。

47. 氏配官。如 1112 芮司徒。

48. 氏配官配名或字。如 1800 楊豚尹宜。

49. 氏配「孫」。如 0687 孟孫、1023 季孫、1238 邱孫。

50. 氏配「孫」配名。如 1024 季孫宿、1026 季孫意如、1930 臧孫紇。

51. 氏配「設」配名或字。如 2373 鱄設諸。

52. 氏配「甥」。如 1819 呂甥、1819 瑕甥。

53. 氏配「孺子」。如 1788 孟孺子、2381 欒孺子。

54. 氏配「孺子」配名。如 0688 孟孺子速。

55. 氏配諡配「子」。如 0676 石成子、0692 孟僖子、1953 趙文子。

56. 氏配諡配「公」。如 0631 甘簡公、1651 單平公、1997 劉桓公。

57. 氏配諡配行次。如 1158 施孝叔、1352 晏平仲、1920 管敬仲。

58. 「王」配「大子」配名。如 0458 王大子壽、0459 王大子鄭。

59. 「王」配「世子」。如 0459 王世子。

60. 「王」配名。如 507 王猛。

61. 「王」配行次配「子」。如 0488 王季子。

62. 「王子」配名。如 0034 王子建、0465 王子克、1804 王子圍。

63. 「王孫」配名。如 0500 王孫賈、0501 王孫滿、0504 王孫彌庸。

64. 「世子」配名。如 0512 世子止、0513 世子申生、0514 世子光。

65. 名。如 1804 圍、1811 隆、2066 穀。

66. 兩字名止稱其一。如 1967 嬰、2022 鮒、2357 獵。

67. 名配「子」。如 0205 卓子、1337 周子、1882 壽子。

68. 名配「氏」。如 0430 少西氏、1447 彊氏。

69. 名配「父」。如 0198 宋父、0263 裯父。

70.「后」配古帝王名或號。如 0734 后抒、0779 后羿。

71. 地配「人」。如 0627 甘人。

72. 地配「人」配氏配名。如 1796 新築人仲叔于奚。

73. 地配「人」配名。如 1607 耶人紇、2005 廚人濮。

74. 地配「大」配行次。如 0722 京城大叔。

75. 地配「大夫」配名或字。如 0627 甘大夫襄。

76. 地配「公」。如 0926 葉公、1071 析公、1649 白公。

77. 地配「公」配「子」配名或字。如 0194 息公子朱、0461 申公子牟。

78. 地配「公」配「子」配字。如 1059 息公子邊、2404 申公子儀。

79. 地配「公」配氏配名或字。如 0637 申公鬭班、1859 郖公鍾儀。

80. 地配「公」配名。如 0636 申公壽餘、0926 葉公諸梁、1697 期思公復遂。

81. 地配「王」。如 2354 攜王。

82. 地配行次配「子」。如 0188 延州來季子。

83. 地配行次配名。如 1607 耶叔紇。

84. 地配官配氏名或氏字或名，如 1237 邱工師駟赤、1239 邱馬正侯犯、1261 城父司馬奮揚。

85. 地配「封人」配氏配名。如 0846 呂封人華豹。

86. 地配「封人」配行次配名。如 1554 祭封人仲足。

87. 地配「敖」。如 0182 訾敖、1216 若敖、1807 郟敖。

88. 地配謚配「公」。如 1332 曲沃武公。

89. 地配爵。如 1766 翼侯、1766 鄂侯。

90. 字。如 0933 姚、1709 大叔、2147 般。

91. 字配「子」。如 0528 有子。

92. 字配「父」。如 0415 孔父、1172 皇父、1226 儀父。

93. 字配「父」配名。如 0415 孔父嘉、1172 皇父充石、1734 華父督。

94. 字配名。如 0251 南楚、1843 張侯。

95. 字配行次。如 0239 僕叔、0877 孫伯、2174 孫叔。

96. 「有」配朝代名或國名配其君名或號。如 0776 有夏孔甲、0777 有逢伯陵、0778 有過澆。

97. 行次。如 0265 仲、0327 孟、1012 孟。

98. 行次配「子」。如 0180 季子、0188 季子、0786 孟子。

99. 行次配「氏」。如 0018 季氏、0815 伯氏、2348 叔氏。

100. 行次配名。如 0180 季友、0188 季札、0753 仲年。

101. 行次配字。如 0786 孟明、0788 伯華、2416 伯賈。

102. 行次配字配名。如 0786 孟明視。

103. 姓配「父」。如 1828 董父。

104. 官。如 0433 少師、0738 左師、1182 右師。

105. 官配「子」配名。如 0801 行人子朱、0803 行人子員。

106. 官配「子」配字。如 0204 大宰子商、1773 令尹子瑕、2407 司馬子西。

107. 官配「子」配行次。如 1180 司馬子仲、1753 司馬子伯。

108. 官配「公子」配名。如 0589 司馬公子何忌、0590 司馬公子燮。

109. 官配「公孫」配名。如 0805 行人公孫揮。

110. 官配「氏」。如 1137 南史氏。

111. 官配氏配子。如 1776 大傅陽子。

112. 官配氏配「公」。如 0997 宰周公、1292 宰周公。

113. 官配氏配名。如 0583 司城蕩意諸、0608 左尹郗宛、0809 行人良宵。

114. 官配氏配字。如 0069 司馬女叔侯。

115. 官配氏配「孫」。如 1752 司馬華孫。

116. 官配「王子」配名或字。如 0607 左尹王子勝。

117. 官配名。如 0061 大宰嚚、0580 司空無駭、1804 令尹圍。

118. 官配名或字配「父」。如 0001 卜招父、1873 僕析父。

119. 官配字。如 0069 司馬侯、0274 司徒孔。

120. 官配字配「父」。如 1172 司徒皇父。

121. 官配行次配「子」。如 1207 司空季子。

122. 官配行次配名配「父」。如 0175 內史叔興父。

123. 官配謚配「子」。如 0594 司馬桓子、2271 公族穆子。

124. 居配名。如 1065 東宮得臣。

125. 「帝」配天干。如 1155 帝乙。

126. 「帝」配名或號，如 1732 帝舜。

127. 「孫」配名。如 1337 孫周、1619 孫吳。

128. 國配「大」配行次。如 0836 吳大伯。

129. 國配「大子」。如 0516 鄭大子、0522 衛大子、0854 宋大子。

130. 國配「子」。如 0130 鄭子、0858 宋子、0964 衛子。

131. 國配「子」配名。如 0852 宋子朝。

132. 國配「子」配字。如 1196 紀子帛。

133. 國配「小子」配爵。如 1330 晉小子侯。

134. 國配「公」。如 0824 魯公。

135. 國配「公子」。如 1338 晉公子、2252 秦公子。

136. 國配「氏」。如 0770 姜戎氏。

137. 國配「王」。如 0842 吳王、1765 越王、1801 楚王。

138. 國配「王」配名。如 0842 吳王夫差。

139. 國配名。如 0034 楚建、0837 吳光、1720 鄭丹。

140. 國配兩字名之一。如 1338 晉重、1572 莒展。

141. 國配字配「父」。如 1226 郲儀父。

142. 國配行次。如 1193 紀季、1587 許叔、2087 蔡季。

143. 國配行次配名。如 1521 曹叔振鐸。

144. 國配官。如 0583 宋司城、1742 宋司徒、2267 巴行人。

145. 國配號。如 0838 吳句餘、0840 吳壽夢。

146. 國配號配「公」。如 1566 莒著丘公、1574 莒茲丕公。

147. 國配謚。如 1338 晉文、1379 秦穆、2128 鄭穆。

148. 國配謚配「公」。如 0757 晉靈公、1583 許穆公、2119 鄭襄公。

149. 國配謚配「公」配名。如 1757 萊共公浮柔。

150. 國配謚配爵。如 1004 蔡景侯、2079 蔡文侯、2085 蔡靈侯。

151. 國配爵。如 0030 晉侯、0855 宋公、1510 曹伯。

152. 國配爵配名。如 0857 宋公固、1974 齊侯小白、2125 鄭伯寤生。

153. 國配爵配號。如 0839 吳子諸樊、0840 吳子壽夢。

154. 朝代配名或號。如 1269 夏啓、1456 商紂、1457 商湯。

155. 朝代配「后」配名或號。如 1265 夏后相、1266 夏后皋。

156. 朝代配號。如 1082 周武。

157. 朝代配號配「王」。如 0998 周文王。

158. 「舅」配「氏」。如 1094 舅氏、1920 舅氏。

159. 號。如 0837 闔廬、0881 成、2167 穆。

160. 號配「公」。如 1245 郊公、1567 渠丘公。

161. 號配「公子」。如 0570 右公子、0606 左公子。

162. 號配「公子」配名。如 0570 古公子職、0606 左公子洩。

163. 號配「王」。如 0414 夫槩王、0881 成王、0998 文王。

164. 號配「孺子」。如 1561 安孺子。

165. 「熊」配名。如 1801 熊居。

166. 種族配名或號。如 1124 長狄僑如、1125 長狄緣斯。

167. 「孺子」。如 0037 孺子、1788 孺子、2222 孺子。

168. 「孺子」配名。如 2222 孺子秩。

169. 謚。如 0037 懷、1335 惠、1342 襄。

170. 謚配「大子」。如 0513 共大子、0515 隱大子、0518 悼大子。

171. 謚配「大子」配名。如 0518 悼大子偃師。

172. 謚配「子」。如 0009 宣子、1349 桓子、1440 昭子。

173. 謚配「子」配字。如 0933 武子賸、1468 桓子思。

174. 謚配「公」。如 0029 靈公、1974 桓公、2191 定公。

175. 謚配「王」。如 1042 定王、1555 惠王、1806 共王。

176. 謚配「主」。如 2390 桓主。

177. 謚配行次。如 0964 夷叔、0971 穆叔、1956 宣孟。

178. 謚配行次配名。如 0180 成季友、0753 夷仲年。

179. 謚配爵。如 0619 靈侯、1004 景侯、2085 靈侯。

180. 職名配名。0725 匠慶、2221 優狡。

第二節　女子名號條例

1. 「大」配母家姓。如 0056 大姒、0057 大姬。

2. 「子」配行次配母家姓。如 0096 子叔姬、0097 子叔姬、1164 子叔姬。

3. 己諡配母家姓。如 1794 敬嬴、1988 齊歸、2003 厲嬀。

4. 己諡配「后」。如 0511 穆后。

5. 己諡配行次配母家姓。如 2168 穆孟姬、2234 聲孟子。

6. 「夫人」配「氏」。如 1147 夫人氏。

7. 「夫人」配「王」配母家姓。如 0870 夫人王姬。

8. 「夫人」配母家姓配「氏」。如 1045 夫人姜氏、1147 夫人姜氏、1985 夫人姜氏。

9. 夫家氏配夫諡配母家姓。如 1961 趙莊姬。

10. 夫家氏配母家姓。如 1267 夏姬、1954 趙姬、2379 欒祁。

11. 夫家氏配行次配母家姓。如 0417 孔伯姬、2176 蕩伯姬。

12. 夫家國配己諡配母家姓。如 0868 宋景曹。

13. 夫家國配「夫人」。如 0949 邙夫人、1769 鄏夫人。

14. 夫家國配夫諡配「夫人」。如 0867 宋桓夫人、1345 晉倬夫人、1391 秦穆夫人。

15. 夫家國配夫諡配母家姓。如 0863 宋共姬、1391 秦穆姬。

16. 夫家國配母家姓。如 0782 江芊、1115 芮姜、1326 息嬀。

17. 夫家國配行次配母家姓。如 0863 宋伯姬、0905 杞伯姬、1191 紀伯姬。

18. 夫諡配「夫人」。如 0870 襄夫人、1326 文夫人。

19. 夫諡配母家姓。如 1083 武姜、1391 穆姬、2332 懷嬴。

20. 夫諡配「后」。如 1686 惠后。

21. 「少」配母家姓。如 0432 少姜。

22. 「少」配母家國名。如 0432 少齊。

23. 「王」配己諡配「后」。如 0511 王穆后。

24. 「王」配母家姓。如 0490 王姚、0491 王姬、0723 王姬。

25. 母家氏配己諡配母家姓。如 2314 顏懿姬、2393 酅聲姬。

26. 母家氏配母家姓。如 1464 國姜、1701 東郭姜、1865 雍姞。

27. 母家氏配行次配母家姓。如 1091 狐季姬。

28. 母家姓。如 0863 姬、1083 姜、2379 祁。

29. 母家姓配「氏」。如 1701 姜氏、1961 姬氏、2004 嬀氏。

30. 母家國配己諡配母家姓。如 2183 衛共姬。

31. 母家國配母家氏配母家姓。如 0869 宋華子、1091 大戎狐姬。

32. 母家國配母家姓。如 1322 徐嬴、1983 齊姜、2131 鄭姬。

33. 母家國配行次配母家姓。如 1194 紀季姜。

34. 名。如 1006 姜、1247 重、1698 棄。

35. 行次配母家姓。如 0821 伯姬、0967 叔姜、1030 季隗。

36. 行次配母家姓配名或字。如 1020 季芈畀我。

37. 「君」配「氏」。如 2232 君氏。

38. 「君」配「夫人」。如 1698 君夫人。

39. 「君」配「夫人」配「氏」。如 1698 君夫人氏。

40. 「君」配母家姓配「氏」。如 1954 君姬氏。

41. 「長」「少」配母家國配母家姓。如 0435 少衛姬、2183 長衛姬。

42. 號配母家姓。如 0531 出姜、0531 哀姜。

下　篇

左傳人物名號分析

說　明

一、本篇網羅阮刻本左氏經傳所有人物名號，每條一人，其人之名號多出者，統歸一條之下。

二、每條之下繫以其人之國別，周王臣繫諸周，婦女在室繫之本國，適人則繫夫之國，男子若由本國而仕於他國，則列二國之名，而以→符號表之。又周代以前之人物皆不繫國別。

三、一人有數名號時，擇一名號最全者爲標題，如百里孟明視、孟明視、孟明、孟子爲一人之諸名號，百里孟明視兼具其人之氏、名，字及行次，最爲完備，故以爲標題。其餘諸名號，依其在經傳中出現之先後序列。若名號皆不全，則擇其重要者爲標題，如名先於字、字先於行次等，則以其名若字爲標題。

四、條次之編排依標題第一字筆畫多少排列，筆畫相同者，則依康熙字典之順序排列。第一字相同者，依第二字筆畫多少排列，餘類推。若名號相同，則依其所屬國名之筆畫多少排列。

五、阮刻本人物名號如有譌誤、缺漏須加以補充、訂正者，則以〔　〕符號表之。

六、人物名號之下若原有氏字者，此氏字有指其家，如少西氏謂少西之家，因其可見人物之名，故亦列入，餘類推。

七、人物之尊稱、官職、爵名與姓氏、名字等相連者，則以爲一名號，如夫人姜氏、公子重耳、申公鬬班、祭封人仲足、師慧、醫和等是。

八、人物名號下所繫之年代，爲此人此名號首次出現之年代，若此人此名號

又重見於他年，則不煩列舉。

九、本篇所引諸書有簡稱者如下：杜預春秋釋例世族譜，簡稱杜氏世族譜；
陳厚耀春秋世族譜，簡稱陳氏世族譜；王引之春秋名字解詁，簡稱解詁；
竹添光鴻左傳會箋，簡稱會箋；楊伯峻春秋左傳注，簡稱楊注。

左傳人物名號分析

二畫

0001、卜招父（僖十七）、招（僖十七）——梁

案：左僖十七「卜招父與其子卜之……招曰……」，杜注：「卜招父，梁
大卜。」下文單稱「招曰」，則招蓋其名或字，春秋時男子名、字下皆可殿以
男子美稱「父」字，詳上篇第二章，卜則其官名，左傳人物名號中，有以祝、
史、卜、醫、師、匠、優等職官名冠人之名或字上者，詳頁五六。

0002、卜徒父（僖十五）——秦

案：左僖十五「卜徒父筮之」，杜注：「徒父，秦之掌龜卜者。」楊注：
「名徒父。」左傳人物名號有以祝、史、醫、師、卜等職官名冠名或字上者，
則卜蓋其官名。

0003、卜偃（閔元）——晉

案：左閔元「卜偃曰」，杜注：「晉掌卜大夫。」左僖二十五「使卜偃卜
之」，可知卜偃司卜。左傳人物名號有以職官名冠名或字上者，如祝應、宗
區、史嚚、醫和，師慧等是也，詳頁五六，卜偃亦其例，故國語晉語四「文
公問於郭偃曰」，韋注：「郭偃，卜偃。」謂郭偃即卜偃，左閔元楊注云：「以
其職曰卜偃，以其姓氏則曰郭偃。」可知卜為其官名，郭則其氏矣。

0004、卜楚丘（閔二）、〔楚丘（昭五）〕——魯

案：左閔二魯桓公「使卜楚丘之父卜之」，杜注：「卜楚丘，魯掌卜大夫。」
卜楚丘事見於左文十八，左昭五亦有卜楚丘，重澤俊郎左傳人名地名索引分
為二人，蓋以左文十八之卜楚丘為魯君占卜，當已成人，而文十八年至昭五
年，又已七十餘年，則此二年傳所載之卜楚丘當非一人。然左昭五所載「初，
穆子之生也，莊叔以周易筮之……以示卜楚丘」，實追敘之辭，非記當時之
事，莊叔者，叔孫得臣也，叔孫得臣卒於宣五年，見春秋經，叔孫得臣生時

乃能「以示卜楚丘」，宣五年距文十八年，止五年而已，故左文十八之卜楚丘與左昭五所追敘之卜楚丘，當非二人。阮刻本左昭五云：「以示卜楚丘，曰」，而會箋本則作「以示卜楚丘，楚丘曰」，楊伯峻云：「敦煌殘卷伯三七二九及金澤文庫本重『楚丘』二字，今從之增。」故其春秋左傳注亦有「楚丘」二字，據此，則卜楚丘之另一異稱為「楚丘」。左昭五杜注云：「楚丘，卜人姓名。」左閔二會箋則云：「楚丘似是其名，卜人多不稱氏。」說蓋是也。左傳人物任醫、史、祝、樂師等職者，多以職官名冠名上，見頁五六。

0005、卜齮（閔二）——魯

案：左閔「公傅奪卜齮田……共仲使卜齮賊公于武闈」，杜注：「卜齮，魯大夫也。」會箋云：「檀弓：卜國為右。卜當官族，爾後卜氏不見，蓋季子滅之也。」以卜為其氏。禮記檀弓上云：「魯莊公及宋人戰于乘丘，縣賁父御，卜國為右。」鄭注云：「卜……氏也。」楊注亦據此云：「則魯國有卜氏。」則卜齮蓋氏卜，齮為其名或字。

三畫

0006、上之登（襄二十三）——齊

案：左襄二十三「齊侯伐衛……上之登御邢公」，則上之登為齊人。左傳人物名號有於氏與名字間加語助「之」字者，詳頁五三。若以此例之，則上或其氏，登為其名或字，春秋時人有以「上」為字，如左傳所載楚鬭勃，鄭駟帶：皆又稱子上，以「上」為其字。史記仲尼弟子列傳亦載「公西輿如字子上，公西箴字子上」，則古人多有字「上」者，若上之登果氏上，或以先人之字為氏歟？

0007、凡伯（隱七經）——周

案：左隱七經「天王使凡伯來聘」，杜注：「凡伯，周卿士；凡、國，伯、爵也。」左僖二十四「凡、蔣、邢、茅、胙、祭，周公之胤也」，則凡為國名，周公之後。左隱七「初，戎朝于周，發幣于公卿，凡伯弗賓」，則此凡伯為天子之公卿，同年經會箋云：「凡氏，周公子凡伯之後，此時封國已滅，蓋食采王畿，仍以伯為家號也。」謂伯為家號。穀梁隱七經范注：「凡、氏，伯、字。」謂伯為凡伯之字。陳槃春秋大事表列國爵姓及存滅表譔異冊二云：「案凡、畿內諸侯，伯、當是爵，祭伯、單伯、原伯之等是也。」則與杜注同，仍以伯為爵稱。

0008、士子孔（襄十九）──鄭

案：左襄十九「子孔、宋子之子也，士子孔、圭嬀之子也」，杜注：「宋子、圭嬀皆鄭穆公妾。」則子孔、士子孔皆鄭穆公之子。通志氏族略第三云：「鄭公子嘉字子孔……又有公子志，謂之士子孔，並穆公之子。」則穆公子有公子嘉，字孔，以男子美稱「子」配字曰子孔，其母爲宋子，參 0274 公子嘉條。另有公子志，即士子孔，其母爲圭嬀；公子志稱士子孔者，會箋云，「疑爲士官，故稱士子孔以別之。」蓋公子志名志，亦字孔，以子配字亦曰子孔，爲別於公子嘉之稱子孔者，故冠其官名，曰士子孔，猶同傳以官名配公子嘉之字，稱公子嘉爲司徒孔也。

0009、士匄（成十七）、范匄（成十六）、范宣子（成十八）、匄（襄三）、宣子（襄八）──晉

案：左成十六「范匄趨進」，杜注：「匄、士燮子。」士燮又稱范文子，以士、范爲氏，見 0027 士燮條。則士匄又稱范匄，士、范亦皆其氏也。左襄二十四范宣子曰「昔匄之祖」，自稱匄，則匄、其名也。其稱范宣子者，左成十六楊注：「謚宣子。」是以宣爲其謚也。

0010、士平（昭二十二）──宋

案：左昭二十二「宋華亥、向寧、華定、華貙、華登、皇奄傷、省臧、士平出奔楚」則士平爲宋人。會箋以皇奄爲一人、傷省爲一人、臧士平又爲一人，與他書不同。

0011、士吉射（定十三經）、范吉射（定十三）、范昭子（定十三）、昭子（哀五）──晉

案：左定十三經「晉荀寅、士吉射……」杜注：「吉射，士鞅子。」既爲士鞅之子，則士、其氏也；經多書名，則吉射當爲其名。士氏先祖士會受范，以地爲氏，見 0018 士會條，故稱范吉射者，范亦其氏也。稱范昭子者，昭蓋其謚也。

0012、士孫（襄二十五）──齊

案：左襄二十五「崔氏側莊公于北郭……葬諸士孫之里」，杜注：「士孫、人姓，因名里。」士孫或氏士，以氏配「孫」字曰士孫，參頁十一。

0013、士弱（襄九）、士莊子（襄九）、士莊伯（襄二十五）──晉

案：左襄九「晉侯問於士弱」，杜注：「弱，士渥濁之子莊子。」則士、

其氏也，弱者、蓋其名也。楊注：「謚曰莊子。」是以莊爲其謚也，故左襄二十五又以氏配謚配行次，稱士莊伯也。

0014、士富（襄三）──晉

案：左襄三「士富爲侯奄」，杜注：「士富，士會別族。」則士、其氏也。士會之後，亦以范爲氏，見0018士會條，故國語晉語七作「使范獻子爲侯奄」，韋注：「獻子，范文子之族昆弟士富也。」可知士富亦以范爲氏，稱范獻子者，獻蓋其謚也。

0015、士渥濁（成十八）、士貞子（宣十二）、士伯（宣十五）、士貞伯（成五）、貞伯（成五）──晉

案：左成十八「使士渥濁爲大傅」，杜注：「渥濁，士貞子。」國語晉語七「君知士貞子……使爲太傅」，即作士貞子；韋注：「晉卿士穆子之子士渥濁也。」士穆子左傳未見，春秋分記世譜六謂「會從弟穆子……生渥濁」，謂穆子爲士會從弟，其說不知何據，然士會食于范，後人士、范二氏並稱，而士渥濁之後只氏士，其非士會之後無疑，然當與士會同氏。故士、其氏也。稱士貞伯者，貞蓋其謚也。

0016、士皋夷（哀三）、范皋夷（定十三）──晉

案：左定十三「范皋夷無寵於范吉射」，杜注：「皋夷，范氏側室子。」范吉射又稱士吉射，以士、范爲氏，見0011士吉射條；皋夷爲其族，故亦以士、范爲氏，皋夷蓋其名。

0017、士華免（成十八）──齊

案：左成十八「齊侯使士華免以戈殺國佐於內宮之朝」，杜注云：「華免，齊大夫。」孔疏云：「杜世族譜於齊國雜人之中有華免，而無士字，此注以華免爲大夫，則士者爲士官也……掌刑，故使殺國佐也。」春秋大事表十以士華免之士爲官名。

0018、士會（僖二十八）、士季（文七）、隨會（文十三）、會（宣二）、隨武子（宣十二）、隨季（宣十二）、〔武季（宣十六）〕、武子（宣十六）、季氏（宣十六）、范武子（宣十七）、范會（昭二十）──晉

案：左僖二十八「士會攝右」，杜注：「士會，隨武子，士蔿之孫。」則士，其氏也。左宣二士會告趙盾曰「會請先」，自稱會，則會，其名也。國語晉語八胥祁謂士會「受隨、范」，韋注：「隨、范，晉二邑。」則其稱隨會、

范會者，蓋以地爲氏也。其子孫終春秋之世止稱范氏，不稱隨，蓋其後不受隨也。左宣十六「武子私問其故」，杜注云：「武，士會謚，季，其字。」似杜預所據本「武子」作「武季」，會箋謂足利本作武季，作武季者是。武、其謚也，季則其行次也。左宣十六周天子呼其曰「季氏」，楊注云：「據左傳，春秋時，周天子對諸侯卿大夫之稱謂有二，僖十二年傳周襄王稱管仲爲舅氏，其一也。其二則是稱其五十歲以後之字，伯、仲、叔、季，此於士會稱『季氏』，成二年於鞏朔稱『鞏伯』，昭十五年於荀躒稱『伯氏』，籍談稱『叔氏』，皆其例也。」

0019、士榮（僖二十八）──衛

案：左僖二十八「士榮爲大士」，孔疏：「周禮獄官多以士爲名……士榮……舉其官名，以其主獄事……」是士爲官名。

0020、士雃（襄九）──秦

案：左襄九「秦景公使士雃乞師于楚」，則士雃爲秦人也。

0021、士鞅（襄十四）、范鞅（襄十八）、鞅（襄二十一）、范獻子（襄二十九）、范叔（襄二十九）、獻子（昭七）──晉

案：左襄十四「與士鞅馳秦師」，杜注：「鞅，士匄子。」則士、其氏也。左昭二十七士鞅告司城子梁曰「鞅之願也」，自稱鞅，則鞅、其名也。士氏自士會後亦稱范氏，詳0018士會條，故士鞅亦以范配名稱范鞅。又稱范獻子者，獻蓋其謚也。又稱范叔，叔或其行次也。

0022、士蔑（哀四）──晉

案：左哀四「使謂陰地之命大夫士蔑」，春秋分記世譜二、陳氏世族譜、春秋大事表十二上皆歸之於范氏（即士氏）下，以士爲其氏。

0023、士魴（成十八經）、彘季（成十八）──晉

案：左成十八「使魏相、士魴……爲卿」，杜注：「魴，士會子。」則士，其氏也。是年經亦稱士魴，經多書名，則魴蓋其名也。同傳又稱彘季者，以士會另一子爲士燮，稱范叔，見0027士燮條，當是其兄，此稱彘季，季、蓋其行次也。其稱彘者，彘本先縠食邑，故左宣十二屢稱先縠爲彘子，先縠於宣十三年族滅，而今稱士魴爲彘季，會箋、楊注皆以爲晉以彘改封士魴。又晉語七稱士魴爲彘恭子，即以封邑名稱之，洪亮吉春秋左傳詁云：「蓋亦以采地爲氏。」左襄十四稱士魴子爲彘裘，即以邑爲氏矣。又公羊士魴皆作士彭，

左成十八楊注云：「魴、彭古音相近，故得通假。」

0024、士蔿（莊二十三）——晉

左莊二十三「士蔿曰」，杜注：「晉大夫。」國語晉語一載申生稱士蔿曰「子輿」，韋注云：「士蔿字。」國語晉語八訾祏言士氏世系云：「昔隰叔子違周難於晉國，生子輿爲理。」韋注：「理，士官也。」因士蔿爲士官，故其後以士爲氏。通志氏族略第四云：「士氏，陶唐之苗裔，歷虞、夏、商、周，至成王遷之杜，爲伯，宣王殺杜伯，其子隰叔奔晉，爲士師，故爲士氏，其子孫居隨及范，故又爲隨氏、范氏……」則謂爲晉士官者，自士蔿父隰叔始。左文十三孔疏引世本云：「士蔿生士伯缺，缺生士會，會生士燮。」此士氏之世系也。

0025、士鮒（定十四）、析成鮒（定十四）——晉

案：左定十四「析成鮒……率狄師以襲晉」，杜注：「晉大夫，范中行氏之黨。」左通補釋三十引萬氏氏族略曰：「通志略云：複姓析成氏，左傳晉有析成鮒，案傳又稱士鮒，蓋即士吉射之族。」蓋以士及析成皆其氏，士、其原氏，析成，其後來之分氏，鮒或其名也。

0026、士彌牟（昭二十三）、士景伯（昭十三）、士伯（昭二十三）、彌牟（昭二十四）、司馬彌牟（昭二十八）——晉

案：左昭十三「乃使士景伯辭公于河」，杜注：「士文伯之子彌牟也。」士文伯即士匄，則士，其氏也。左昭二十四士彌牟告叔孫婼曰「使彌牟逆吾子」，自稱彌牟，則彌牟，其名也。其稱景伯，景蓋其謚也。其稱士伯者，以氏配行次爲稱也。左昭二十八有司馬彌牟，陳氏世族譜以爲同一人。司馬、其官稱也。

0027、士燮（成二）、文子（宣十七）、燮（宣十七）、范文子（成二）、范叔（成二）——晉

案：左宣十七「范武子將老，召文子曰：『燮乎……』」杜注云：「文子，士會之子，燮，其名。」范武子即士會，士會呼其子士燮曰燮，則燮其名也。士會爲士蔿之孫，原氏士，復食采於范，故稱范會、范武子，見 0018 士會條，故其子亦以士、范爲氏，稱士燮、范文子。稱文子者，文蓋其謚也。又稱范叔，叔蓋其行次，其弟曰彘季，見 0023 士魴條。

0028、大子友（哀十三）——吳

案：左哀十三「吳大子友、王子地……」是時夫差爲吳王，則是夫差之

大子，友、蓋其名也。

0029、大子夷（文十七）、夷（文十七）、鄭靈公（宣四）、靈公（宣四）、
　　　幽公（宣十）、靈（宣十）、子蠻（成二）、子貉（昭二十八）——鄭

　　案：左宣四經「鄭公子歸生弒其君夷」，經多書名，夷爲其名。傳稱「弒
靈公」，靈蓋其諡也。左宣十「鄭子家卒，鄭人討幽公之亂，斲子家之棺，而
逐其族，改葬幽公，諡之曰靈」，子家即鄭公子歸生，據傳，鄭靈公初諡幽，
鄭既討弒君者，乃改諡曰靈。左成二「是夭子蠻」，杜注：「子蠻，鄭靈公。」
左昭二十八「子貉之妹也」，杜注：「子貉，鄭靈公夷。」解詁云：「鄭靈公夷，
字子蠻，一字子貉。」以子蠻、子貉皆其字。

0030、大子州蒲（成十）、晉侯（成十經）、晉厲公（成十三）州蒲（成十
　　　八經）——晉

　　案：左成十八經「晉弒其君州蒲」，經多書名，州蒲蓋其名也。州蒲之蒲，
或本當作滿，左成十經孔疏謂「應劭作舊名諱議云：昔者周穆王名滿，晉厲
公名州滿，又有王孫滿，是同名不諱」，則漢末應劭所見左傳作州滿，又以州
滿爲晉厲公之名。史記晉世家及十二諸侯年表作壽曼，史記志疑卷八云：「曼、
滿音相近，壽、州字相通。」則以作州滿爲是，劉知幾亦以爲當作州滿，見
史通五行志雜駁篇，左成十釋文亦云：「州蒲，本或作州滿。」綜上所述，蒲
當爲滿之誤字，州滿爲晉厲公之名，其稱晉厲公者，厲蓋其諡也。

0031、大子朱儒（文十一）、邾伯（文十二經）——邾

　　案：左文十二經「邾伯來奔」，前一年傳稱「邾大子朱儒自安於夫鍾，
國人弗徇」，此年傳接云：「邾伯卒，邾人立君，大子以夫鍾與邾邘來奔，公
以諸侯逆之，非禮也，故書曰邾伯來奔」，據此，則經所稱邾伯者，即邾大
子朱儒也，彼實未即位，然魯文公既以諸侯之禮迎之，春秋遂從文公之意，
視之爲諸侯，而稱之爲邾伯也。稱大子朱儒者，因彼爲大子，而朱儒蓋其名
也。

0032、大子免（桓五）——陳

　　案：左桓五「文公子佗殺大子免而代之」，杜注謂大子免爲陳桓公大子。

0033、大子角（襄二十六）——衛

　　案：左襄二十六「殺子叔及大子角」，大子角爲子叔（公孫剽）之子，左
襄十四載子叔代衛獻公爲君，故稱其子曰大子。

0034、大子建（昭十五）、建（昭十九）、楚建（昭二十）、王子建（昭二十
　　　六）、子木（哀十六）──楚

　　案：左昭十九「楚子之在蔡也……生大子建」，則大子建爲楚平王之子，
傳又載楚大夫費無極告楚平王「建可室矣」，君父前當稱臣子之名，則建蓋
其名也。左昭二十「宋華、向之亂，公子城……楚建、郹甲出奔鄭」，杜注
謂楚建乃「楚平王之亡大子」，則楚建即大子建，因其出奔在他國，故以其
本國名，亦即其氏「楚」，冠名上爲稱，如鄭穆公孫然丹在楚，楚申無宇稱
其曰「鄭丹」，莒大子僕出奔魯，魯人稱莒僕也。左哀十六又稱大子建爲子
木，解詁云：「楚……大子建，字子木。」以子木爲其字。

0035、大子革（哀八）、邾子（哀十）──邾

　　案：左哀八「邾子又無道，吳子……使諸大夫奉大子革以爲政」，杜注：
「革，邾大子桓公也。」則革爲邾子益之大子，又稱桓公，桓蓋其謚也，左
哀十謂之邾子。

0036、大子疾（哀十七）、疾（哀十六）──衛

　　案：左哀十七「大子疾……踞從公」，此衛莊公蒯聵之子也，左哀十六渾
良夫謂莊公曰：「疾與亡君皆君之子也。」於君之前當稱其子之名，則疾當是
其名也。

0037、大子圉（僖十七）、圉（僖十五）、孺子（僖十五）、子圉（僖十七）、
　　　懷公（僖二十三）、懷（僖二十四）──晉

　　案：左僖十五載子金教郤乞以晉惠公命告國人曰：「孤雖歸，辱社稷矣，
其卜貳圉也。」圉爲晉惠公之子，君父必稱子名，故圉爲其名。左成十七謂
惠公妻梁嬴孕，卜招父卜曰「男爲人臣」，故「名男曰圉」，更明謂圉爲其名。
傳下云：「及子圉西質。」稱「子圉」，於名上冠以子字，此春秋時男子稱謂
之通例。其稱大子圉者，因其爲惠公大子，故於名上冠以大子二字。其稱懷，
懷公者，懷蓋其謚也，左僖十五載呂甥稱其曰「孺子」，以其爲晉惠公之嗣
子，故曰孺子，參頁五五。

0038、大子御寇（莊二十二）、公子御寇（莊二十二經）──陳

　　案：左莊二十二經「陳人殺其公子御寇」，杜注：「宣公大子也。」經多
書名，御寇當是其名。

0039、大子終纍（定六）──吳

　　案：左定六「吳大子終纍敗楚舟師」，杜注：「終纍、闔廬子，夫差兄。」

或謂大子終纍即吳王夫差，參 0842 吳王夫差條，未知是否，今暫分為二人。

0040、大子僕（文十八）、莒僕（文十八）、僕（文十八）——莒

案：左文十八謂莒紀公「生大子僕，又生季佗，愛季佗而黜僕，僕因國人以弒紀公」，傳稱「大子僕」，又稱「僕」，僕蓋其名也。稱大子僕者，蓋僕已立爲莒大子。同傳又載魯大史克稱莒僕者，以莒大子而在魯，以國名冠名上，故曰莒僕，猶楚大子建在宋，傳稱楚建，莒、楚實二人之氏也。參頁五。

0041、大子祿（昭十三）——楚

案：左昭十三「因正僕人殺大子祿及公子罷敵」，據傳，此楚靈王之大子也。

0042、大子適郢（哀二十四）——越

案：左哀二十四「得大子適郢」，杜注：「越王大子。」會箋：「適郢、句踐大子名。」

0043、大子諸樊（昭二十三）——吳

案：左昭二十三「吳大子諸樊入郋」，杜注：「諸樊、吳王僚之大子。」吳王僚之伯父吳子遏號諸樊，於襄二十五年卒，故孔疏謂僚之子不得取遏號爲名，以爲「恐傳寫誤耳」，楊注從陸粲之說，謂史記作吳公子光者較確。會箋則云：「諸樊是號，非名，吳又夷也，未能同諸夏之禮，且晉趙氏稱孟者數人，未聞有非之者，何獨疑諸樊哉？傳云大子，史云公子；傳云諸樊，史云光，雖字經篆隸，不當謬誤至此，史記所載，別是一說……不可據史以改傳也。」

0044、大子欒（昭二十）、宋公（定四經）、景公（定六）、宋景公（哀二十六）——宋

案：左昭二十宋華亥等「取大子欒……」，杜注：「欒，景公也。」景爲宋景公之諡，欒蓋其名歟？楊注謂「博古圖錄三有宋公欒之鼎蓋，銘云『宋公欒之饋鼎』，宋公欒即此人」。史記宋微子世家稱景公爲「頭曼」，漢書人表作「兜欒」，梁玉繩史記志疑卷二十云：「兜、頭古通，而欒與曼聲相近，其所以或稱兜欒，或稱欒者，呼之有單複耳。」又云：「金石錄有宋公𤓱練鼎銘，𤓱即欒字，東觀餘論、廣川書跋、國策吳注、日知錄竝有說，謂頭曼爲謬混也。」楊注則云：「史記宋世家謂宋景公名頭曼，或另一名。」

0045、大公（僖四）、大師（僖二十六）——齊

案：左僖二十六「昔周公、大公股肱周室……大師職之」杜注：「大公爲

大師。」則大公即呂尚，又爲大師。顧炎武左傳杜解補正謂：「太師、周之大師」，以杜注爲非。唯左成二單襄公謂齊爲「大師之後也」，則大師即呂尚，顧說非。

0046、大夫種（哀元）──越

　　案：左哀元句踐「使大夫種因吳大宰嚭以行成」，史記吳太伯世家索隱云：「種，名也。」呂氏春秋當染篇高注云：「大夫種、姓文氏、字禽，楚之鄒人。」解詁：「越文種、字禽。」亦以種爲名，禽爲其字。

0047、大王（僖五）

　　案：左僖五「大伯、虞仲，大王之昭也」，大王即史記周本紀所謂古公亶父，爲周文王之祖父。

0048、大史子餘（哀十四）──齊

　　案：左哀十四「大史子餘曰」，左通補釋三十二引惠氏補注六：「子餘、陳氏黨，爲太史。」今檢惠棟春秋左傳補註則作「子餘、陳氏黨」，無「爲太史」三字。惟齊有大史之官，左襄二十五「大史書曰：崔杼弒其君」是也，大史蓋其官名。

0049、大史克（文十八）──魯

　　案：左文十八「季文子使大史克對曰」，國語魯語上載此事，與傳略有異同，而大史克作里革，韋昭云：「里革，魯太史尅也。」詩魯頌駉序云：「季孫行父請命于周，而史克作是頌。」毛傳：「史克，魯史也。」正義引此傳以爲即大史克。楊注云：「則大史克亦簡稱史克。」春秋大事表十魯官制大史下列大史克，亦以大史爲官名。

0050、大史固（哀十一）──魯

　　案：左哀十一「公使大史固歸國子之元」，春秋大事表十魯官制大史下列大史固，以大史爲魯官名。

0051、大司馬公子卬（文八）、公子卬（文七）──宋

　　案：左文七「樂豫舍司馬以讓公子卬」，杜注：「卬，昭公弟。」謂卬爲宋昭公之弟。左文八稱其爲大司馬公子卬，大司馬、其官稱也。

0052、大司馬蒍掩（昭十三）、蒍掩（襄二十五）、大司馬蒍掩（襄三十）
　　　　──楚

　　案：左襄二十五「楚蒍掩爲司馬」，杜注：「蒍子馮之子。」則蒍、其氏

也。掩爲其名或字。左襄三十謂楚公子圍「殺大司馬蒍掩而取其室」，左昭十三則作「殺大司馬薳掩而取其室」，蒍掩作薳掩，蒍、薳二字蓋音同通用，見2298薳章條，大司馬爲其官稱也。

0053、大甲（襄二十一）

案：左襄二十一「伊尹放大甲而相之」，杜注：「大甲，湯孫也。」

0054、大良（桓六）——北戎

案：左桓六「獲其二帥大良、少良」，會箋云：「大良、少良，官名。秦有大良造，或云人名也，猶大連、小連。」謂大良或官名、或人名，楊注引章太炎先生之春秋左傳讀，以爲大良、少良，大君、少君也，皆其酋豪之稱，猶稱左賢王、右賢王者也。

0055、大叔遺（哀十六）、遺（哀十一）、大叔僖子（哀十六）——衛

案：左哀十一「衛大叔疾出奔宋……衛人立遺」，杜注：「遺、疾之弟。」謂遺爲大叔疾之弟，大叔疾以大叔爲氏，詳0524世叔齊條，則其弟遺當亦同，故左哀十六即稱之爲大叔遺，又稱大叔僖子，僖蓋其謚也。

0056、大姒（定六）

案：左定六「大姒之子」，杜注：「大姒，文王妃。」姒爲其母家姓。周自大王而下之婦女多以大配母家姓爲稱，如國語周語中富辰所謂大姜，韋注謂「太王之妃」；大任，韋注謂「王季之妃」；大姒，韋注謂「文王之妃」；大姬，韋注謂「周武王之元女」。其中文王妃之大姒，即此傳大姒，武王女大姬亦見左襄二十五，皆以大配母家姓爲稱，與春秋時婦女之稱謂不同。

0057、大姬（襄二十五）——周

案：左襄二十五「庸以元女大姬配胡公」，杜注：「元女，武王之長女。」參0056大姒條。

0058、大宰犯（昭二十一）——楚

案：左昭二十一「大宰犯諫曰」，此楚大夫。春秋大事表十楚職官大宰下列大宰犯，以大宰爲官名。

0059、大宰石㚟（襄十一）、石㚟（襄十三）——鄭

案：左襄十一「鄭人使良霄、大宰石㚟如楚」，左襄十三稱石㚟，則大宰蓋其官名。石㚟之石蓋其氏，參0661石制條。左襄二十二傳有石盂，杜注以爲即石㚟，恐誤，會箋云：「石㚟與良霄以十一年如楚，爲楚所執，傳在會蕭

魚之前，至十三年冬，楚人始歸良霄于鄭，石臬之計也，此傳云歸而討之，則蕭魚會後鄭即朝晉，十二年春歸國即討子侯、石盂，石盂又是一人，非石臬也。」謂石臬於襄十三年冬始返鄭，襄十二年春鄭所討之石盂別是一人，楊注之說同，可從。

0060、大宰伯州犂（成十六）、伯州犂（成十五）、大宰（襄二十七）——晉→楚

案：左成十五「晉三郤害伯宗……伯州犂奔楚」，杜注謂伯州犂爲「伯宗子」，國語晉語五伯宗妻謂伯宗曰「盍亟索士整庇州犂焉」，州犂即伯州犂，韋注亦以爲伯宗子，伯州犂母稱其曰州犂，則州犂、其名也。左定四「楚之殺郤宛也，伯氏之族出，伯州犂之孫嚭爲吳大宰以謀楚」，此傳稱伯州犂之族曰伯氏，則伯、其氏也。其父伯宗或已以伯爲氏，參0817伯宗條。稱大宰伯州犂者，大宰爲其官名。楚有大宰之官，左昭元楚「薳啓疆爲大宰」是也。

0061、大宰嚭（哀元）、嚭（定四）、大宰子餘（哀八）、大宰（哀十二）——楚→吳

案：左定四「伯氏之族出，伯州犂之孫嚭爲吳大宰也」，則嚭爲楚伯州犂之孫，因爲大宰，故稱大宰嚭。左哀八「大宰子餘」，杜注：「子餘，大宰嚭。」解詁云：「吳伯嚭，字子餘。」以嚭爲其名，子餘爲其字，又謂其氏曰伯。

0062、大師子朝（襄二十六）——蔡

案：左襄二十六「楚伍參與蔡大師子朝友」，傳下文子朝之子自稱歸生，孔疏謂「即經傳所云蔡公孫歸生」，子朝子爲公孫，則子朝爲宋之公子也。春秋分記世譜三以子朝爲蔡文公之子，其子爲公孫歸生，歸生之子曰朝吳，朝吳即以王父子朝之朝爲氏，見1696朝吳條，則朝蓋其字也。

0063、大師子穀（哀十七）、子穀（哀十七）——楚

案：左哀十七「楚子問帥于大師子穀……子穀曰」，大師爲楚官名，左文元楚穆王使潘崇「爲大師」是也。子穀官大師，故稱大師子穀。

0064、大師賈佗（文六）、賈佗（昭十三）——晉

案：左文六「以授大傅陽子與大師賈佗」，國語晉語四謂「賈佗，公族也。」並謂賈佗從晉文公出亡，韋注以賈佗與賈季即狐射姑者，合爲一人，其說非。

0065、大暤氏（昭十七）

案：左昭十七「大暤氏以龍紀」，杜注：「大暤伏犧氏，風姓之祖也。」

0066、大臨（文十八）

案：左文十八「高陽氏有才子八人……大臨……」則此爲高陽氏才子八人之一。

0067、女艾（哀元）

案：左哀元「使女艾諜澆」，杜注：「女艾，少康臣。」

0068、女叔（莊二十五經）——陳

案：左莊二十五經「陳侯使女叔來聘」，傳云：「陳女叔來聘，始結陳好也，嘉之，故不名。」謂女叔非名，杜注云：「女叔、陳卿，女氏，叔字。」楊注云：「女爲其氏，彝器有女㜻彝，叔爲其字，傳云：『不名』可證。」則女爲其氏，叔爲其行次。會箋云：「叔當是家號，與華孫、仲孫一例，女叔稱族而不名，嘉之也。」左莊二十七經「公子友如陳葬原仲」，杜注以仲爲字，會箋亦以仲爲家號，云：「原仲是趙孟、知伯之類。」會箋之說蓋非。經書原仲、女叔，與左桓十一經書「宋人執鄭祭仲」同例，祭仲之仲爲其行次，故傳配以氏、名稱仲足、祭仲足，會箋亦以祭仲之仲爲行次，然則此何以又謂原仲，女叔之仲、叔爲家號？經原有書行次之例，如左桓十五經之許叔、十七經之蔡季、莊三經之紀季、莊二十三經之蕭叔是也，蓋桓莊二代春秋書行次者極多，又華孫、仲孫之孫非家號，詳頁十一。

0069、女叔齊（昭元）、女齊（襄二十六）、司馬侯（襄二十九）、齊（襄二十九）、司馬女叔侯（襄二十九）、叔侯（襄二十九）——晉

案：左襄二十六「使女齊以先歸」，杜注：「女齊、司馬侯。」左襄二十九即稱司馬侯，又載晉悼夫人曰「齊也取貨」，則齊爲其名，女蓋其氏也。同傳又稱「叔侯」，解詁云：「晉女齊，字叔侯。」以齊爲其名，叔侯爲其字。然既稱司馬侯，則叔侯不得爲字，左昭元、五皆稱「女叔齊」，氏名間有一叔字，則叔蓋行次也，以行次配字，故稱叔侯，以氏配行次、配名，稱女叔齊。左襄二十九又稱司馬侯、司馬女叔侯，楊注云：「官司馬。」以官配字，稱司馬侯，以氏配行次配字復冠以官名，則稱司馬女叔侯。而春秋分記世譜六謂「女叔氏：齊生游。」陳氏世族譜晉亦有女叔氏，首列女叔齊、其下分列女叔寬、司馬叔游二人，皆以女叔爲複氏。據杜注，女叔齊子曰司馬叔游，又稱叔游，見0593司馬叔游條，據國語韋注，則左傳之女叔寬、又稱女寬者，亦女叔齊子，見0070女叔寬條。叔游、叔寬之名號皆有一叔字，疑叔亦是氏，蓋彼原氏女，又以父行次爲氏，稱叔氏也，如魯叔孫氏之以行次爲氏，其子

孫復以原氏配以父行次爲複氏，曰叔仲氏也。以原氏稱，曰女寬，以新氏稱曰叔寬（見國語晉語九，參 0070 女叔寬條）、叔游，以複氏稱，則曰女叔寬，如苗賁皇以父字爲氏曰賁皇，後奔晉，晉人與苗，又曰苗賁皇；又如瑕呂飴甥，左僖十稱呂甥，蓋又食於瑕，左僖二十四稱瑕甥，而左僖十五則稱瑕呂飴甥也，見 1215 苗賁皇及 1819 瑕呂飴甥條。楚申叔氏人物之名號與此女叔氏人物名號亦頗類似，蓋亦以申叔、叔爲其氏，詳 0641 申叔時條。故若謂自女叔齊或女叔齊之先人，即以女、叔及女叔爲氏，叔非女叔齊之行次，亦可也。

0070、女叔寬（定元）、汝〔女〕寬（昭二十六）、女寬（昭二十八）——晉

案：左昭二十六「使汝寬守關塞」，汝寬之「汝」宜作「女」，杜注及會箋本皆作女，釋文云「女，音汝，本亦作汝」，是釋文所據本亦作女，杜注云：「女寬，晉大夫。」左昭二十八載「閻沒、女寬」諫魏舒勿受賄事，其事亦見於國語晉語九，而稱「閻明、叔寬」，則叔寬即女寬也。魏舒家人又稱「閻明，叔褒」，閻沒即閻明，蓋閻沒之沒爲名，明爲字，名字相應，見 2204 閻沒條，以此例之，則女寬蓋亦名寬而字褒也，故解詁云：「晉女寬，字叔褒。」韋注謂「叔寬，女齊之子叔褒」，謂其爲女齊之子，則女及女叔皆其氏，詳見 0069 女叔齊條。

0071、女賈（昭二十六）——魯

案：左昭二十六「申豐從女賈」，杜注云：「豐、賈二人皆季氏家臣。」而史記魯周公世家作「申豐、汝賈」，無「從」字，「女」作「汝」，集解引賈逵曰：「申豐、汝賈，魯大夫。」亦以女賈爲人之名號。會箋則云：「女賈，女人爲賈者，從者，爲之從者，以擔其貨也，必從女賈者，齊侯嚴禁受魯貨，欲使之不疑也，若二人皆季氏家臣，傳當並書，必不言從，故知女人爲賈者也。」釋女賈爲女子之爲賈者，而非人物名號，與諸家之說不同。

0072、子丁（襄八）——鄭

案：左襄八「鄭群公子以僖公之死也，謀子駟，子駟先之，夏四月庚辰，辟殺子狐、子熙、子侯、子丁」，則子丁蓋鄭群公子之一。

0073、子人九（僖二十八）——鄭

案：左僖二十八「使子人九行成于晉」，杜注：「子人、氏、九、名。」孔疏云：「桓十四年鄭伯使其弟語來盟，傳稱子人來盟，杜云：子人即弟語也，

其後爲子人氏。七年傳子華云：『洩氏、孔氏、子人氏三族實違君命。』今子人九必是語之後也。」齊僖公母弟名語，字人，以美稱子字冠字上，曰子人，參 1945 語條，而其後人即以子人爲氏，猶魯公孫歸父字家，以美稱子字冠字上爲稱，曰子家，而後人即以子家爲氏，參 0112 子家羈條。然則子人九爲語之後，子人爲其氏，九蓋其名。

0074、子上（昭十八）——鄭

　　案：左昭十八「使子寬、子上巡群屏攝」，杜注：「二子，鄭大夫。」另鄭駟帶亦稱子上，孔疏云：「駟帶字子上，六年死矣，此別有子上，非駟帶也。」

0075、子士（哀六）——齊

　　案：左哀六「僖子使子士之母養之」，杜注：「子士母，僖子妾。」則子士蓋即陳乞之庶子。

0076、子山（定四）——吳

　　案：左定四「子山處令尹之宮」，杜注：「子山，吳王子。」

0077、子山（昭十）——齊

　　案：左昭十「桓子召子山……子商亦如之……子周亦如之」，杜注：「子山、子商、子周，襄三十一年子尾所逐群公子。」則子山爲齊群公子。

0078、子工（昭八）、子公（昭十）——齊

　　案：左昭十「反子城、子公、公孫捷」，杜注以爲即左昭八爲齊子旗所逐之「子成、子工、子車」，左昭八杜注謂子工爲齊頃公之子鑄，子車爲齊頃公之孫捷，然則子工即子公矣。左通補釋二十三引梁英書曰：「工與公古並通用。」解詁云：「齊公子鑄，字子工。」並釋名字相應云：「說文：『鑄、銷金也。』字子工者，謂攻金之工也。」然則子工又作子公者，公爲假借字也。

0079、子木（哀十二）——衛

　　案：左哀十二「子木曰」，杜注：「子木，衛大夫。」

0080、子玉霄（昭二十）——衛

　　案：左昭二十「子玉霄……出奔晉」路史高辛紀下謂衛有子玉氏，會箋據此謂子玉霄之子玉是其氏，然通志氏族略第三「以字爲氏」下云：「子玉氏，姬姓，衛大夫子玉霄之後。」則似以子玉爲其字，而後人因以爲氏也。由左

傳人物名號考察，春秋時人有以先人之字爲氏者，如鄭罕氏、國氏、良氏等皆是，然春秋時人多於字上冠子字爲稱，後人亦有因其子某之稱以爲氏者，如子人氏、子服氏、子家氏皆是也。或子玉霄之玉爲其字，於字上冠子字曰子玉，復與名連言曰子玉霄，而後人即以子玉爲氏，不然則玉爲其先人之字，冠子字曰子玉，而霄以爲氏也。

0081、子皮（襄十四）──衛

案：左襄十四「公使子蟜、子伯、子皮與孫子盟于丘宮」，杜注：「三子、衛群公子。」則子皮爲衛人。

0082、子印（成十三）──鄭

案：左成十三「殺子印、子羽」，杜注：「子印、子羽，皆穆公子。」子印之後爲印氏，鄭七穆之一，見 0732 印段條。則印蓋其字，故後人因以爲氏，參 0123 子然條。

0083、子同（桓六經）、同（桓六）、魯莊公（莊八）、莊公（閔元經）──魯

案：左桓六經「子同生」，杜注：「桓公子莊公也。」傳云「公曰：『是其生也，與吾同物，命之曰同。』」謂魯桓公爲其大子命名曰「同」。史記魯周公世家云：「夫人生子，與桓公同日，故名曰同。」亦謂同爲其名。經傳稱子同者，名上冠男子美稱子字也，左閔元經「葬我君莊公」，莊蓋其諡也。

0084、子羽（昭五）──晉

案：左昭五「箕襄、邢帶、叔禽、叔椒、子羽」，杜注：「皆韓起庶子。」

0085、子羽（成十三）──鄭

案：左成十三「殺子印、子羽」，杜注：「皆穆公子。」鄭穆公十三子，二子嗣位，餘十一子爲大夫，十一人之後，蓋皆以字爲氏，如公子喜字「罕」，其後爲罕氏，公子騑字「駟」，其後爲駟氏……子羽之羽蓋亦是字，故其後人亦以羽爲氏，詳 0795 羽頡條。鄭另有公孫揮亦稱子羽，羽亦其字，然彼是魯襄、昭間人，而此子羽卒於魯成公十三年，明爲二人。

0086、子行（襄十四）──衛

案：左襄十四衛獻公「使子行於孫子」，杜注：「子行，群公子。」

0087、子行敬子（定四）──衛

案：左定四「衛子行敬子言於靈公曰」，杜注：「子行敬子，衛大夫。」

子行蓋其氏也，左襄十四衛有子行，爲衛之群公子，以陳逆字行，傳稱子行例之，子行之行蓋亦字也，此子行敬子或子行之後人，而以先人之字爲氏歟？又敬字，當是其謚。

0088、子伯（閔二）──衛

案：左閔二「子伯爲右」，此衛懿公與狄人戰之車右，左襄十四衛亦有子伯，爲衛之群公子，襄公十四年距此凡百餘年，當非一人。

0089、子伯（襄十四）──衛

案：左襄十四衛獻公「使子蟜、子伯、子皮與孫子盟于丘宮」，杜注：「三子，衛群公子。」左閔二衛亦有子伯，然二人相距百餘年，非同一人也。

0090、子伯季子（哀十六）──衛

案：左哀十六「子伯季子初爲孔氏臣……」據傳此衛孔氏臣，後爲衛莊公臣，子伯蓋其氏也。左閔二、左襄十四衛皆有子伯，子伯季子或其後歟？又以季札、季友季路之稱季子觀之，季或其行次也。

0091、子良（哀十七）──楚

案：左哀十七「王與葉公枚卜子良以爲令尹」，杜注：「子良，惠王弟。」謂楚惠王之弟也。

0092、子良氏（襄十九）、子良（襄十九）──鄭

案：左襄十九「司徒孔實相子革、子良之室」，楊注云：「子良，士子孔之子。」則子良爲鄭穆公之孫，參 0008 士子孔條。同傳「子孔……以其甲及子革、子良氏之甲守」，子良氏者，謂子良家也。參頁十三。

0093、子貝（文十六）──楚

案：左文十六楚「子越自石溪，子貝自仞以伐庸」，則子貝爲楚人。子越之越爲鬬椒之字，見 2416 鬬椒條，則子貝之貝亦其字歟？

0094、子車（哀十四）──宋

案：左哀十四「子車止之」，杜注：「車亦魋弟。」謂宋桓魋之弟。

0095、子車氏（文六）──秦

案：左文六「秦伯任好卒，以子車氏之三子奄息、仲行、鍼虎爲殉」，杜注：「子車，秦大夫氏也。」以子車爲其人之氏，是也，故詩秦風黃鳥稱其三子云：子車奄息、子車仲行、子車鍼虎，皆冠氏爲稱。子車，詩黃鳥孔疏云：「左傳作子輿。」似孔氏所據本作子輿，史記秦本紀亦作子輿。

0096、子叔姬（文十二經）、叔姬（文十二）——杞

　　案：左文十二經「子叔姬卒」，傳云「杞桓公來朝……請絕叔姬……叔姬卒，不言杞，絕也」，則叔姬為魯女，杞桓公之夫人，叔為其行次，姬則其母家姓。經稱子叔姬，於叔姬之稱上冠以「子」字。經稱子叔姬者凡三人，即此杞桓公夫人，與左文十四經傳之齊昭公夫人，及左宣五經齊高固妻。經書魯女，多以行次配「姬」字為稱，如伯姬、叔姬、季姬等；或又冠以夫家國名，如紀伯姬、杞伯姬、宋伯姬等；此三人稱子叔姬者何？日知錄卷五謂杞桓公夫人稱子叔姬者，「以其為時君之女，故曰子，以別其非先君之女也」，以為時君之女稱子，此蓋推測耳，而未有實據。左宣元經書魯宣公娶於齊，而左宣五經即載「子叔姬」歸齊高固，則高固妻子叔姬者，似非魯宣公之女，然亦冠子字。左文十四經「齊人執子叔姬」，會箋云：「計文公之年，未當有女適人生子而成立者。」亦謂齊昭公夫人子叔姬，非時君之女。然則非時君之女，經亦冠子為稱，顧氏之說或非。左文十四經孔疏引服虔之說，謂齊昭公夫人稱子叔姬者，以「子殺、身執，閔之，故言子，為在室辭。」據傳，則子叔姬歸齊昭公，是時尚在齊，實未在室。左宣五經齊高固妻子叔姬，亦非以在室而稱子叔姬，此說亦疑非是。左文十四經「齊人執子叔姬」，會箋云：「稱子，既嫁者也，子叔姬卒，及子叔姬來皆是也。」謂經三稱子叔姬，皆已嫁，故稱子者，既嫁者也，楊注襲其說，於左文十二經「子叔姬卒」下云：「書子叔姬者，明其已嫁也，十四年書『齊人執子叔姬』，宣五年書『齊高固及子叔姬來』可證，若未嫁之女，則不冠以子字。」並以之為例，續云：「僖九年書『伯姬卒』，蓋未適人者也。」又於左宣五經「齊高固來逆叔姬」下云：「叔姬，公羊、穀梁作『子叔姬』，子叔姬為已嫁之稱，說詳文十二年傳注，此時叔姬尚未成婚，故不當有「子」字，下經『冬，齊高固及子叔姬來』，其時則已成婚，故冠以「子」字，兩者異時，以異稱，公羊、穀梁有「子」字者誤，莊二十七年經『莒慶來逆叔姬』，文與此同，亦無『子』字，尤可證。張洽春秋集解云：『據「高固及子叔姬來」，當從公、穀有子字在叔姬上』，洪亮吉詁亦云云，是皆不知子叔姬之義而誤說。」其所謂「說詳文十二年傳注」者，左文十二云「叔姬卒……書『叔姬』，言非女也」，楊注云：「非女者，謂其已嫁。」楊注蓋據此謂冠子為已嫁之稱，然傳所謂「非女也」，是釋經書「叔姬」，而非釋經於叔姬上冠子字，楊注蓋誤解傳意。杜注云：「女未笄而卒不書。」此乃得傳意。會箋、楊注以冠子為既嫁之稱，此由經所書

三條「子叔姬」歸納而得，就此三條經文而言，固不誤，然不能通於全經，如左僖十四「季姬及鄫子遇于防」，傳云「鄫季姬來寧，公怒，止之，以鄫子之不朝也，夏，遇于防，而使來朝」，則季姬固已出嫁，經何以不書子季姬，而書季姬？左成九經「杞伯來逆叔姬之喪以歸」，叔姬為魯女嫁與杞桓公者，固已出嫁，經何不書子叔姬，而書叔姬？是會箋、楊注之說不可通於全經，且何以出嫁而冠「子」字，會箋、楊注亦皆未說焉，可知會箋、楊注徒見經所書三條「子叔姬」，皆已嫁，而謂冠子為已嫁之稱耳。經或稱叔姬、或稱子叔姬，不詳其故，然左傳傳文中，有於通行名號上冠子之例，如左昭四南遺稱叔孫豹為「叔孫」，而左昭五叔仲帶則稱叔孫豹為「子叔孫」；左哀六齊公子陽生稱季康子為「季孫」，左哀十一孔子稱季康子為「子季孫」。或稱叔孫、季孫，或稱子叔孫、子季孫，冠「子」字或表敬稱歟？此外如魯叔肸之後為叔氏，然或於氏上冠子字，曰子叔，公孫嬰齊稱子叔嬰齊、叔老稱子叔齊子、叔弓稱子叔子、叔輒稱子叔，皆是，氏上冠「子」字，亦只是附加之詞耳，參頁四六。

0097、子叔姬（宣五經）、叔姬（宣五經）──齊

案：左宣五經「齊高固來逆叔姬」，傳云「自為也」，則叔姬為齊高固之婦，叔為其行次，姬為其母家姓。經續云「冬，齊高固及子叔姬來」，於叔姬之稱上冠「子」字，詳 0096 子叔姬條。

0098、子叔黑背（成十）、黑背（成十經）──衛

案：左成十經「衛侯之弟黑背帥師侵鄭」，則此為衛定公之弟，衛穆公之子也，而傳作「子叔黑背」者，左襄二十六孔疏云：「成十年衛侯之弟黑背帥師侵鄭、傳云：『衛子叔黑背侵鄭』是黑背字子叔，即以子叔為族也。」謂子叔為其字，因以為氏。梁履繩左通補釋十三云：「黑背以次為氏，如魯之三家，不得謂字也。」則謂子叔是行次，非字。解詁云：「衛公子黑背，字析。」以析為黑背之字，自注云：「昭二十年左傳杜注『析朱鉏，黑背孫』，元和姓纂曰『衛穆公生公析黑臀（琛按：當作黑背），其孫成子朱鉏，以王父字為氏』，案析與晳通。」又列楚公子黑肱字子晳，鄭公孫黑字子晳，孔子弟子狄黑字晳，以證古人名黑多字晳，並釋其名字相應云：「說文：晳，人色白也，晳與黑相對為文。」通志氏族略第三亦云：「朱鉏，公子黑臀（琛案：宜作黑背）之孫，以王父字為氏。」又云：「臣謹案：鄭公孫黑，字子晳，今析朱鉏乃公子黑（琛案：蓋脫一背字）之子，疑析即黑（琛案：蓋脫一背字）之字耳，

晳亦作析。」其說與元和姓纂及王引之同。晳古有作析之例，參 1873 僕析父條。然則黑背字晳，字或作析，故其孫朱鉏以王父字爲氏，稱析朱鉏，參 1073 析朱鉏條。子叔之叔則其行次，非字也。

0099、子周（昭十）——齊

案：左昭十「子周亦如之」，此齊群公子之一。

0100、子服（宣六）——周

案：左宣六「使子服求后于齊」，杜注：「子服，周大夫。」

0101、子服回（昭十六）、子服昭伯（昭十六）——魯

案：左昭十六「子服昭伯語季平子」，杜注：「昭伯，惠伯之子子服回也。」謂子服昭伯爲子服椒之子，則子服、其氏也，昭蓋其諡。同傳季平子稱「子服回之言猶信，子服氏有子哉」，亦以「子服」爲氏，回蓋其名歟？

0102、子服何（哀八）、子服景伯（哀三）、景伯（哀七）、何（哀十三）
　　　——魯

案：左哀三「子服景伯至」，杜注：「子服何也。」禮記檀弓上孔疏引世本云：「獻子蔑生孝伯，孝伯生惠伯，惠伯生昭伯，昭伯生景伯。」獻子蔑即孟獻子，孝伯當即國語魯語上之子服它，惠伯即子服椒、昭伯即子服回，參 0103 子服椒、0101 子服回條，景伯則即此子服景伯也，其父祖皆氏子服，則子服，其氏也。左哀十三景伯曰「何也立後於魯矣」，自稱何，則何，其名也。杜注亦云：「何，景伯名。」檀弓上孔疏云：「景是諡，伯是字也。」景爲其諡，伯當是其行次。

0103、子服椒（昭三）、孟椒（襄二十三）、子服惠伯（襄二十五）、子服子
　　　（襄二十八）、惠伯（昭三）、椒（昭三）、子服湫（昭十三）——魯

案：左襄二十三「其孟椒乎」，杜注：「孟椒，孟獻子之孫子服惠伯。」國語魯語下有子服惠伯，韋注云：「惠伯、魯大夫仲孫他之子子服椒也。」然則子服椒爲仲孫蔑之孫，仲孫他之子。仲孫他，魯語上作仲孫它，又稱其曰子服，解詁以仲孫它，名它，字子服，云：「它讀爲袘，說文：袘，裾也，裾，衣裒。」以爲名字相應，是也，然則仲孫它之子又稱子服椒，以父字爲氏也。左襄二十八叔孫穆子曰：「叔仲子專之矣，子服子、始學者也。」稱子服子者，以氏配子，此春秋時卿大夫稱謂之通例。時人稱其子服子，可證子服爲其氏，左昭三子服椒告叔弓曰：「椒請先入。」自稱椒，則椒，其名也。魯語下韋注

亦云：「椒、惠伯名也。」然左昭十三有子服湫，杜注：「湫，子服惠伯。」以爲同一人。孔疏云：「湫……徐音椒。」會箋云：「亦鄬、偃，茍、狗之類。」楊注云：「湫、椒古音相近，能通作。」皆謂湫，椒字通。其稱孟椒者，以其爲孟獻子之孫，孟爲其舊氏，以舊氏配名曰孟椒。其稱惠伯者，惠蓋其謚也。

0104、子狐（襄八）——鄭

　　案：左襄八鄭子駟「辟殺子狐，子熙，子侯，子丁」，子狐蓋鄭群公子之一，參 0072 子丁條。

0105、子盂（襄二十五）——楚

　　案：左襄二十五楚「子彊，息桓，子捷，子駢，子盂帥左師以退」，則子盂爲楚人。

0106、子虎（定五）——秦

　　案：左定五「秦子蒲、子虎帥車五百乘以救楚」，則子虎爲秦人。

0107、子侯（襄八）——鄭

　　案：左襄八鄭子駟「辟殺子狐，子熙，子侯，子丁」，子侯蓋鄭群公子之一，參 0072 子丁條。

0108、子侯（襄二十二）——鄭

　　案：左襄二十二子產曰「貳於楚者，子侯、石盂，歸而討之」，此述襄十一年鄭國之事，子侯爲鄭人，而鄭另有一子侯，已卒於襄八年，見 0107 子侯條。

0109、子柳（昭十六）——鄭

　　案：左昭十六「子柳賦蘀兮」，杜注：「子柳，印段之子印癸也。」解詁云：「鄭印癸，字子柳。」以子柳爲其字，癸爲其名。

0110、子突（莊六經）——周

　　案：左莊六經「王人子突救衛」，杜注：「王人，王之微官也，雖官卑而見授以大事，故稱人，而又稱字。」孔疏云：「春秋之世，二字而子在上者，皆是字，故知子突是字。」則杜、孔以子突是字。穀梁云：「稱名，貴之也。」則以子突爲名，而范注云：「名當爲字誤爾。」以穀梁稱「名」之名爲「字」之誤。會箋云：「子突、名也，古有以子配名，如陳子亢、介子推是也。」楊注：「子突不知是名或字……左傳有王子朝、宋子朝、宋子哀皆是其名。」會箋以子突爲名，並舉例以證之，楊注亦有所舉，然彼所舉之例，氏名連言，

與經單稱「子突」者不同。左傳人物名號中，二字而子在上者，未必皆字，以子配名爲稱者亦甚多，如子朱，子圍等皆是。左桓六經「子同生」，子同名同，以子字配名曰子同，參0083子同條。又齊公子糾蓋亦名糾，而經稱「子糾」，參0210公子糾條。則經亦有稱子某而爲名之例，孔疏謂二字而子在上者皆是字，非也。然此經之子突，亦難斷定其爲名或字。

0111、子城（昭十）、子成（昭八）——齊

　　案：左昭十「反子城、子公，公孫捷」，杜注以爲即左昭八爲齊子旗所逐之「子成、子工，子車」，左昭八杜注謂：「子成，頃公子固也。子工，成之弟鑄也。子車，頃公之孫捷也。」則子成當即子城。左通補釋二十三引梁英書曰「成與城……古並通用」，古昭十會箋曰：「同音相用，此類甚多。」解詁：「齊公子固，字子城。」以固爲其名，子城爲其字。又云：「夏官掌固『掌脩城郭溝池樹渠之固』，襄十年左傳『城小而固』，是其義也。」謂名固字城，名字相應，據此則傳之「子城」爲本字，「子成」爲假借字。

0112、子家羈（昭五）、子家懿伯（昭二十五）、懿伯（昭二十五）、子家子（昭二十五）、羈（昭二十五）——魯

　　案：左昭五「有子家羈」，杜注：「羈，莊公玄孫懿伯也。」左宣十魯有公孫歸父字家、傳稱子家，其父公子遂，公子遂之父即魯莊公，據杜注，則子家羈爲公孫歸父之孫。公子遂以東門稱，謂之東門襄仲，左宣十八「逐東門氏」，其嗣子公孫歸父奔齊，而左成十五經有「仲嬰齊」，杜注云：「襄仲子，公孫歸父弟。宣十八年逐東門氏，既而又使嬰齊紹其後曰仲氏」，以公子遂之後，在魯者爲仲氏，而公孫歸父既去魯，其子孫以歸父字爲氏，稱子家氏，故左定元叔孫不敢使告子家羈曰「子家氏未有後、季孫願與子從政」，稱「子家氏」是也。左昭二十五年傳，子家羈曰「羈也不佞」，自稱羈，則羈，其名也。子家羈，公羊昭二十五作「子家駒」，荀子大略篇亦稱「子家駒」，楊倞注云：「子家駒……名羈、駒其字也。」解詁云：「說文：『羈、馬絡頭也。馬二歲曰駒。』案絡頭今謂之籠頭，馬一歲則箸籠頭。」以爲名羈，字駒，名字相應。左昭五會箋云：「字駒，懿伯，其諡也。」亦以駒爲其字，而以懿伯爲其諡。稱子家子者，氏配以子字，此春秋時大夫稱謂之常例。

0113、子容（昭二十八）——晉

　　案：左昭二十八「子容之母走謁諸姑」，杜注：「子容母，叔向嫂，伯華妻也。」則子容爲伯華之子，伯華即晉羊舌赤。

0114、子師僕（襄十）——鄭

案：左襄十「子駟為田洫……子師氏……喪田焉」，又云「子師僕帥賊以入……殺子駟」，則子師僕氏子師，以喪田之故殺子駟，僕為其名或字。

0115、子旅氏（昭二十二）——周

案：左昭二十二「敬王即位，館于子旅氏」，杜注：「子旅、周大夫。」氏者，家也，參頁十三。

0116、子般（莊三十二經）、般（莊三十二）——魯

案：左莊三十二經「子般卒」，傳載公子友對魯莊公云「臣以死奉般」，君前臣名，般蓋其名。稱子般者，名上冠以男子美稱子字，餘詳頁四七。

0117、子高魴（昭二十）——衛

案：左昭二十衛「子高魴出奔晉」，路史後紀高辛紀下衛有子高氏，蓋子高魴以子高為氏，魴為其名或字，不然則高為其字，魴為其名，名字連言曰子高魴。

0118、子商（昭十）——齊

案：左昭十「桓子召子山……子商亦如之」，杜注：「子山、子商……襄三十一年子尾所逐群公子。」謂子商為齊群公子之一，商為其名或字。

0119、子捷（襄二十五）——楚

案：左襄二十五楚「子彊、息桓，子捷……帥左師以退」，據傳此楚伐舒鳩諸帥之一。

0120、子野（襄三十一經）——魯

案：左襄三十一經「子野卒」，傳謂魯襄公薨，「立胡女敬歸之子子野」，杜注：「敬歸，襄公妾。」則子野為魯襄公之子，子野蓋名野，子為名上所冠男子美稱之辭，詳頁四六。

0121、子揚窻（文十六）——楚

案：左文十六「囚子揚窻」，杜注以子揚窻為廬大夫戢黎之官屬，據春秋大事表五及春秋大事表列國爵姓及存滅表譔異冊六，廬國亡於魯僖公二十五年，此時為楚邑。曰子揚窻者，會箋云：「與子越椒稱呼相類。」以子揚為其字，窻為其名。然揚或其先人之字，冠子曰子揚，後人因以子揚為氏，如子人九，子服何之例，亦非不可能。

0122、子游（莊十二）──宋

案：左莊十二宋南宮長萬弒閔公，「立子游」，史記宋微子世家稱「公子游」，「游」，則子游為宋群公子之一，游為其名或字，子為男子美稱之辭。

0123、子然（成十）──鄭

案：左成十鄭「子然盟于脩澤」，杜注：「子然……穆公子。」鄭穆公十三子，其名字全而可考者，如公子喜又稱子罕，公子騑又稱子駟，公子偃又稱子游，公子發又稱子國，公子去疾又稱子良，公子嘉又稱子孔，皆於字上冠子，稱子某，而其後人以其字某為氏，如子罕孫曰罕虎，子駟孫曰駟帶，子游子曰游楚，孫曰游販，子國孫曰國參，子良孫曰良霄，子孔孫曰孔張。則此鄭穆公子子然之然蓋亦其字，故其子亦以然字為氏，曰然丹。另穆公之子子豐，孫曰豐卷，子印孫曰印段，子羽孫曰羽頡，蓋與子然同例、即豐、印、羽皆其字也。

0124、子熙（襄八）──鄭

案：左襄八子駟「辟殺子狐、子熙、子侯、子丁」，子熙蓋鄭群公子之一，參0072子丁條。

0125、子禽祝跪（莊十九）──周

案：左莊十九「王奪子禽祝跪與詹父田」，杜注：「三子、周大夫。」以子禽祝跪為二人，諸家多從其說，楊注以為其說誤，曰：「下文云：『蔿國，邊伯、石速、詹文、子禽祝跪作亂』，又云：『五大夫奉子頹以伐王』，五大夫即蔿國等五人，若以子禽祝跪為兩人、則六大夫矣。杜預自圓其說云：『石速、士也，故不在五大夫數』，亦無據。國語周語上云：『邊伯，石速，蔿國，出王而立子頹。』又云：『王子頹飲三大夫酒。』則石速亦大夫而非士。傳文於子禽祝跪與詹文間著一『與』字，正恐讀者以為皆是二字名而誤分為三人也。」其說可從，故歸為一人。子禽祝跪或氏子禽，祝為其官，跪為其名，與1800楊豚尹宜同例，不然則禽為其字，祝跪為其名，名字連言，故曰子禽祝跪。

0126、子鉏商（哀十四）──魯

案：左哀十四「叔孫氏之車子鉏商獲麟」，杜注：「車子，微者，鉏商，名。」以鉏商為人名，孔疏引服虔云：「車、車士，微者也，子、姓，鉏商、名。」謂其人以子為姓，以鉏商為名。又引王肅之說，與服虔同，王引之經

義述聞則以子鉏爲氏，商爲名，云：「服以車爲車士，是也……晉語：其主朝升之、而莫戮其車，韋注曰：車，車僕也，則主車之人即謂之車……之和姓纂：殷湯子姓，引風俗通義曰：左傳有子鉏商，蓋亦謂車爲車士，故以子屬下讀，是服說長於杜矣，而未盡也，春秋時婦人稱姓，男子則稱氏族，以子爲姓非也，今案，子鉏、蓋其氏，商、其名也，傳凡言子儀克，子越椒之類，上二字皆字也，子服何，子人九之類，上二字皆以先世之字爲氏也，成十六年及哀五年傳皆有公子鉏，定八年傳有籍邱子鉏，是春秋時多以鉏爲名字，今此子鉏，知非字者，古人名字相應、鉏與商不相應，故也……漢書古今人表有子鉏商，是子屬下讀之明證也，易林訟之同人：子鉏執麟、春秋作經；蔡邕麟頌：庶士子鉏獲諸西狩，是子鉏連讀之明證也。」王引之以子鉏商爲人之名號，是也，然子鉏是氏、是字，實難以斷定，王氏因鉏與商義不相應，故以爲氏，而安井衡左傳輯釋云：「鉏、鋤也，鋤、農器、商、秋聲、農事成於秋，故名商字子鉏，未嘗不相應，易林、麟頌蓋亦以子鉏爲字，何則，其爲氏，不若爲字之允也。」則以子鉏爲子鉏商之字。

0127、子頎（哀十四）——宋

案：左哀十四「子頎騁而告桓司馬」，杜注：「子頎，桓魋弟。」則子頎爲宋人。

0128、子臧（僖二十四）——鄭

案：左僖二十四鄭「文公報鄭子之妃曰陳嬀，生子華、子臧」，則子臧爲鄭文公之子。

0129、子蒲（定五）——秦

案：左定五「申包胥以秦師至，秦子蒲、子虎帥車五百乘以救楚之」，則子蒲爲秦人。

0130、子儀（莊十四）、鄭子（桓十八）、鄭伯（莊三）——鄭

案：左桓十八「祭仲逆鄭子于陳而立之」，杜注：「鄭子、昭公弟子儀也。」左莊十四稱「子儀」，左桓十八校勘記曰：「陳樹華云：史記作（琛案：疑脫召字）公子嬰於陳而立之、是爲鄭子，索隱曰：左傳以鄭子名子儀，此云嬰，蓋別有所見也。按儀同倪，倪即兒，小兒也。故左作儀，史作嬰。」據此，儀與嬰義相應，蓋名嬰，字儀，故史記稱公子嬰，而左傳作子儀也。左莊三「鄭伯辭以難」，杜注：「厲公在櫟故。」以鄭伯即子儀，左莊四經亦有鄭伯，

杜預亦以爲子儀，左莊十四又稱鄭子，杜注云：「鄭子，莊四年稱伯、會諸侯，今見殺，不稱君，無諡者，微弱臣子，不以君禮成喪，告諸侯。」謂子儀既會諸侯稱鄭伯，則爲鄭君，而稱鄭子無諡者，因臣子不以君禮成喪。楊注亦云：「以無諡號，故稱鄭子。」會箋則謂左莊三及左莊四經之鄭伯皆出居鄭邑櫟之鄭厲公突，又謂子儀及其兄鄭昭公「雖在君位，未嘗稱爵會諸侯，諸侯未嘗君之，夫一國不容兩君，突既稱伯，則不得不稱子儀爲子。」以稱鄭子者，諸侯尚以鄭厲公爲君，故子儀雖在君位，亦稱鄭子，並云：「僖二十八年經衛侯之弟武稱衛子，與鄭子粗似」，左僖二十八衛侯之弟叔武攝位與諸侯盟於踐土，經稱衛子，從未成君之禮，會箋援此例以釋鄭子，與杜、楊之說不同。

0131、子儀（僖三十）——衛

　　案：左僖三十衛「周冶殺元咺及子適、子儀」，杜注：「子儀，瑕母弟。」謂子儀爲元咺所立衛公子瑕之母弟，則子儀亦衛公子。

0132、子儀克（哀十七）——宋

　　案：左哀十七「告桓司馬之臣子儀克」，桓司馬即宋桓魋，則子儀克爲宋人。周王子克，楚鬬克皆稱子儀，儀爲其字，邾子克亦稱儀父，儀亦是其字，是古人名克多字儀，然則子儀克者，名克、字儀，子爲字上所冠男子美稱之詞，以子儀與克連言曰子儀克，猶宋孔父嘉，華父督，名字連言，先字後名一例。

0133、子彊（襄二十五）　—楚

　　案：左襄二十五楚「子彊、息桓……帥左師以退」，據傳，子彊爲楚伐舒鳩諸帥之一。

0134、子彊（昭二十六）、陳武子（昭二十六）——齊

　　案：左昭二十六「冉豎射陳武子」，又云：「必子彊也」，杜注：「子彊，武子字也。」謂陳武子字子彊。史記·田敬仲完世家謂「田桓子無宇……生武子開與釐子乞」，田桓子無字即陳無字，釐子乞即陳乞，則陳武子爲陳無字之子，陳乞之兄，陳，其氏也，其稱陳武子、武蓋其諡也，由史記，以無宇，開、乞並稱觀之，無宇、乞皆是名，則開亦其名也。杜注謂其字爲子彊，校勘記謂傳之子彊，石經作彊，春秋時人名字釋云：「陳開，字子彊，即晏子之田開彊，猶後人名辟彊也。」謂名開字彊，名字相應，然則石經作子彊，是

也，今本作子彊，誤字也。

0135、子蕩（成七）──楚

案：左成七楚「子重，子反殺巫臣之族子閻，子蕩……」杜注：「皆巫臣之族。」則子蕩爲楚人。

0136、子閻（成七）──楚

案：左成七楚「子重，子反殺巫臣之族子閻，子蕩……」杜注：「皆巫臣之族。」則子閻爲楚人。

0137、子輿（成二）──晉

案：左成二晉「韓厥夢子輿謂己曰」，杜注：「子輿、韓厥父。」則子輿爲晉韓厥之父，韓萬之後，氏韓。

0138、子還成（哀十六經）、司徒瞞成（哀十五）、瞞成（哀十六）──衛

案：左哀十六經「衛子還成出奔宋」，杜注：「即瞞成。」傳即稱「瞞成」。通志氏族略第二「瞞氏」下云：「風俗通云：荊蠻之後，本姓蠻、音訛，遂爲瞞氏，左傳有司徒瞞成。」以瞞爲其氏。然經既稱子還成，則子還爲其氏也，蓋以先人之字爲氏，經多書名，成蓋其名，其稱瞞成者，左通補釋三十二疑瞞爲其字。其稱司徒瞞成，司徒蓋其官也。

0139、子韓晳（昭十四）──齊

案：左昭十四「子韓晳曰」，杜注：「齊大夫。」古人名字連言，皆先字後名，疑晳爲其名，韓爲其字，如子儀克、子越椒之例，不然則韓爲其先人之字，因以爲氏，如子人九，子家羈之例。

0140、子駹（成十三）──鄭

案：左成十三鄭子駟「殺子如，子駹……」杜注：「子如，公子班，子駹，班弟。」則子駹亦鄭公子。

0141、子豐（襄七）──鄭

案：左襄七「又與子豐適楚」，杜注：「子豐，穆公子。」謂子豐爲鄭穆公之子。豐蓋其字。故其孫以其字豐爲氏，曰豐卷，豐施，參0123子然條。

0142、子駢（襄二十五）──楚

案：左襄二十五楚「子彊、息桓、子捷、子駢……帥左師以退」，據傳，子駢爲楚伐舒鳩諸帥之一。

0143、子囊帶（昭二十六）——齊

　　案：左昭二十六「子囊帶從野洩」，杜注：「囊帶，齊大夫。」又注云：「子囊復叱之。」杜注稱子囊，蓋以帶爲其名，依古人名字連言，皆先字後名之例，則帶爲其名，囊爲其字，子爲字上所冠男子美稱之辭。名字連言曰囊帶，此杜注所以稱囊帶者也。傳稱子囊帶者，以「子」配字，復殿以名者也，猶子儀克、子越椒之例，不然則囊爲其先人之字，因以爲氏，猶子人九，子家羈之例。

0144、子齹（昭十六）、孺子（昭十六）——鄭

　　案：左昭十六「子齹賦野有蔓草」，杜注謂子齹爲「子皮之子嬰齊也。」則爲鄭公子喜之曾孫。杜注稱其曰嬰齊，說文：「齹、齒差跌貌……春秋傳有子齹。」段注：「見左傳昭十六年，今傳作齹，實一字也……古人名字相應，或以相反爲相應，齹者，不齊，故爲嬰齊之字也。」謂齹爲其字，嬰齊爲其名，名字相應。

0145、小子憖（僖二十八）——秦

　　案：左僖二十八「晉侯、宋公、齊國歸父、崔夭、秦小子憖次于城濮」，杜注：「小子憖，秦穆公子也。」

0146、小王桃甲（定十四）——晉

　　案：左定十四「小王桃甲率狄師以襲晉」，杜注：「晉大夫，范、中行氏之黨。」通志氏族略第四「以族爲氏」下列「小王氏」，云：「衛大夫小工桃甲之後也」，衛當爲晉之誤，工當爲王之誤，廣韻干字注引小王桃甲，以小王爲「複姓」，會箋亦云：「小王……複姓」。

0147、小戎子（莊二十八）——晉

　　案：左莊二十八晉獻公「娶二女於戎，大戎狐姬生重耳，小戎子生夷吾」，杜注：「小戎，允姓之戎，子，女也。」孔疏云：「昭九年傳稱晉帥陰戎伐潁，王使辭於晉曰『先王居檮杌于四裔，故允姓之姦居于瓜州』，知戎爲允姓也。凡言子者，通男女也，知子謂女也。」以小戎子之子爲女子之意，小戎子爲允姓，此一說也。史記魯世家「重耳母、翟之狐氏女也，夷吾母，重耳母女弟也」，謂小戎子爲大戎狐姬之妹，則亦姬姓，小戎子之子，亦女子之稱，此二說也。會箋駁杜、孔之說云：「夫戎之見于傳者，有姜、允、姬、嬴諸姓，此小戎何以知其必允姓也？」而從史記之說，以小戎子爲大戎狐姬之妹，並以左閔二之齊子即齊桓公妾長衛姬證之，竹添氏以齊子即長衛姬之說蓋

非，見 1973 齊子條，春秋女子繫姓爲稱，左傳女子以「子」字殿行次或國名後而非姓者，蓋唯有昭公夫人孟子而已，此因諱故，實爲特例，小戎子與同傳齊姜，大戎狐姬、驪姬並稱，後三人皆稱母家姓，何以小戎子爲例外耶？且大戎狐姬又曰狐季姬，稱季、則不得有娣，小戎子非其娣也。則子，其母家姓也。春秋大事表五以小戎爲國名，則曰小戎子者，以母家國名配母家姓爲稱也。

0148、小邾射（哀十四經）——小邾

　　案：左哀十四經「小邾射以句繹來奔」，杜注：「射，小邾大夫。」經多書名，射蓋其名。

0149、小邾穆公（襄七）、小邾子（襄七經）、穆公（昭十七）——小邾

　　案：左襄七經「小邾子來朝」，傳云：「小邾穆公來朝」，小邾爲國名，詳1609 郳犁來條，小邾子爲其國之君，稱穆公，穆蓋其諡也。

0150、小惟子（定六）——楚

　　案：左定六吳「獲潘子臣、小惟子」，杜注：「二子，楚舟師之師。」釋文：「惟……本又作帷」，呂氏春秋察微篇作「小惟子」。

0151、山祁（僖十）——晉

　　案：左僖十晉殺「山祁」，傳以爲里克，丕鄭之黨。通志氏族略第四：「山氏，周山師掌山林之官，以官爲氏。風俗通云：烈山氏之後，左傳晉大夫山祁。」以山爲其氏。

0152、工尹赤（昭十九）——楚

　　案：左昭十九「楚工尹赤遷陰子下陰」，則工尹赤爲楚人。工尹者，楚官名也，左傳所見工尹之文如下：左文十楚王使子西「爲工尹」、杜注：「掌百工之官。」左宣十二楚「工尹齊將右拒卒以逐下軍」，左成十六楚子「使工尹襄問之以弓」；左昭十二楚工尹路稱楚子命其「剝圭以爲鏚柲」，杜注：「破圭玉以飾斧柄。」會箋云：「工尹是官名，掌工事，故以鏚柲爲請。」工尹爲官名顯然。左昭十九「楚工尹赤遷陰于下陰」；左昭二十七楚「工尹壽帥師至于潛」；左哀十八楚王稱蒍固爲「工尹」，而定四稱「鍼尹固」，哀十六稱「箴尹固」，會箋云：「蓋固滅白公，故進爲工尹也。」以上爲左傳出現工尹二字之資料。通志氏族略四云：「工尹氏，楚工尹壽之後也，楚又有工尹齊、工尹餘、工尹赤、工尹麋，並見左傳、禮記又有楚工尹商陽，則工尹氏盛於楚矣，由其世官故也」，謂後世之工尹氏出自工尹壽，或是，然謂工尹齊、工尹餘、工

尹赤等為世官，並稱工尹氏，則或非，由左傳最早出現工尹二字之資料觀之，乃楚王使子西出任工尹，由左傳最晚出現工尹二字之資料觀之，薳固由箴尹轉任工尹，工尹蓋楚官名，一如令尹，隨機任用，蓋非由一族所掌，則工尹赤蓋官工尹，赤為其名或字。

0153、工尹路（昭十二）──楚

　　案：左昭十二「工尹路請曰」，工尹為其官名，路為其名或字，參0152工尹赤條。

0154、工尹壽（昭二十七）──楚

　　案：左昭二十七楚「左尹郤宛，工尹壽帥師至于潛」，工尹為官名，參0152工尹赤條，壽為其名或字。

0155、工尹齊（宣十二）──楚

　　案：左宣十二楚「工尹齊將右拒卒以逐下軍」，杜注：「工尹齊，楚大夫。」工尹蓋其名，參0152工尹赤條，齊為其名或字。

0156、工尹麋（昭二十七）──楚

　　案：左昭二十七「楚莠尹然，工尹麋帥師救潛」，杜注：「二尹、楚官，然，麋，其名。」以工尹為其官，麋為其名。孔疏引服虔云：「王尹主宮內之政」，則服本作王尹，校勘記引孫志祖云：「下文別有工尹壽，此當作王尹。」會箋證之曰：「尹、長也，工官不容有二長，當以作王為正。」又云：「服說則非也，官名豈可加以王號？梁履繩曰：王尹者，玉尹也，古人作玉不加點，所謂三畫平均也，新序雜事第五篇載卞和獻璞，荊王使玉尹相之，論衡對作篇引作王尹，可證。」據新序楚有玉尹之官，然則工尹或為玉尹之譌。

0157、工尹襄（成十六）──楚

　　案：左成十六「楚子使工尹襄問之以弓」，楊注：「工尹、官名，襄，其名。」

0158、工僂會（襄十九）──齊

　　案：左襄十九「工僂會夜縋納師」，杜注：「齊大夫。」左通補釋十七云：「工僂即工婁，遂人殲齊戍之後，復俘于齊者也。」左莊十七載遂人「工婁氏」等四氏殲齊戍者，梁氏以此工僂會即遂人「工婁氏」之後，楊注亦云：「工僂為姓，會其名……本遂人，其後或為齊人。」以工僂為其氏，會為其名，另左襄三十一齊有工僂灑，亦以工僂為氏，廣韻婁字注引作「工婁澆」，作「工

妻」，與左莊十七「工婁氏」合，又以工婁爲「複姓」。

0159、工婁灑（襄三十一）──齊

　　案：左襄三十一齊「工婁灑、渻竈……出奔莒」，左襄十九齊有工婁會，與此皆以工婁爲氏，參0158工婁會條。會箋、楊注俱謂工婁爲其氏，灑爲其名。

0160、己氏（文八）──魯

　　案：左文八「穆伯如周弔喪，不至，以幣奔莒，從己氏焉」，己氏爲魯公孫敖所續娶之莒女，左隱二經孔疏引世本云：「莒，己姓」，則己氏者，以母家姓稱也。

0161、干犫（昭二十一）──宋

　　案：左昭二十一「干犫御呂封人華豹」，則干犫爲宋人華豹之御，當即宋人，同傳杜注：「犫又死。」稱犫，蓋以干爲其氏也。

四畫

0162、不更女父（成十三）──秦

　　案：左成十三「獲秦成差及不更女父」，杜注：「不更，秦爵。」孔疏云：「秦之官爵有此不更之名，知女父是人之名字，不更是官爵之號。」漢書百官公卿表秦制之爵二十，四曰不更，楊注謂其位甚低，疑春秋時之不更職位較高，楊注引劉劭爵制「不更者爲車右」，謂此不更或即車右，又謂女父是名，會箋亦以不更爲官，女父爲名。

0163、不窋（文二）──？

　　案：左文二「文、武不先不窋」，杜注：「不窋，后稷子。」史記周本紀「后稷卒，子不窋立。」是杜注所本。

0164、中行喜（襄二十一）──晉

　　案：左襄二十一「知起、中行喜……出奔齊」，杜注：「晉大夫。」晉荀氏自荀林父之後又稱中行氏，中行喜蓋其後也，喜爲其名或字。

0165、井伯（僖五）──虞

　　案：左僖五「執虞公及其大夫井伯，以媵秦穆姬」，則井伯爲虞大夫。廣韻井字注「姓，姜子牙之後也，左傳有井伯」，以井爲其姓，並以爲呂尙之後，不知何據。新唐書宰相世系表：「虞之公族井伯奚，媵伯姬于秦，受邑於百里，因號百里奚。」以井伯與百里奚爲一人，此非也。史記志疑卷四云：「孟子言

百里奚知虞公之不可諫而去之秦，知虞公之將亡而先去之，安得有被執爲媵之事？被執爲媵者，虞大夫井伯也……人表百里奚在第三等，井伯在第六等，斯乃的證。」又自注云：「通志氏族略三百里氏下不及井伯，略五井氏下不及百里，亦以爲兩人也。」其說是。

0166、仇（桓二）、文（僖二十五）、文侯（宣十二）──晉

　　案：左桓二「晉穆侯之夫人姜氏以條之役生大子，命之曰仇」，會箋：「漢書五行志引作『名之曰仇』，下『命之曰成師』，亦命作名，孟子『其門必有名世者』，三國魏志注作命世，文選西征賦注引同。閔元年『今名之大，以從盈數』，魏世家引名作命，是命、名古同聲同義。」謂命、名古同聲同義，命之曰仇，即名之曰仇。傳又載師服曰「異哉，君之名子也」，即謂晉穆侯爲子取名曰仇不當。則仇、其名也。其稱文、文侯者，文蓋其謚。

0167、仇牧（莊十二經）──宋

　　案：左莊十二經「宋萬弒其君捷及其大夫仇牧」，則仇牧爲宋大夫。杜注：「仇牧稱名。」

0168、介之推（僖二十四）、推（二十四）──晉

　　案：左僖二十四「介之推不言祿」，杜注：「介推，文公微臣，之，語助。」會箋云：「氏名之間有助聲者，因音節之便也，之推下文稱推，文十年文之無畏，下文曰無畏，此例傳中相望，或以之推爲名，誤也。」論語雍也篇有孟之反，劉寶楠正義云：「古人名多用之爲語助，若舟之僑、宮之奇、介之推、公罔之裘、庾公之斯、尹公之佗與此孟之反皆是。」此三氏皆以之字爲語助。先秦文獻中，介之推之名號作「介之推」者有左傳；作「推」者有左傳、史記晉世家；作「介推」者有史記晉世家；作「子推」者有莊子盜跖篇；作「介子推」者有莊子盜跖篇、史記晉世家；作「介子」者有楚辭惜往日；作「介山子推」者有大戴禮。由以上資料分析，吾人可知：作推者，當稱其名也；作介推者，蓋名上冠氏也；作子推者，蓋名上冠以男子美稱子字，此爲春秋男子稱謂之通例，詳上篇第二章；作介子推者，氏配子配名；作介子者，氏殿以子字，此亦春秋男子稱謂之通例，詳上篇第二章；作介山子推者，史記晉世家云：「文公環緜上山中，而封之以爲介推田，號曰介山。」介山由介之推而得名，後人復以所封之介山名其人也。然則介之推氏介、名推，「之」字爲語助也。

0169、介葛盧（僖二十九經）、葛盧（僖二十九）——介

案：左僖二十九經「介葛盧來」，杜注：「介，東夷國也……葛盧，介君名也。」釋文云：「介……國名。」穀梁云：「葛盧，微國之君未爵者也。」左僖三十經有「介人侵蕭」之文，然則介、國名，葛盧，介君之名。楊注引章太炎先生春秋左傳讀云：「管子地數篇云：『葛盧之山發而出水，金從之，蚩尤受而制之，以爲劍、鎧、矛、戟。』然則介君取山爲名。」傳「葛盧來朝」，依校勘記當增一介字，作「介葛盧」。

0170、仍叔（桓五經）——周

案：左桓五經「天王使仍叔之子來聘」，杜注：「仍叔，天子之大夫，稱仍叔之子，本於父字。」以叔爲仍叔之字。孔疏亦云：「仍、氏，叔、字。」毛詩大雅雲漢序云：「雲漢，仍叔美宣王也。」此西周宣王時之仍叔，與此仍叔，顯非一人，故毛詩節南山孔疏釋之云：「雲漢序云：『仍叔』，箋引桓五年仍叔之子來聘，春秋時趙氏世稱孟，智氏世稱伯，仍氏或亦世字叔也。自桓五年上距宣王之卒七十六歲，若當初年，則百二十年矣，引之以證仍叔是周大夫耳，未必是一人也」，此以趙氏之嗣位者世稱趙孟，智氏之嗣位者世稱智伯推之，仍叔當亦如是。竹添光鴻據此稱此類稱謂爲家號，其言曰：「叔是榮叔、虢叔之類，蓋始祖之行叔，而後世因以爲家號者，猶趙氏之世稱孟，知氏世稱伯……作雲漢詩者，當是人之祖。」楊注亦謂「周有尹氏、武氏、仍叔、榮叔、家父，曰氏、曰叔、曰父，皆世稱，如晉稱趙孟，世世稱之。」仍叔，穀梁作任叔，春秋異文箋云：「仍、任音相近，故假借。」

0171、允格（昭元）——？

案：左昭元「昔金天氏有裔子曰昧……生允格、臺駘」，則允格爲昧之子。

0172、元（定三）——蔡

案：左定三「蔡侯如晉，以其子元與其大夫之子爲質焉」，則元爲蔡昭侯之子，元蓋其名也。

0173、元咺（僖二十八經）、咺（僖二十八）——衛

案：左僖二十八經「衛元咺出奔晉」，杜注：「元咺，衛大夫。」孔疏：「書其名。」以咺爲其名。元和姓纂卷四：「元、左傳衛大夫元咺之後，其先食采于元，因氏焉，今元城是也。」通志氏族略第三云：「元氏……咺食邑於元，今大名府元城是其地，子孫以邑爲氏。」皆以爲因食邑於元，而以爲氏，據

此，元、其氏，喧、其名。

0174、內史叔服（文元）、叔服（文元經）——周

　　案：左文元經「天王使叔服來會葬」，杜注：「叔、氏，服、字，諸侯喪，天子使大夫會葬，禮也。」則此周天子之大夫。杜以叔為其氏，服為其字，會箋云：「叔者，兄弟行也，服、名，杜以為字，非是。」則以叔為行次，服為其名，與杜不同。楊注：「叔服，傳稱內史叔服，則內史為其官。」以內史為官名，與春秋大事表十同。

0175、內史叔興大（僖二十八）、內史叔興（僖十六）——周

　　案：左僖二十八「王命……王子虎、內史叔興父策命晉侯為侯伯」，晉侯指晉文公，會箋謂「叔興……名」，楊注謂「興為其名，叔則其字也」。國語周語上載此事云：「襄王使大宰文公及內史興賜晉文公命」，王子虎傳稱王叔文公，則國語大宰文公即此左傳之王子虎也。韋注謂國語內史興即「周內史叔興父」，亦以為即此左傳之內史叔興父，此說是。國語內史興，左傳稱內史叔興，又稱內史叔興父者，蓋內史為其官名，興為其名，叔為其行次，父則名下所配男子美稱，故稱內史興者，以官名配名為稱也；稱內史叔興者，於名上冠行次也；稱內史叔興父者，則又於名下殿美稱父字也。名上冠行次，名下配父字，皆左傳人物稱謂之通例，詳上篇第二章。阮元積古齋鐘鼎彝器款識卷七有鬲叔興父簋銘，並云：「鬲氏系出夏諸侯有鬲氏，左傳有內史叔興父，傳注未詳其氏，未知即係此人否？」

0176、內史過（莊三十二）、過（僖十一）——周

　　案：左莊三十二周「惠王問諸內史過」，杜注：「內史過，周大夫。」左桓二「內史過」，杜注云：「內史，周大夫官也。」則內史為其官。國語周語上「內史過」，韋注：「過，其名也。」以過為其名。

0177、公子士（僖二十）——鄭

　　案：左僖二十「鄭公子士、洩堵寇帥師入滑」，杜注：「公子士，鄭文公子，洩堵寇，鄭大夫。」會箋云：「士洩是名。」以公子士洩為一人，堵寇為一人，此非也。左宣三「鄭文公……生公子士」，是公子士為鄭文公之子，洩堵寇為另一人。

0178、公子元（莊三十）、令尹子元（莊二十八）、子元（莊二十八）——楚

　　案：左莊二十八「楚令尹子元欲蠱文夫人」，杜注：「子元、文王弟。」

傳載文夫人曰「今令尹……」，稱其曰令尹，則令尹爲其官。國語楚語上「令尹子元」，韋注：「子元，楚武王子，文王弟王子善也。」謂令尹子元即王子善，解詁云：「楚公子善、字子元。」以善爲其名，子元爲其字，並云：「乾文言曰『元者，善之長也』」，以爲名字相應。其言善與元名字相應，是也。然以善爲名，子元爲其字，則或可商榷。國語稱公子某有某爲字者，如夏徵舒之祖名少西，字夏，而楚語上稱公子夏，左昭元經楚「公子比」，名比字干，而晉語八稱公子干。而左傳稱公子某者，某蓋多是名，左莊三十曰「公子元」，則元蓋爲其名，傳稱子元者，左傳人物名號中以子冠名上之例甚多，如宋公子城名城，傳稱子城，即其一例，餘參頁二七。然則公子元疑名元、字善也。

0179、公子午（襄十五）、司馬子庚（襄十二）、子庚（襄十三）、午（襄十八）──楚

　　案：左襄十二「楚司馬子庚聘于秦」，杜注：「子庚，莊王子午也。」顏師古匡謬正俗卷四云：「楚有公子午，字子庚，庚是十榦，午是十二支，法有相配。」以午爲其名，子庚爲其字，干支相配，是也。又云：「或者此人以庚午歲若庚午日生，故名庚，字子午耳。」此則非也。左襄十八「子庚歎曰：『君王其謂午懷安乎？』」自稱午，明午爲其名，非字。稱司馬子庚者，司馬爲其官也。

0180、公子友（莊二十五經）、季友（莊二十七）、成季（莊三十二）、季子（閔元經）、友（閔二）、公子季友（僖十六經）、成季友（昭三十二）──魯

　　案：左莊二十五經「公子友如陳」，杜注：「公子友，莊公之母弟。」則公子友爲魯桓公之子。左閔二謂公子友之將生也，「桓公使卜楚丘之父卜之，曰『男也，其名曰友』……及生，有文在其手，曰友，遂以命之」，則公子友名友。左昭三十二稱公子友爲「桓之季也」，即以公子友爲魯桓公之幼子，故稱季友者，季、其行次也，友、其名也，以行次配名曰季友。稱季子者，以行次配男子美稱「子」字也，與吳王壽夢幼子公子札之稱季子者一律。稱成季者，成蓋其諡，以諡配行次曰成季，與其兄公子慶父曰共仲、公子牙曰僖叔者一律。稱成季友者，則以諡配行次配名爲稱，與齊僖公母弟曰夷仲年者一律。

0181、公子壬夫（襄元經）、右尹子辛（成十六）、子辛（成十八）、令尹子
　　　辛（襄五）──楚

　　案：左襄五經「楚殺其大夫公子壬夫」，杜注：「書名，罪其貪。」以壬夫
為其名。匡謬正俗卷四云：「楚公子王夫字子辛，今之學者以其字子辛，遂改王
夫爲壬夫，同是日辰，名字相配也。按楚有公子午、字子庚，庚是十榦、午是
十支，法有相配，或者此人以庚午歲若庚午日生，故名庚、字子午耳。辛、壬
同是榦，若以辛生，則不得名壬，若以壬生，則不得字辛，此與庚午不相類，
固當依本字讀爲王夫，不得穿鑿改易爲壬也。」以爲公子壬夫之壬當作王，解
詁駁云：「公子午字子庚，自以榦支相配，公子壬夫字子辛，自以十榦相配，二
者意義各殊，不得以彼例此也，若謂同是十榦不宜相配，則何以秦之白丙字乙，
鄭之石癸字甲父，衛之夏戊字丁乎……古人名字相應，若如顏說作王，則與辛
不相應，豈古人名字之例乎？」以左傳人物有以十榦相配爲名字者，推知子辛
當名壬夫，而非王夫，其說是。又顏師古謂公子午以庚午生，故名庚字子午，
是說亦非，詳0279公子午條。左襄三「楚子辛爲令尹」，故左襄五稱令尹子辛，
未爲令尹前，蓋嘗爲右尹，故左成十六稱右尹子辛。

0182、公子比（昭元經）、若尹子干（昭元）、子干（昭元）、楚公子（昭
　　　元）、訾敖（昭十三）──楚

　　案：左昭元經楚「公子比出奔晉」，經多書名，比蓋其名，杜注亦云：「書
名。」是也。傳云：「右尹子干出奔晉」，右尹爲楚官名，蓋公子比官右尹，
故稱右尹。其稱子干者，解詁云：「楚公子比、字子干。」以子干爲其字。左
昭十三載公子比爲王，尋自殺，「棄疾即位……葬子干于訾，實訾敖」，杜注：
「不成君，無號諡者，楚皆謂之敖。」楚人於其君無諡或不以諡稱其君時，
有以葬地之名冠「敖」字爲稱者，敖蓋酋豪之義，詳1667堵敖條。公子比立
而尋卒，蓋無諡號，故以葬地稱訾敖也。

0183、公子牙（襄十九）、牙（襄十九）──齊

　　案：左襄十九齊靈公妾「仲子生牙」，傳又稱「公子牙」，則公子牙爲齊
靈公之子，傳文以「生牙」、「生光」並舉，光爲齊莊公之名，牙蓋即公子牙
之名也。

0184、公子牙（莊三十二經）、叔牙（莊三十二）、牙（莊三十二）、僖叔
　　　（莊三十二）──魯

　　案：左莊三十二經「公子牙卒」，杜注：「牙，慶父同母弟僖叔也。」經

多書名，牙蓋其名。傳載魯莊公云：「嚮者牙曰」，稱其曰牙，君當稱臣名，亦可證牙爲其名。公羊莊二十七及史記魯周公世家皆謂公子慶父、公子牙、公子友爲魯莊公母弟，而杜預則唯以公子友爲魯莊公母弟，謂公子慶父爲魯莊公庶兄，公子牙與公子慶父同母，詳春秋釋例卷一，二說不同。左傳稱公子慶父曰仲慶父，公子牙曰叔牙，公子友曰季友，以仲、叔、季爲行次，而配名稱之，又稱共仲、僖叔、成季，蓋皆以諡配行次也。然則牙、其名也，叔、其行次也，僖、其諡也。

0185、公子丙（宣十二）──楚

案：左宣十二「楚子伐蕭……蕭人囚熊相宜僚及公子丙，王曰：勿殺，吾退」，則公子丙爲楚人。

0186、公子去疾（成二）、子良（宣四）、去疾（宣四）──鄭

案：左宣四「鄭人立子良，辭曰『以賢，則去疾不足』」，杜注：「穆公庶子。」謂公子去疾爲鄭穆公庶子，其自稱去疾，則去疾、其名也。解詁云：「鄭公子去疾、字子良。」實則子良之良爲其字，故公子去疾之孫以王父字爲氏，曰良霄，曾孫曰良止，良氏即鄭七穆之一。

0187、公子平（成九）──楚

案：左成九「莒人囚楚公子平」，則公子平爲楚人。

0188、公子札（襄二十九）、季札（襄十四）、札（襄十四）、延州來季子（襄三十一）、季子（襄三十一）──吳

案：左襄十四「吳子諸樊既除喪，將立季札」，據史記吳太伯世家季札爲吳王壽夢少子，吳王諸樊少弟。同年傳載季札曰「札雖不才」，自稱札，則札其名也。其稱季札者，以行次「季」配名爲稱也，猶公子友之稱季友。其稱季子者，亦以行次「季」配男子美稱「子」爲稱，亦猶公子友之稱季子。其稱延州來季子者，左襄三十一杜注：「延州來，季札邑。」杜氏春秋釋例土地名「吳地」下有「延州來」，其下云：「闕。」則杜以延州來爲一地，而不知其處。孔疏引服虔云：「延、延陵也，州來、邑名，季子讓王位，升延陵爲大夫，食邑州來，傳家通言之。」禮記檀弓下三種「延陵季子」，史記吳太伯世家謂「季札封於延陵，故號曰延陵季子」則延陵爲季札之封邑。楊注云：「季子即季札，初封延陵，故檀弓下及史記屢稱之爲延陵季子，此稱延，省稱也。延陵，今江蘇常州市，後加封州來，故此稱延州來季子。州來，今安徽鳳臺縣，本楚邑，成七年入吳……」以延爲延陵之省稱，季子並食延

陵與州來，故稱延州來季子，此說蓋是。如晉陰飴甥又稱瑕呂飴甥，瑕、呂皆晉邑，左文十三「晉侯使詹嘉處瑕」，左成元稱瑕嘉，是瑕為晉地；魏錡又稱呂錡，其子魏相亦稱呂相，當即食邑於呂故也。延州來季子以二邑為稱，與瑕呂飴甥以二邑為稱者同。

0189、公子申（成六）──楚

　　案：左成六「楚公子申救蔡」，左襄二經「楚殺其大夫公子申」，經多書名，申蓋其名。

0190、公子申（哀六）、子西（昭二十六）、令尹子西（定六）──楚

　　案：左哀六楚子「命公子申為王」，杜注：「申，子西。」同傳即稱子西。左哀十三經「楚公子申帥師伐陳」，經多書名，申蓋其名。解詁：「楚公子申、字子西。」以申為其名、子西為其字。左定六稱令尹子西，令尹為其官。楚鬭宜申亦稱子西，是古人名申多字西。楚另有公子申，已辛於襄二年，見0189公子申條。

0191、公子目夷（僖九）、目夷（僖八）、子魚（僖八）、司馬子魚（僖十九）、
　　　司馬（僖二十二）──宋

　　案：左僖八「宋公疾，大子茲父固請曰『目夷長且仁，君其立之』，公命子魚」，則目夷即子魚，為宋桓公之子，杜注以為宋襄公之庶兄。解詁：「宋公子目夷，字子魚。」以目夷為名，子魚為字，魚實其字，故其後人以其字「魚」為氏，左傳所載有魚府、魚石二人，左僖九謂「魚氏世為左師」，稱其後人曰魚氏，可證之矣。左僖十九又稱其曰司馬子魚，司馬為宋官名，蓋公子目夷此時任司馬之官也。

0192、公子地（昭二十）、地（定十）──宋

　　案：左定十經「宋公子地出奔陳」，經多書名，地蓋其名，杜注：「書名。」亦以地為其名。地，公羊經作池，楊注引楊峴春秋左氏古義云：「地與池隸變形近，古書多渾。」

0193、公子朱（昭二十）──宋

　　案：左昭二十「華亥偽有疾，以誘群公子……殺公子寅、公子禦戎、公子朱……」，則公子朱為宋群公子之一。

0194、公子朱（文九）、息公子朱（文三）、子朱（文十）──楚

　　案：左文三「遇息公子朱而還」，杜注：「子朱，楚大夫。」楊注：「名子

朱。」其稱息公者，楚縣大夫曰公，詳頁六九，故楊注云：「息公、息縣之尹。」稱公子朱者，蓋其爲楚之公子也，朱則其名。

0195、公子何（哀二十四）、何（哀二十四）——邾

　　案：左哀二十四「邾子又無道，越人執之以歸，而立公子何，何亦無道」，杜注：「何，大子革弟。」則公子何爲邾隱公之子，何蓋其名也。

0196、公子呂（隱元）、子封（隱元）——鄭

　　案：左隱元鄭「公子呂曰」，杜注：「公子呂、鄭大夫。」同傳有「子封」，杜注以爲即公子呂，解詁云：「鄭公子呂，字子封。」以呂爲其名，子封爲其字。

0197、公子宋（宣四）、子公（宣四）——鄭

　　案：左宣四「楚人獻黿於鄭靈公，公子宋與子家將見」、杜注：「宋，子公也。」同傳稱「子公」，解詁云：「鄭公子宋、字子公。」以宋爲其名，子公爲其字。

0198、公子宋（定元）、宋父（昭二十五）、魯侯（定十）、定公（定十五經）
　　　　——魯

　　案：左定元魯叔孫不敢使告子家羈曰「若公子宋主社稷，則群臣之願也」，杜注：「宋，昭公弟定公。」則公子宋即魯定公。經傳稱公子某，某多爲名，宋蓋其名，楊伯峻亦謂魯定公「名宋」，見春秋左傳注頁一五二一。左昭二十五稱「宋父」，云：「禂父喪勞，宋父以驕」，禂爲魯昭公之名，則宋當是魯定公之名，參0263公子禂條。稱宋父、禂父者，漢書五行志顏注：「父讀曰甫，甫者，男子之通號，故云禂甫、宋甫也。」則宋父者，以名配男子通號「父」字之稱也。左定十五經「葬我君定公」，定蓋其諡也。

0199、公子完（莊二十二）、敬仲（莊二十二）——陳→齊

　　案：左莊二十二「陳公子完與顓孫奔齊……齊侯使敬仲爲卿」，杜注：「敬仲，陳公子完。」則公子完即敬仲。傳又云：「陳厲公……生敬仲。」則公子完爲陳厲公之子，其奔齊後，則以其母國陳之「陳」字爲族名，故其曾孫曰陳須無，玄孫曰陳無宇，皆氏陳，見左傳。此後陳氏在齊不絕，卒代太公之後而有齊。其稱敬仲者，史記田敬仲完世家云：「完卒，諡爲敬仲。」會注考證云：「敬其諡，仲其字。」仲蓋其行次也。

0200、公子尨（文九）——鄭

　　案：左文九「楚子……伐鄭，囚公子堅、公子尨」，杜注：「鄭大夫。」

則公子尨蓋鄭之公子。

0201、公子成（文二）——宋

　　案：左文二「晉先且居、宋公子成……伐秦」，則公子成為宋人。左文七「於是公子成為右師」，杜注：「莊公子。」謂公子成為宋莊公之子也。

0202、公子成（成六）——楚

　　案：左成六「楚公子申、公子成以申、息之師救蔡」，則公子成為楚人，宋亦有公子成，見0201公子成條。

0203、公子角（成十七）——齊

　　案：左成十七「而立公子角」，杜注：「角，頃公子。」謂公子角為齊頃公之子也。

0204、公子辰（成九）、大宰子商（成十）——楚

　　案：左成九「楚子使公子辰如晉」，則公子辰為楚人。左成十「晉侯使糴筏如楚，報大宰子商之使也」，杜注：「子商，楚公子辰，使在前年。」則大宰子商即公子辰。解詁：「楚公子辰、字子商。」以辰為其名，子商為其字。子商之子實字上所冠男子美稱之詞。大宰為楚官名，左昭元「薳啟疆為大宰」是也，公子辰任是官，故以官名配「子商」，稱大宰子商。

0205、公子卓（僖九）、卓子（莊二十八）、卓（僖十經）——晉

　　案：左莊二十八驪姬之娣「生卓子」，則卓子為晉獻公之子。左僖十經「晉里克弒其君卓」，經多書名，卓蓋其名也。穀梁經亦稱卓，而公羊經作「卓子」，趙坦春秋異文箋云：「左氏莊二十八年傳，晉伐驪戎，驪戎男女以驪姬，生奚齊，其娣生卓子，則卓子本二名，左、穀經作卓，或脫子字。」謂卓子本二名，此說非也。左傳人物名號中有名上冠子字者，如子同、子朱、子圉之類，亦有名下殿子字者，如晉悼公名周，左襄十五經書「晉侯周卒」，稱其名曰「周」可以為證，而左成十八凡三稱「周子」，以名殿子字為稱；又如衛宣公之子曰急子、壽子、亦名下殿子字，詳頁二八。左傳「卓子」之稱亦如是。又左僖九稱「公子卓」，而不稱「公子卓子」，是亦公子卓名卓，而非名卓子之證。則趙坦不知左傳人物名號之例，故以卓子為二名，然則公子卓名卓，名下殿男子美稱「子」字，則稱卓子也。

0206、公子固（昭二十）——宋

　　案：左昭二十「華亥偽有疾，以誘群公子，公子問之，則執之。夏六月

丙申，殺公子寅、公子御戎、公子朱、公子固……」。杜注：「皆公黨。」則公子固蓋宋之公子。

0207、公子宜穀（襄十四）──楚

案：左襄十四「吳人……獲楚公子宜穀」，則公子宜穀為楚之公子，宜穀為其名。

0208、公子招（昭元經）、子招（昭元）、招（昭八經）、〔司〕徒招（昭八）
　　　──陳

案：左昭八經「陳侯之弟招殺陳世子偃師」，傳稱公子招殺偃師，則公子招為陳哀公之弟。經多書名，經稱招，則招蓋其名也。傳又稱「屬諸徒招」，據校勘記及會箋，則宜作「司徒招」，稱司徒招者，會箋云：「司徒招書官……」，蓋其官司徒，以官配名為稱。左昭元載鄭子羽稱其曰「子招」，此名上冠男子美稱子字而成之名號，參頁二七。

0209、公子欣時（成十三）、子臧（成十三）──曹

案：左成十三「曹人……使公子欣時逆曹伯之喪……子臧將亡」，杜注謂公子欣時為曹宣公庶子，又謂子臧即公子欣時，欣時，公羊作「喜時」，解詁云：「曹公子欣時，字子臧。」又釋云：「小雅頍弁篇『爾殽既時』，毛傳曰：『時，善也。』士冠禮『嘉薦亶時』，言嘉薦亶善也，時、善聲之轉，欣喜亦聲之轉，故公羊傳作『喜時』。字子臧者，爾雅：『臧，善也。』」謂欣、喜聲之轉，故左傳作欣時，公羊作喜時，又時、臧皆善之之意，故名欣時字子臧，名字相應。

0210、公子糾（莊八）、子糾（莊九經）──齊

案：左莊八「鮑叔牙……奉公子小白出奔莒……管夷吾、召忽奉公子糾來奔」，小白是名，則糾蓋亦名也，左莊九經稱子糾，則於名上冠美稱子字也。

0211、公子肥（成十五）──宋

案：左成十五宋蕩澤「殺公子肥」，杜注：「肥，文公子。」謂公子肥為宋文公之子。

0212、公子青（哀十七）──衛

案：左哀十七「大子疾、公子青踰從公」，杜注：「青、疾弟。」謂公子青為大子疾之弟，大子疾即衛莊公之大子，則公子青亦莊公之子也。

0213、公子苦雉（昭二十一）——吳

　　案：左昭二十一「齊師、宋師敗吳師于鴻口，獲其二帥公子苦雉、偃州員」，杜注：「二帥、吳大夫。」則公子苦雉蓋吳之公子，苦雉爲其名。

0214、公子貞（襄五經）、子囊（成十五）——楚

　　案：左成十五「子囊曰」，杜注：「子囊，莊王子公子貞。」左襄五經書「公子貞」，經多書名，貞蓋其名也。解詁云：「楚公子貞、字子囊。」則囊爲其字。

0215、公子首（成二經）——曹

　　案：左成二經「季孫行父……曹公子首及齊侯戰于鞌」，經多書名，則首蓋其名。

0216、公子倉（昭二十四）、倉（昭二十四）——越

　　案：左昭二十四「越公子倉歸王乘舟，倉及壽夢帥師從王」，公子倉蓋越之公子，倉或其名也。

0217、公子城（昭二十）、子城（昭二十）、城（昭二十一）——宋

　　案：左昭二十「公子城」，杜注以爲宋平公之子。左昭二十一載華豹呼其曰「城也」，則其名城，左昭二十書「子城」，此名上冠男子美稱子字而成之名號。通志氏族略第三云：「邊民……宋公子城之後，城字子邊。」謂公子城字子邊。

0218、公子格（襄十六）——楚

　　案：左襄十六「楚公子格帥師及晉師戰于湛阪」，則公子格爲楚人。

0219、公子班（成十）、子如（成十）——鄭

　　案：左成十「鄭公子班聞叔申之謀，三月，子如立公子繻」，杜注謂子如即公子班。解詁：「鄭公子班，字子如。」

0220、公子留（昭八經）、留（昭八）——陳

　　案：左昭八「陳哀公……二妃生公子留……留有寵」，則公子留爲陳哀公之子。同年經「陳公子留出奔鄭」，經多書名，留蓋其名。

0221、公子益師（隱元經）、眾父（隱元）——魯

　　案：左隱元經「公子益師卒」，傳云：「眾父卒。」杜注云：「眾父、公子益師字。」解詁亦云：「魯公子益師，字眾父。」

0222、公子筏（文九）──楚

案：左文九「楚公子朱自東夷伐陳，陳人敗之，獲公子筏」，則公子筏爲楚人。

0223、公子起（哀十七）、起（哀十八）──衛

案：左哀十七「衛……立公子起」，杜注：「起，靈公子。」左哀十八「衛石圃逐其君起，起奔齊」，起蓋其名也。

0224、公子追舒（襄十五）、子南（襄二十一）、令尹子南（襄二十二）
　　　──楚

案：左襄十五「公子追舒爲箴尹」，杜注：「追舒、莊王子子南。」左襄二十一「乃使子南爲令尹」，因其爲令尹，故左襄二十二稱其曰令尹子南。解詁：「楚公子追舒、字子南。」以追舒爲其名，子南爲其字。

0225、公子郢（哀二）、子南（哀二）、郢（哀二）──衛

案：左哀二「子南僕」，杜注：「子南，靈公子郢也。」同傳即稱「公子郢」，又載子南對衛侯曰「郢不足以辱社稷」，自稱郢，則郢其名也。解詁云：「衛公子郢、字子南。」以郢爲其名，子南爲其字。

0226、公子偃（成三）、子游（成六）──鄭

案：左成三「鄭公子偃帥師禦之」，杜注：「偃，穆公子。」左成六「鄭伯如晉拜成，子游相」，杜注：「子游，公子偃。」解詁云：「鄭公子偃、字子游。」以偃爲其名，子游爲其字。公子偃之後，以其字「游」爲氏，見 1711 游販條。

0227、公子偃（莊十）──魯

案：左莊十「公子偃曰」，杜注：「公子偃，魯大夫。」

0228、公子偃（成十六）──魯

案：左成十六「公子偃、公子鉏趨過」，杜注：「二子，公庶弟。」謂公子偃爲魯成公庶弟。左莊十魯有公子偃，距此時百餘年，與此公子偃爲二人。

0229、公子側（成十六經）、子反（宣十二）、側（成四）──楚

案：左宣十二「子反將右」，杜注：「子反，公子側。」左成十六子反對子重曰「大夫命側」，自稱側，則側爲公子側之名。解詁云：「楚公子側，字子反。」並引洪範曰：「無反無側。」以釋其名字相應。左哀十一「孟之側」，杜注：「字反。」論語作「孟之反」，亦春秋時名側字反之例也。

0230、公子務婁（襄十四）、務婁（昭元）──莒

案：左襄十四「范宣子……執莒公子務婁」，左昭元亦稱務婁，務婁蓋其名也。

0231、公子商人（文十四經）、懿公（僖十七）、商人（文十四）、齊侯（文十五經）、齊懿公（文十八）──齊

案：左文十八經「齊人弒其君商人」，經多書名，商人當是其名也。傳稱「齊懿公」，懿蓋其謚也。

0232、公子啓（哀六）、子閭（哀六）、啓（哀十六）──楚

案：左哀六「楚子……則命公子啓」，杜注：「啓，子閭……昭王兄。」傳又稱「子閭退曰」，解詁云：「楚公子啓，字子閭。」以啓爲名、子閭爲字。左哀十六子閭曰「啓之願也」，自稱啓，可證啓爲其名。

0233、公子寅（昭二十）──宋

案：左昭二十宋「華亥僞有疾，以誘群公子，公子問之，則執之……殺公子寅」，則公子寅爲宋之公子。

0234、公子寅（成十七）──楚

案：左成十七「楚公子成、公子寅戍鄭」，則公子寅爲楚人。

0235、公子御戎（昭二十）──宋

案：左昭二十宋「華亥僞有疾，以誘群公子，公子問之，則執之……夏六月丙申，殺公子寅、公子御戎……」，則公子御戎爲宋之公子，御戎當是其名。

0236、公子掩餘（昭二十七）、掩餘（昭二十三）──吳

案：左昭二十七吳「使公子掩餘、公子燭庸帥師圍潛」，杜注：「二子皆王僚母弟。」然杜氏世族譜並列公子掩餘、公子燭庸，云：「壽夢子」，實自相矛盾。左昭二十七「吳公子掩餘奔徐」，左昭三十「吳子使徐人執掩餘」，則掩餘即公子掩餘，左昭二十三亦有掩餘，云：「掩餘帥左」，杜注：「掩餘，吳王壽夢子。」與世族譜同，則左昭二十三之掩餘與左昭二十七之公子掩餘實一人，唯不知何君之子。

0237、公子曼滿（宣六）──鄭

案：左宣六「鄭公子曼滿與王子伯廖語」，杜注：「二子，鄭大夫。」曼滿蓋其名。

0238、公子魚（閔二）、奚斯（閔二）──魯

　　案：左閔二「使公子魚請」，杜注：「公子魚，奚斯也。」傳續稱「共仲曰：奚斯之聲也」，解詁云：「魯公子奚斯，字子魚。」以奚斯爲其名，子魚爲其字。張澍、朱駿聲、俞樾之說同，見春秋時人名字釋、說文通訓定聲奚字下、春秋名字解詁補義。詩魯頌閟宮「新廟奕奕，奚斯所作」，孔疏亦引此傳云：「蓋名魚而字奚斯。」以魚爲其名，奚斯爲字，阮元之說同，見揅經室集「釋鮮」，另會箋、楊注亦皆同。未知孰是。

0239、公子魚臣（宣十二）、僕叔（宣十二）──鄭

　　案：左宣十二「將以分鄭，而立公子魚臣，辛未，鄭殺僕叔及子服」，杜注：「僕叔，魚臣也。」解詁云：「鄭公子魚臣、字僕叔。」，謂魚臣爲其名，僕叔爲其字。王萱齡周秦名字解故補則謂：「魚、氏也，詩『並其臣僕』，謙爲賤者之稱，禮運『仕于公曰臣、仕于家曰僕』。」謂魚爲其氏，臣爲其名，僕叔爲其字。然左傳人物名號，未曾於氏名之上冠以公子者，故其說非也。又傳稱僕叔，王引之以爲字，清代釋名字諸家如張澍、王萱齡、朱駿聲、俞樾、胡元玉等，於此皆無異說，以上諸人釋名字相應時，於僕叔二字只釋僕一字，然則叔爲公子魚臣之行次歟？左傳人物名號中，於字上冠行次者甚多，於字下配行次較罕見，然解詁謂「楚成大心，字孫伯」，伯或亦行次也。

0240、公子勝（昭八）──陳

　　案：左昭八「陳哀公……下妃生公子勝」，則公子勝爲陳哀公之子。

0241、公子喜（成十四經）、子罕（成十）──鄭

　　案：左成十「鄭子罕賂以襄鐘」，杜注：「子罕，穆公子。」左成十四經「鄭公子喜帥師伐許」，傳云：「鄭子罕伐許」，則子罕即公子喜，經多書名，則喜當是其名。解詁云：「鄭公子喜、字子罕。」以喜爲其名，子罕爲其字。

0242、公子圍龜（成五）、子靈（成五）──宋

　　案：左成五「宋公子圍龜爲質于楚而歸」，杜注：「圍龜，文公子。」傳又稱「宋公使向爲人辭以子靈之難」，杜注云：「子靈，圍龜也。」解詁云：「宋公子圍龜、字子靈。」以圍龜爲其名，子靈爲其字。

0243、公子彭生（桓十八）、彭生（莊八）──齊

　　案：左桓十八謂齊「使公子彭生乘公……」，則公子彭生爲齊人，彭生蓋其名。

0244、公子朝（文十六）──宋

　　案：左文十六宋「公子朝爲司寇」，則公子朝爲宋人。

0245、公子朝（襄二十九）──衛

　　案：左襄二十九季札適衛「說蘧瑗、史狗、史鰌、公子荊、公叔發、公
子朝，曰『衛多君子，未有患也』」，則公子朝爲衛人。左昭二十衛有公子朝，
通於衛襄公之夫人，懼而作亂，奔晉，左通補釋二十引陳樹華春秋經傳集解
攷正之說，以爲二人，又謂此左襄二十九公子朝「疑論語所云公孫朝其人也」，
楊注亦云：「梁玉繩史記志疑疑爲『公孫朝』之誤。」則梁玉繩之說與陳樹華
同。今亦將左昭二十之公子朝別列一條。

0246、公子朝（昭二十）──衛

　　案：左昭二十衛「公子朝通于襄夫人宣姜」，則公子朝爲衛人，左襄二
十九衛有公子朝，與此或爲二人，參 0245 公子朝條。左通補釋二十引陳樹
華春秋經傳集解攷正，謂此公子朝「即定十四年之宋朝」，左襄二十九會箋
從其說，左通補釋亦云：「公子朝於昭二十年作亂奔晉，或自晉適宋，故稱
宋朝。」此非也，左定十四之宋朝爲宋人，其傳云：「衛侯爲夫人南子召宋
朝，會于洮，大子蒯聵獻孟于齊，過宋野，野人歌之曰：『既定爾婁豬，盍
歸吾艾豭？』」宋野人稱宋朝爲「吾艾豭」，則宋朝爲宋人，杜注謂宋朝爲「宋
公子」，蓋是，後宋朝蓋從衛靈公之召，仕於衛，故以其本國名爲氏，曰宋
朝。參 0852 宋朝條。

0247、公子無虧（閔二）、武孟（僖十七）、無虧（僖十八）──齊

　　案：左閔二「齊侯使公子無虧帥車三百乘……」，杜注：「無虧，齊桓公
子武孟也。」左僖十七稱「長衛姬生武孟」，杜注：「武孟，公子無虧。」楊
注云：「無虧爲名，武孟其字也。」史記齊太伯世家云：「無詭立，三月死，
無謚。」無虧作無詭，又謂無謚，若其說是，則武孟之武非其謚也。左僖十
七敘齊桓公諸子，首武孟，孟爲其行次歟？如左隱三衛莊公「娶于陳，曰厲
媯、生孝伯，早死，其娣戴媯生桓公……公子州吁，嬖人之子也」，衛莊公長
子稱伯，曰孝伯，蓋與武孟之稱類似。

0248、公子發（襄五經）、子國（成五）──鄭

　　案：左襄五經「鄭伯使公子發來聘」，經多書名，則發當是其名也。杜注：
「發，子產父。」杜氏世族譜謂公子發爲鄭穆公之子，又稱其爲「子國」，左
成五亦稱「子國」。解詁云：「鄭公子發字子國。」謂發爲其名，子國爲其字。

子國後人以其字爲氏，稱國氏，見 1468 國參條。

0249、公子結（定十四經）、子期（定四）──楚

案：左定四「子期似王」，杜注：「子期，昭王兄，公子結也。」左定十四經即稱公子結，云「楚公子結、陳公孫佗人帥師滅頓」，經多書名，結當是其名也。解詁云：「楚公子結、字子綦。」自注云：「莊子讓王篇、賈子淮難篇、史記楚世家皆作綦，本字也。定四年左傳及楚語作「期」，呂氏春秋高義篇注作旗，借字也。」並釋云：「士喪禮『綦結于跗』又『組綦繫于踵』，鄭注云：『綦，屨係也，所以拘止屨也。綦讀如馬絆綦之綦。』然則…履之綦……結也。」以爲公子結字子綦，結、綦名字相應，左傳作子期，借字也。

0250、公子結（莊十九經）──魯

案：左莊十九經「公子結媵陳人之婦于鄄」，杜注：「公子結，魯大夫。」

0251、公子荊（襄二十九）公南楚（昭二十）、南楚（昭二十）──衛

案：左襄二十九吳公子扎「適衛，說蘧瑗、史狗、史鰌、公子荊……」杜氏世族譜云：「公子荊：南楚，獻公子。」謂公子荊爲衛獻公子，又稱南楚。梁履繩因謂「古人名字相配，荊蓋字南楚，若『游楚、子南』，『公子郢、子南』之類」，蓋謂荊者，南方之楚，故名荊，字南楚也。左昭二十「公南楚」驂乘於衛靈公，傳下文又稱齊氏射衛靈公，「中南楚之背」，則南楚即公南楚，杜氏世族譜列公南楚於衛雜人下，以爲非衛獻公子公子刑又稱南楚者，故其後梁履繩、竹添光鴻、重澤俊郎以公子荊、公南楚爲二人，見左通補釋二十、左襄二十九會箋，及左傳人名地名索引，春秋經傳引得亦分列二人，然左襄二十九之公子荊距左昭二十之公南楚止二十二年，疑公南楚即公子荊。依杜注及梁氏之說，公子荊字南楚，左昭二十稱南楚，二者正相合。其稱公南楚者，以其爲公子，故於字上冠公字，左傳人物名號有此例，如魯昭公之子務人，字爲，傳稱公爲，即其一例。梁履繩左通補釋二十六謂：公南楚之公者「即公子、公孫之號」，既知公南楚爲公子、公孫，則何不謂公子荊即公南楚，以公子荊爲公子，又稱南楚，實與公南楚合，然則公南楚即公子荊也。解詁云：「衛公子楚，字南，一名荊。」以爲公子荊名荊、又名楚，字南，此說當是也。程發軔先生引左莊十孔疏「荊楚一木二名」，謂楚地多產此物，故以名國，是以楚國又稱荊，見春秋左氏傳地名圖考頁四五，可證荊楚一也。然則公子荊名荊，當又稱楚，稱南楚者，古人名字連言，皆先字後名，以字冠名上也。稱公南楚者，左傳人物名號中，爲公子或公族，得於名或字上冠公字，

亦有以「公」配字後復殿以名者，如魯公若藐是也，公南楚即此類。又衛靈公之兄曰公孟縶，孟為其行次，稱公孟縶者，以公配行次後，復殿以名者也，可證衛公子之稱謂，有冠公字之習慣，公南楚亦其類也。潛夫論志氏姓，衛公族有公南氏，廣韻公字注引公南文子，以公南為氏，通志氏族略第三亦有公南氏，蓋公南楚之後，以公南為氏也。如魯公彌名彌字鉏，傳稱公鉏，其後以公鉏為氏。據上之分析，公子荊名荊，荊又稱楚、字南，名字連言曰南楚，以其與公室有關，故又稱公南楚，其後人以「公」字配其字，為公南氏也。

0252、公子荊（哀二十四）、荊（哀二十四）——魯

　　案：左哀二十四「公子荊之母嬖」，杜注謂公子荊為魯「哀公庶子」。

0253、公子買（襄二十一）、買（襄二十八）——齊

　　案：左襄二十一「執公子買于句瀆之丘……」，杜注公子買云：「齊公族。」左襄二十八「買在句瀆之丘」，會箋謂二十一年傳云「執公子買于句瀆之丘」，此云「買」，則「買與買字體相近，必有一誤」，校勘記亦云「未知孰是」。

0254、公子買（僖二十八經）、子叢（僖二十八）——魯

　　案：左僖二十八經「公子買戍衛」，經多書名，買當是其名也。杜注：「公子買，魯大夫子叢也。」孔疏云：「經言買，傳言叢，蓋名買字叢，或字相似而一謬也。」經書名、傳書字甚多，當是名買字叢。左僖二十八傳稱「公子買戍衛……殺子叢以說焉」，先書名、後書字。解詁云：「魯公子買、字子叢。」亦以買為名、子叢為其字。

0255、公子馮（宣十四）——楚

　　案：左宣十四「楚子……使公子馮聘于晉」，則公子馮為楚人。

0256、公子黃（襄七）、黃（襄二十經）——陳

　　案：左襄七「吾使公子黃往而執之」，杜注：「公子黃，哀公弟。」左襄二十經「陳侯之弟黃出奔楚」，陳侯即陳哀公，經多書名，則黃當是其名。「黃」，公、穀並作「光」，春秋異文箋云：「黃與光，字相似，音義亦相近，公、穀作光，亦假用字。」

**0257、公子黑肱（襄二十七）、子晳（襄二十七）、宮廄尹子晳（昭元）
　　　　——楚**

　　案：左襄二十七「楚公子黑肱先至……趙孟及子晳盟」，杜注：「子晳，

公子黑肱。」解詁云：「楚公子黑肱、字子皙。」謂黑肱爲其名、子皙爲其字。稱宮廄尹子皙者，宮廄尹爲楚官名，左襄十五「養由基爲宮廄尹」是也。

0258、公子意恢（昭十四經）、意恢（昭十四）——莒

案：左昭十四經「莒殺其公子意恢」，經多書名，意恢、其名也。

0259、公子歜犬（僖二十八）、歜犬（僖二十八）——衛

案：左僖二十八「衛侯先期入……公子歜犬、華仲前驅」，杜注：「二子，衛大夫。」則公子歜犬爲衛人。歜犬蓋其名。

0260、公子滅明（昭元）——莒

案：左昭元「於是莒務婁、瞀胡及公子滅明以……奔齊」，杜注：「三子，展輿黨。」謂公子滅明爲莒展輿之黨，則公子滅明爲莒人。滅明蓋其名。

0261、公子瑕（僖三十一）、瑕（僖三十三）、子瑕（宣三）——鄭

案：左僖三十一「鄭洩駕惡公子瑕」，杜注：「瑕，文公子。」瑕蓋其名也。左宣三「洩駕惡瑕」，是單稱其名。同傳又云：「又娶于蘇、生子瑕」，則於名上冠男子美稱「子」字。

0262、公子瑕（僖二十八）、子適（僖三十）——衛

案：左僖三十經「衛殺其大夫元咺及公子瑕」，經多書名，則瑕當是其名也。同傳稱「子適」，解詁云：「衛公子瑕、字子適。」謂瑕爲其名，子適爲其字。

0263、公子裯（襄三十一）、昭公（襄三十）、魯侯（昭五）、稠〔裯〕父（昭二十五）——魯

案：左襄三十一魯立「齊歸之子公子裯」，杜注：「裯，昭公名。」此魯昭公也，傳稱「昭公」，昭蓋其謚也。左昭二十五稱其曰「稠父」，字作「稠」，校勘記云：「石經、宋本、小字宋本、岳本、足利本作裯父，與漢書五行志引傳合。」會箋本亦作「裯」，左襄三十一亦稱「公子裯」，則「稠父」之稠爲裯字之譌，裯爲其名，稱裯父者，漢書五行志顏注云：「父讀曰甫，甫者，男子之通號，故云裯甫。」則裯父者，以名配男子通號「父」字之稱也。

0264、公子跪尋（昭十二）——周

案：左昭十二「周原伯絞虐……原輿人逐絞，而立公子跪尋」，杜注：「跪尋，絞弟。」則公子跪尋爲周原氏之公子，跪尋蓋其名。

0265、公子遂（僖二十六經）、東門襄仲（僖二十六）、襄仲（僖三十一）、
　　　仲（文十八）、遂（宣元經）、仲遂（宣八經）、東門遂（襄二十三）
　　　——魯

案：左僖二十六經「公子遂如楚乞師」，此魯莊公之子，經多書名，則遂當是其名也。同年傳稱「東門襄仲如楚乞師」，則東門襄仲即公子遂也，杜注：「襄仲居東門，故以爲氏。」謂公子遂居東門，故以東門爲氏。楊注云：「稱東門者，據周禮大司馬『辨號名之用，帥以門名』，鄭玄注謂『軍將皆命卿，古者軍將蓋爲營治於國門，故魯有東門襄仲，宋有桐門右師，皆上卿爲軍將者也。』杜注則以爲『襄仲居東門，故以爲氏』，疑鄭玄說較是。」然左宣十八「遂逐東門氏」，左昭三十二晉史墨曰「東門遂殺適立庶」，左襄二十三載魯盟東門氏之文曰：「毋或如東門遂不聽公命，殺適立庶。」稱東門遂，與下文盟叔孫氏之文稱「叔孫僑如」、及盟臧氏之文稱「臧孫紇」者並列，則稱東門遂者，東門亦如叔孫、及臧之爲氏也。其稱襄仲，襄蓋其謚也，仲爲其行次，左文十八出姜稱其曰仲，云「仲爲不道」，即單稱其行次也。左宣八經稱「仲遂」，以行次配名而成之名號，與季友、叔肸同。杜注：「稱字，時君所嘉，無義例也。」而左僖十六經孔疏引劉炫之說云：「季友、仲遂皆生賜族，非字也。」謂仲爲其族氏。顧棟高駁之，謂「仲遂父子止稱東門氏，不稱仲氏」，見春秋大事表春秋大夫無生而賜氏論，其說是也。

0266、公子過（昭八）——陳

案：左昭八「陳哀公……二妃生公子留……屬諸司徒招與公子過」，杜注謂公子過爲陳「哀公弟」，則爲陳人。

0267、公子達（桓十七）——魯或鄭

案：左桓十七「鄭伯將以高渠彌爲卿，昭公惡之，固諫，不聽，昭公立，懼其殺己也，辛卯，弒昭公……公子達曰：『高伯其爲戮乎……』」，杜注：「公子達，魯大夫。」以公子達爲魯人。會箋云：「公子達不再見傳，蓋鄭人也，若魯人當有『聞之』字。」楊注亦云：「不知杜何據。」蓋亦疑公子達爲鄭人。

0268、公子鉏（襄二十一）、鉏（襄二十八）——齊

案：左襄二十一「齊侯復討公子牙之黨……公子鉏來奔」，杜注：「齊公族。」則公子鉏爲齊人。

0269、公子鉏（哀五）、南郭且于（哀六）——齊

　　案：左哀五「齊景公卒……公子鉏、公子陽生來奔」，杜注：「皆景公子。」左哀六「陽生駕而見南郭且于」，杜注：「且于，齊公子鉏，在魯南郭。」蓋公子鉏奔魯後，居魯南郭，故以爲號，或以之爲氏，通志氏族略第三「南郭氏……左傳有南郭偃、南郭且于」，以南郭爲其氏。解詁：「齊公子于、字且。」自注云：「哀六年左傳『南郭且于』，杜注：『且于，齊公子鉏也。』案：且與鉏通，鉏、其字也，于、其名也。文十一年傳正義曰：『古人連言名字者，皆先字後名。』故稱且于。」謂于爲其名，且爲其字，且與鉏通，稱公子鉏者，即以公子配字也。胡元玉駁春秋名字解詁云：「且于，莒邑也，左氏襄二十三年傳『齊侯襲莒，門于且于』，即其地，鉏即且于之合聲……」謂公子鉏以莒邑且于得名，鉏即且于之合聲，稱且于、其名也。楊樹達以王說是，云：「于、往也，且讀爲徂，亦往也，于、徂皆訓往，故名于字且矣。」于省吾之說同，見周秦名字解詁彙釋引。

0270、公子鉏（成十六）——魯

　　案：左成十六「公子偃、公子鉏趨過」，杜注：「二子，公庶弟。」謂公子鉏爲魯成公之庶弟。

0271、公子雍（文六）——晉

　　案：左文六「趙孟曰：立公子雍」，杜注：「公子雍，文公子，襄公庶弟，杜祁之子。」謂公子雍爲晉文公之子，晉襄公之庶弟。

0272、公子雍（僖十七）、雍（僖二十六）——齊

　　案：左僖二十六「實桓公子雍於穀」，雍蓋其名也，以其爲桓公子，故左僖十七稱「公子雍」。

0273、公子嘉（哀五）——齊

　　案：左哀五「齊景公卒，冬十月，公子嘉……奔衛」，杜注：「景公子。」謂公子嘉爲齊景公之子。

0274、公子嘉（襄九）、子孔（襄八）、司徒孔（襄十九）——鄭

　　案：左襄十九經「鄭殺其大夫公子嘉」，經名書名，則嘉蓋其名也。左襄九「鄭六卿……公子嘉……」，杜注：「子孔。」同傳即稱其曰子孔，解詁云：「鄭公子嘉、字子孔。」謂嘉爲其名，子孔爲其字，實則孔爲其字，子爲字上所冠男子美稱之詞，故左襄十九稱「司徒孔」，司徒爲其官，左襄十載「子

孔為司徒」是也，因其任司徒之官，故於字上冠官名，曰司徒孔也，而其子孫則以其字為氏，曰孔張，見 0427 孔張條。嘉，公羊襄十九經作「喜」，春秋異文箋云：「公羊作喜，或字之譌。」

0275、公子彄（隱五經）、臧僖伯（隱五）──魯

案：左隱五經「公子彄卒」，經多書名，彄蓋其名也。同年傳稱其為「臧僖伯」，杜注：「僖、謚也。」孔疏云：「僖伯名彄，字子臧，世本云『孝公之子』……諸侯之子稱公子，公子之子稱公孫，公孫之子不得祖諸侯，乃以王父之字為氏，計僖伯之孫始得以臧為氏，今於僖伯之上已加臧者，蓋以僖伯是臧氏之祖，傳家追言之也。」以彄為其名，是也，又謂其字子臧，不知其所據，抑因其後為臧氏，推以王父字為氏，故謂其字子臧歟？通志氏族略第三云：「魯孝公之子公子彄，食邑于臧，因以為氏。」則以臧為其食邑，孔疏謂公子彄之孫始得以父字為氏，若臧為其食邑，臧僖伯亦得以臧為氏，參頁二五。

0276、公子履（襄二十經）──蔡

案：左襄二十經「蔡公子履出奔楚」，杜注謂公子履為蔡莊公之子。經多書名，履蓋其名。

0277、公子慶（哀十九）──楚

案：左哀十九「楚公子慶、公孫寬追越師」，則公子慶為楚人。

0278、公子慶父（莊二經）、仲慶父（莊八）、慶父（莊三十二）、共仲（莊三十二）──魯

案：左莊二經「公子慶父帥師伐於餘丘」，經多書名，慶父當是其名，其稱仲慶父、共仲，仲蓋其行次，以行次配名曰仲慶父，以謚配行次曰共仲，與其弟公子牙之稱叔牙、僖叔，公子友之稱季友、成季者同，參見頁九。

0279、公子慶忌（哀二十）──吳

案：左哀二十「吳公子慶忌驟諫吳子曰」，則公子慶忌為吳人，慶忌當是其名。

0280、公子樂（文六）──晉

案：左文六「不如立公子樂」，杜注：「樂，文公子。」謂公子樂為晉文公之子。

0281、公子穀臣（宣十二）──楚

案：左宣十二「射公子穀臣」，杜注：「穀臣，楚王子。」穀臣當是其名。

0282、公子穀甥（文十一）——宋

案：左文十一「宋武公之世，鄀瞞伐宋、司徒皇父禦之……公子穀甥爲右」，則公子穀甥爲宋人。

0283、公子罷（成十二）——楚

案：左成十二「晉士燮會楚公子罷」，杜注謂公子罷爲「楚大夫」。

0284、公子罷戎（襄九）——楚

案：左襄九「公子罷戎入盟」，杜注：「罷戎，楚大夫。」罷戎爲其名。

0285、公子罷敵（昭十三）——楚

案：左昭十三楚公子棄疾等「入楚……殺大子祿及公子罷敵」，罷敵當是其名。

0286、公子翬（桓三經）、翬（隱四經）、羽父（隱四）——魯

案：左隱四經「翬帥師會……伐鄭」，杜注：「翬，魯大夫。」左桓三經亦稱「公子翬」，經多書名，則翬當是其名也。左隱四「羽父請以師會之」，杜注：「羽父，公子翬。」解詁云：「魯公子翬、字羽父。」謂翬爲其名，羽父爲其字。

0287、公子駒（哀五）——齊

案：左哀五「齊景公卒……公子駒、公子黔奔衛」，杜注謂公子駒爲齊「景公子」。

0288、公子駟（哀二經）——蔡

案：左哀二經「蔡殺其大夫公子駟」，經多書名，駟蓋其名也。

0289、公子彊（宣十八）——齊

案：左宣十八「齊侯會晉侯，盟于繒，以公子彊爲質于晉」，則公子彊爲齊人。

0290、公子憖（昭十二經）、子仲（昭十二）、憖（昭十二）——魯

案：左昭十二經「公子憖出奔齊」，經多書名，憖當是其名。同年傳稱「南蒯謂子仲」，杜注：「子仲，公子憖。」解詁云：「魯公子憖、字子仲。」以憖爲其名，子仲爲其字。仲蓋其行次，以「子」配行次爲稱，亦左傳人物名號形式之一，詳上篇第二章。公羊昭十二經公子憖作公子整，春秋異文箋云：「公羊作整，聲之譌。」

0291、公子橐師（成十七）——楚

案：左成十七「楚公子橐師襲舒庸滅之」，則公子橐師爲楚人。橐師當是其名。

0292、公子蕩（文七）、司城蕩（文十六）——宋

案：左文七宋「公子蕩爲司城」，杜注：「桓公子也。」謂公子蕩爲宋桓公之子。左文十六稱之爲「司城蕩」，以其官名配名或字爲稱也。

0293、公子豫（隱元）——魯

案：左隱元「邾子使私于公子豫」，杜注：「公子豫，魯大夫。」

0294、公子閼（莊十六）——鄭

案：左莊十六鄭厲公「殺公子閼」，杜注：「祭仲黨。」釋文云：「案隱十一年鄭有公孫閼，距此三十五年，不容復有公子閼，若非閼字誤，則子當爲孫」，以爲公子閼或左隱十一之公孫閼，或則閼爲譌字。會箋云：「然一時同名亦多何必疑。」杜預世族譜，鄭國雜人中，有公孫閼，又有公子閼，亦以爲二人，則釋文之說不可從。

0295、公子黔（哀五）——齊

案：左哀五「齊景公卒……公子黔奔衛」，杜注謂公子黔爲齊「景公子」。

0296、公子黔牟（桓十六）、黔牟（莊六）——衛

案：左桓十六衛「左公子洩、右公子職立公子黔牟」，杜注：「黔牟，群公子。」是黔牟爲衛公子之一。黔牟當是其名。

0297、公子嬰齊（成二經）、左尹子重（宣十一）、子重（宣十二）、令尹子重（成二）、嬰齊（成九）——楚

案：左成二經「公會楚公子嬰齊于蜀」，經多書名，則嬰齊、其名也。同年傳稱其爲「令尹子重」，蓋此時公子嬰齊爲令尹也。左宣十一「楚左尹子重侵宋」，杜注：「子重，公子嬰齊。」蓋未爲令尹之前，任左尹之官，故稱左尹子重。解詁云：「楚公子嬰齊，字子重。」以嬰齊爲其名，子重爲其字。

0298、公子燭庸（昭二十七）、燭庸（昭三十）——楚

案：左昭二十七吳「使公子掩餘、公子燭庸帥師圍潛」，杜注：「二子皆王僚母弟。」然杜氏世族譜並列公子燭庸、公子掩餘，云「壽夢子。」實自相矛盾。左昭二十七「公子燭庸奔鍾吾」，左昭三十「吳子……使鍾吾人執燭庸」，燭庸蓋其名也。

0299、公子燮（文十四）、子燮（文五）──楚

　　案：左文五「楚子燮滅蓼」，左文十四「使公子燮與子儀守」，子燮與公子燮當是一人，稱公子燮，燮爲其名或字，稱子燮，名或字上冠男子美稱子字也。

0300、公子縶（僖十五）──秦

　　案：左僖十五秦「公子縶曰」，杜注：「公子縶，秦大夫。」國語晉語二「公子縶弔公子重耳于狄，曰：『寡君使縶弔公子之憂。』」自稱縶，則縶，其名也。晉語二韋注：「縶，秦公子子顯也。」解詁：「秦公子縶、字子顯。」以縶爲其名，子顯爲其字。

0301、公子繁（定二）──楚

　　案：左定二「獲楚公子繁」，杜注：「繁、守巢大夫。」則公子繁爲楚人。

0302、公子歸生（文二）、子家（文十三）、歸生（文十七）──鄭

　　案：左宣四經「鄭公子歸生弒其君夷」，傳稱公子歸生爲子家，解詁云：「鄭公子歸生、字子家。」左文十七載子家爲書告晉趙宣子曰：「歸生佐寡君之嫡夷。」自稱歸生，則歸生、其名也，故杜注亦云：「歸生、子家名。」又古人名歸、歸父、歸生，多字家，詳頁三三。

0303、公子騑（襄九）、子駟（成十）、騑（襄八）──鄭

　　案：左襄九「鄭六卿……公子騑……」杜注：「子駟。」左成十「子駟爲質」，杜注：「子駟、穆公子。」則公子駟爲鄭穆公之子，故稱公子。左襄八公子騑曰「騑也受其咎」，自稱騑，則騑爲其名。解詁：「鄭公子騑、字子駟。」亦以騑爲其名，又以子駟爲其字。騑，公、穀襄十經作「斐」，春秋異文箋：「古人字必與名協，襄九年傳公子騑，杜注『子駟』，說文以騑爲驂旁馬，故騑字子駟也，然則公、穀作公子斐，聲之誤也。」公子騑後人以其字「駟」爲氏，見 2150 駟帶條。

0304、公子繻（成十一）、繻（成十）──鄭

　　案：左成十鄭「子如立公子繻」，史記鄭世家云：「鄭患晉圍，公子如乃立成公庶兄繻爲君。」謂公子繻爲鄭襄公子，鄭成公庶兄。同傳稱其曰繻，繻蓋其名也。

0305、公子鰌（成十五經）──鄭

　　案：左成十五經「叔孫僑如會……鄭公子鰌……會吳于鍾離」，經多書名，

鰌蓋其名也。

0306、公子黨（襄十三）──吳

案：左襄十三楚「大敗吳師，獲公子黨」，則公子黨爲吳人。

0307、公子亹（桓十七）、子亹（桓十八）──鄭

案：左桓十七鄭高渠彌「弒昭公而立公子亹」，杜注：「公子亹，召公弟。」亹、蓋其名也，左桓十八稱曰子亹，蓋名上冠男子之美稱「子」字也。

0308、公子鐸（昭十四）──莒

案：左昭十四「莒著丘公卒……郊公惡公子鐸而善於意恢」，杜注：「鐸亦群公子。」則公子鐸爲莒人。

0309、公子齮（襄二十二）──楚

案：左襄二十二楚使「公子齮爲司馬」，則公子齮爲楚人。

0310、公山不狃（定五）、不狃（定五）、子洩（定五）──魯

案：左定五「告公山不狃，不狃曰……」杜注：「不狃，季氏臣，費宰子洩也。」傳下文稱其爲「子洩」，云：「子洩爲費宰」，解詁云：「魯公山不狃、字子洩。」自注云：「論語陽貨篇作『弗擾』，擾，假借字也，古音狃與擾同。」謂公山不狃即公山弗擾。潛夫論志氏姓謂魯之公族有「公山氏……姬姓」，通志氏族略第三「以字爲氏」之下云：「公山氏，魯有公山不狃。」是以公山氏乃以字爲氏，蓋其先人字山，冠公字稱公山，後人因以爲氏也，參頁十八。

0311、公之（昭二十五）──魯

案：左昭二十五「秦姬以告公之」，杜注：「公之，亦平子弟。」謂公之爲季平子之弟，則亦季悼子之子也。潛夫論志氏姓謂魯公族有公之氏，通志氏族略第三云：「公之氏：姬姓，季悼子之子鞅字公之之後是也。」謂鞅爲其名，公之爲其字。魯公子或三家之後有以「公」字配字爲稱，而後人即以公某爲氏，如公鉏字鉏，後人以公鉏爲氏，參0410公彌條，餘如公甫、公冶蓋亦同。參0321公甫、0319公冶條。據此，則之爲其字，冠公字，稱公之，而後人即以公之爲氏也。

0312、公文氏（哀十四）──衛

案：左哀十四「公文氏攻之」，杜注：「公文氏、衛大夫。」公文氏蓋指公文之家。潛夫論志氏姓云：「衛之公族……公文氏。」以公文氏爲衛公族，由左傳人物名號考察，魯、衛二國國君之子孫有於字上冠「公」字之習慣，

而後人因以公某爲氏，詳頁十八。公文當亦猶是也，則文爲公文之字。

0313、公文要（哀二十五）、公文懿子（哀二十五）、懿子（哀二十五） ——衛

案：左哀二十五衛侯輒「使侍人納公文懿子之車于池」，同傳又載「公文要」作亂，杜注謂公文要即公文懿子，然則既稱公文要，又稱公文懿子，公文蓋其氏也。潛夫論志氏姓謂衛之公族有公文氏，左哀十四宋「向魋出於衛地，公文氏攻之」，是衛有公文氏。通志氏族略第三「公文氏：衛大夫公文要」，亦以公文爲其氏。由左傳人物名號考察，魯衛二國國君子孫有於字上冠「公」字之習慣，而後人即以公某爲氏，詳頁十八，以此例之，公文要之先人蓋字文，而以公文稱，後人因之以爲氏者也。傳又稱其曰「懿子」，懿蓋其謚也。

0314、公父定叔（莊十六）——鄭

案：左莊十六「公父定叔出奔衛，三年而復之，曰『不可使共叔無後於鄭』」，杜預注公父定叔云：「共叔段之孫，定、謚也。」共叔段之子曰公孫滑，見左隱元，此或公孫滑之子。

0315、公父歜（定五）、公父文伯（定五）——魯

案：左定五「陽虎囚季桓子及公父文伯」，杜注：「文伯，季桓子從父昆弟也。」同傳又稱「逐公父歜」，杜注：「歜，即文伯也。」既稱公父歜、又稱公父文伯，則公父爲其氏，故國語魯語下載孔子稱其母曰「公父氏之婦」亦可證公父爲其氏。魯語下云：「公父文伯……曰『以歜之家……』」自稱歜，則歜，其名也。魯語下又稱其父曰「穆伯」，杜氏世族普魯「公父氏」下亦同，云：「公父靖：穆伯，季孫紇子。公父文伯：桓子從父昆弟公父歜。」謂公父歜之父曰穆伯，穆伯又稱公父靖，爲季孫紇之子。穆伯及公父靖之稱，左傳未見，然左昭二十五有「公甫」，杜注：「平子弟」，平子爲季孫紇之子，則公甫亦季孫紇之子也，然則依杜注，季孫紇有子曰「公甫」，依杜氏世族譜，季孫紇有子曰「公父靖」，甫、父古字通，季孫紇不宜有二子皆稱公父，明左昭二十五之公甫即杜氏世族譜之公父靖也。陳氏世族譜以公甫與公父穆伯名靖者分列二人，若據杜氏之說，則實爲一人也。傳稱公甫，世族譜稱公父靖，靖蓋其名。陳氏世族譜亦以爲名靖。又古人名字連言皆先字後名，公甫之甫蓋其字，如其父季孫紇之兄名彌，字鉏，以字配與公室有關之公字，稱公鉏，公鉏之後人，以其字爲氏，曰公鉏氏，見0410公彌條，則公甫亦當字甫，以字冠與公室有關之「公」字，故稱公甫，而其子亦以公甫爲氏，稱公父歜，

又稱公父文伯也。

0316、公冉務人（文十八）──魯

案：左文十八魯叔仲惠伯「其宰公冉務人止之日」，廣韻公字注：「複姓……左傳魯有公冉務人。」以公冉爲「複姓」。務人蓋其名，魯昭公子公爲亦名務人。由左傳人物名號考察，魯君之子或三家之後有於字上冠與公室有關之公字，稱公某，而後人以公某爲氏，如公鉏字鉏，其後爲公鉏氏，是也；亦有字上冠「公」字，稱公某，復殿以名者，如公若字若，名藐，傳稱公若，又稱公若藐是也；公冉務人名務人，公冉之冉或其先人之字，因以公冉爲氏歟？不然則冉即務人之字，亦非不可能。然公冉務人與魯公室有關，蓋可斷定矣。參頁十八。

0317、公甲叔子（哀八）、叔子（哀八）──魯

案：左哀八「公賓庚、公甲叔子與戰于夷」，廣韻公字注引公甲叔子，以公甲爲複姓，傳又稱其叔子、叔或其行次，如季友、季札，傳皆稱季子。

0318、公何藐（定五）──魯

案：左定五「殺公何藐」，杜注：「藐、季氏族。」謂公何藐爲魯季氏之族。廣韻公字注云：「複姓……左傳魯有公何猿。」猿蓋藐之譌。廣韻以公何爲「複姓」，然公何之何爲其字亦非不可能，如魯叔孫氏之族公若藐名藐、字若，先字後名連稱曰公若藐，即其一例。故稱公何藐者，何爲其字，配以與公室有關之公字，復殿以名，曰公何藐，不然，則何爲其先人之字，配「公」字，稱公何，而藐因以爲氏也。

0319、公冶（襄二十九）──魯

案：左襄二十九魯襄公自楚還「季武子取卞，使公冶問」，杜注：「公冶，季氏屬大夫。」國語魯語下載此事云：「襄公在楚，季武子取卞，使季冶逆。」易公冶爲季冶，韋注：「季冶……季氏之族子冶。」則公冶即季冶，季爲其氏，冶爲其名或字，其稱公冶者，魯君之子或三家之後有於名或字上冠與公室有關之「公」字，稱公某，詳頁六五，故季冶傳稱公冶。魯語下續稱其曰子冶，云：「子冶歸」，稱子冶者，名或字上冠以男子美稱「子」字，此春秋時人物名號之通例。由國語稱公冶爲季冶、子冶，益可證公冶之冶爲其名或字，公字乃名或字上所冠與公室有關之詞。又魯三家之後，有以公配字稱公某，而後人因以爲氏者，如公鉏之後爲公鉏氏，參 0410 公彌條，公甫之後

為公父氏，參 0321 公甫條，公之之後，蓋亦有公之之氏，參 0311 公之之條，史記仲尼弟子列傳載孔子弟子公冶長，云「孔子曰：長可妻也……」稱長，則以公冶為其氏，孔子家語謂公冶長為魯人，則公冶長蓋即此傳公冶之後，參崔述考信錄洙泗考信餘錄卷三，而為魯公族也。左襄二十九載公冶為季武子使於魯襄公，是時孔子止八、九歲，則公冶長蓋公冶之子或孫也。上之推論若不誤，則公冶之冶為其字也。

0320、公巫召伯（襄二十九）──魯

案：左襄二十九「公巫召伯、仲顏莊叔為一耦」，杜氏世族譜魯雜人有「顏莊叔、公巫召伯仲」，以公巫召伯仲為一人，顏莊叔為一人，俞正燮癸巳存稿卷一云：「公巫、官也，召伯、氏也，仲、字也，一人也。顏、氏也，莊叔，諡、字也，一人也。」然路史高辛紀下謂公巫、仲顏皆公族，廣韻公字注及仲字注，以公巫、仲顏為複氏，以仲顏莊叔為一人。左通補釋二十云：「觀釋文舉邵伯，則仲字下屬可見，今檢世族譜列上一耦及下一耦名氏，並依傳次，獨此一耦云：『顏莊叔、公巫召伯仲。』其為轉寫之譌無疑已，且伯仲連文，傳中人名亦屬僅見。」其說蓋是。若以「公巫召伯仲」為稱，依俞正燮之說，公巫為官名，召伯為其氏，傳書三耦凡六人名號，豈獨此一人於氏上冠官名耶？公巫當是氏，非官名，左傳魯公子或三家子孫有以「公」配字為稱，而後人即以為氏，如公鉏極、公父歜之公鉏、公父皆其氏，公巫召伯或亦此類也。

0321、公甫（昭二十五）──魯

案：左昭二十五「又訴於公甫」，杜注：「公甫，平子弟。」平子即季平子，為季孫紇之子，則公甫亦季孫紇之子。杜氏世族譜魯公父氏下載：「公父靖：穆伯，季孫紇子。」，然則依杜注，季孫紇有子曰「公甫」，依杜氏世族譜，季孫紇又有子曰「公父靖」，甫、父古字通，季孫紇不宜有二子皆稱公父，明左昭二十五之公甫，即杜氏世族譜之公父靖也，傳稱公甫、世族譜稱公文靖，古人名字連言，皆先字後名，則靖蓋其名，甫則為其字，字上冠與公室有關之公字，故稱公甫，公甫後人以字為氏，曰公父氏，如其子即曰公父歜也。此與公甫伯父公彌，名彌字鉏，傳稱公鉏，後人以字為氏，曰公鉏極者一律。參 0315 公父歜、0410 公彌、0407 公鉏極條。

0322、公叔戍（定十三）、戍（定十三）──衛

案：左定十三「衛公叔文子朝……戍也驕……衛侯始惡於公叔戍」，杜

注：「戍，文子之子。」謂公叔戍爲公叔文之子，則公叔、其氏也。傳稱衛靈公夫人愬公叔戍曰：「戍將爲亂。」君前宜稱臣名，則戍爲其名，左襄十三經亦書「公叔戍來奔」，經多書名，亦足爲證。禮記檀弓上孔疏引世本，稱其曰「朱」，而檀弓下稱其曰「戍」，校勘記謂石經及嘉慶本等作「戍」，則與左傳合。

0323、公叔務人（哀十一）、公爲（昭二十五）、務人（昭二十九）──魯

案：左哀十一「公叔務人見保者而泣」，杜注：「務人，公爲，昭公子。」左昭二十九載昭公曰「務人爲此禍也」，君父必稱其子之名，則務人、其名也。同傳又稱之曰「公爲」，解詁云：「魯公子務人，字爲。」以務人爲其名，爲爲其字，務人禮記檀弓下作「禺人」，解詁云：「務亦爲也，繫辭傳『唯幾也，故能成天下之務』，虞翻注曰：『務，事也。』韓子喻老篇曰：『事，爲也。』務人猶言爲人。春秋時，宋有向爲人，是也。務人，檀弓作禺人，正義曰：『禺、務聲相近，聲轉字異也。』或曰：說文『禺、母猴屬。爲，母猴也』，故禺人字爲。案禺若爲母猴屬，則與人字意義不倫，豈有上言獸而下言人者乎？或說非也。文十八年左傳有公冉務人，與此同名，則務字不誤。」是以務爲本字，禺爲借字。而朱駿聲則以禺爲本字、務爲借字，見說文通訓定聲爲字下。務人字爲，其稱公爲者，魯君之子或三家之後有於名或字上冠以與公室有關之公字，稱公某，詳頁六五。其稱公叔務人者，據史記魯周公世家，魯昭公卒後，弟定公即位，定公卒後，定公子哀公即位，則公叔務人與魯哀公同輩，且據左哀十一，公叔務人卒於是年，則其稱公叔，非謂公之叔，乃因其爲昭公之子，與公有關，故以公字配其行次爲稱也。

0324、公叔發（襄二十九）、公叔文子（定六）、文子（定十三）──衛

案：左襄二十九「說……公叔發……」，杜注：「公叔文子。」左定六即稱公叔文子，左定十三又稱其曰文子。禮記檀弓上「公叔文子升於瑕丘」，鄭箋云：「文子，獻公之孫，名拔。」孔疏引世本：「獻公生成子當，當生文子拔，拔生朱，爲公叔氏。」則鄭箋及世本皆謂公叔文子爲衛獻公之孫，名拔，而左傳作發。檀弓下「公叔文子卒」，鄭箋云：「或作發。」孔疏以爲鄭玄據左傳而言也。公叔發稱公叔文子，公叔當爲其氏，蓋其父之行次爲叔，因爲公子，故冠「公」字爲稱，而後人因以爲氏，猶如魯昭公子務人，其行次爲叔，傳稱公叔務人；又如衛靈公之兄縶，其行次爲孟，傳載時人稱其曰公孟，而後人則以公孟爲氏者也。檀弓下載「其子公叔戍請諡於君」，而衛靈

公謚之曰「貞惠文子」，以三字爲謚，而傳止稱曰文子，鄭箋云：「後不言貞惠者，文足以兼之。」則文，其謚也。

0325、公孟彄（定十二經）──衛

案：左定十二經「衛公孟彄帥師伐曹」杜注：「彄，孟縶子。」孔疏云：「世族譜云：孟縶無子，靈公以其子彄爲之後也，爲後則爲其子，故云孟縶子，此實公孫而不稱公孫者，縶字公孟，故即以公孟爲氏。」謂公孟彄爲公孟縶之子，縶字公孟，彄即以其父之字爲氏。然公孟實非公孟縶之字，公孟縶爲衛靈公之兄，孟爲其行次，故以與公室有關之「公」字配「孟」，稱公孟也，詳 0327 公孟縶條，而其子即以公孟爲氏，猶衛定公弟黑背之行次爲叔，傳稱子叔黑背，以行次冠男子美稱「子」字，稱子叔，而黑背之子公孫剽，即以子叔爲氏，參 0376 公孫剽條。又衛獻公孫公叔發，蓋亦以父行次冠公字，而以爲氏者也，參 0324 公叔發條。

0326、公孟綽（哀九）──齊

案：左哀九「齊候使公孟綽辭師于吳」，則公孟綽爲齊人。衛有公孟縶，縶爲其名，孟爲其行次，因爲衛君之子，故配「公」字稱公孟縶。公孟縶之子曰公孟彄，則以父行次爲氏，以此例之，公孟綽當與齊公室有關，綽爲其名，孟爲其行次，因稱公孟綽，不然則孟爲其先人之行次，公孟爲其氏也。參 0327 公孟縶、0325 公孟彄條。

0327、公孟縶（昭二十）、孟縶（昭七）、縶（昭七）、孟（昭七）、公孟（昭二十）──衛

案：左昭七謂衛襄公嬖人婤姶「生孟縶」，後又生元，元即衛靈公，則孟縶爲衛靈公之兄。同傳孔成子以周易筮之曰「余當立縶」，筮時於神前當稱名，可知縶爲其名。左昭二十經「盜殺衛侯之兄縶」，經多書名，亦可證縶爲其名。因其爲長子，稱孟，故左昭七載衛史朝稱其曰「孟非人也」，即單稱其行次，以行次「孟」字配名，稱孟縶者，與季友、仲遂之稱一律。左昭二十載衛齊豹、宗魯生稱其曰「公孟」，左傳人物名號中與公有關或冠公字，因其爲公子，故以公字配行次曰「公孟」，如魯昭公之子務人，亦以公字配行次曰公叔，參 0323 公叔務人條，因其以公孟稱，故時人亦據而呼之也。

0328、公果（昭二十五）──魯

案：左昭二十五「公爲告公果，公賁」杜注：「果、賁皆公爲弟。」公爲爲

魯昭公之子，則公果、公賁亦魯昭公之子。左昭二十九「公衍、公爲之生也，其母偕出、公衍先生……三日，公爲生，其母先以告」，則公衍亦昭公子，公爲之兄，公爲名務人，字爲，因其爲魯君之子，故冠以「公」字，稱公爲，詳 0323 公叔務人條。傳以公爲與公果、公賁、公衍並稱，以此例之，公果、公賁、公衍之果、賁、衍，蓋皆其字，配「公」字，因稱公果、公賁、公衍也。

0329、公南（定十）——魯

　　案：左定十「公南使賊射之」，杜注：「公南，叔孫家臣。」魯君之子及三家之後有於名或字之上冠公字，稱公某者，公南當與魯公室有關，南爲其名或字。

0330、公思展（昭二十五）、展（昭二十五）——魯

　　案：左昭二十五「季公亥與公思展……」，杜注：「展，季氏族。」同傳載季姒稱其曰「展」，疑展爲其名，思爲其字，公爲名字之上所冠與公室有關之字，不然則思爲其先人之字，因與公室有關冠「公」字，稱公思，而後人因以爲氏者也，參 0316 公冉務人條。

0331、公若藐（定十）、公若（定十）——魯

　　案：左定十「公若藐固諫曰……」，杜注：「藐，叔孫氏之族。」同傳又稱其曰「公若」，解詁云：「魯公藐、字若。」謂若爲其字。藐居「公若」二字之下，則藐當爲其名也。「公」字爲名字上所冠與公室有關之字也，詳頁六五。

0332、公衍（昭二十九）——魯

　　案：左昭二十九「公賜公衍羔裘」，公衍蓋字衍，因爲魯昭公之子，故於字上冠「公」字，稱公衍，詳 0328 公果條。

0333、公孫丁（昭二十）——宋

　　案：左昭二十宋「華亥僞有疾，以誘群公子，公子問之則執之，夏六月丙申，殺公子寅……公孫援、公孫丁」，則公孫丁、公孫援蓋皆宋之公孫。

0334、公孫丁（襄十四）——衛

　　案：左襄十四「公孫丁御公」，謂公孫丁爲衛獻公御，則公孫丁蓋衛人。

0335、公孫友（文七）——宋

　　案：左文七「宋成公卒，於是……公孫友爲左師」，杜注：「目夷子。」謂公孫友爲宋公子目夷之子，則公孫友爲宋人。

0336、公孫申（成四）、叔申（成十）──鄭

　　案：左成四「鄭公孫申帥師疆許田」，左成十稱之曰叔申，申爲其名或字，叔蓋其行次。

0337、公孫有陘氏（哀二十七）、公孫有山氏（哀十三）、公孫有山（哀二十四）──魯

　　案：左哀十三「吳申叔儀乞糧於公孫有山氏」，杜注：「公孫有山，魯大夫。」以公孫有山爲魯人，則氏蓋應釋爲家也。左哀二十七「公如公孫有陘氏，因孫於邾，乃遂如越，國人施公孫有山氏」，杜注：「有陘氏即有山氏。」又云：「以公從其家出故也。」則「公如公孫有陘氏」，即謂公如公孫有陘家也，「施公孫有山氏」，亦即施公孫有山家也。故左哀二十四「公孫有山使告于季孫」，止稱公孫有山，解詁云：「魯公孫有陘、字山。」謂山爲其字也。

0338、公孫臣（襄二十七）、臣（襄二十七）──衛

　　案：左襄二十七衛公孫免餘與「公孫臣謀」，杜注：「衛大夫。」則公孫臣爲衛人。同傳衛獻公稱其曰臣，臣蓋其名也。

0339、公孫佗人（定十四經）──陳

　　案：左定十四經「陳公孫佗人帥師滅頓」，則公孫佗人爲陳人，經多書名，佗人蓋其名也。公羊作「公子佗人」，春秋異文箋云：「或偏旁脫去致誤。」

0340、公孫免餘（襄二十七）、免餘（襄二十七）──衛

　　案：左襄二十七衛「公孫免餘請殺之」，杜注：「免餘，衛大夫。」免餘蓋其名。

0341、公孫尨（哀二）──晉

　　案：左哀二「公孫尨稅焉」，杜注謂公孫尨爲晉「范氏臣」，則爲晉人。

0342、公孫忌（昭二十）──宋

　　案：左昭二十「宋華向之亂，公子城，公孫忌……出奔鄭」，杜注謂公孫忌爲「宋大夫」。

0343、公孫辰（哀四經）──蔡

　　案：左哀四經「蔡公孫辰出奔吳」，則公孫辰爲蔡人，經多書名，辰蓋其名。

0344、公孫周（哀二十六）──宋

　　案：左哀二十六「宋景公無子，取公孫周之子……畜諸公宮」，杜注：「周，元公孫子高也。」謂公孫周爲宋元公之孫，又稱子高，解詁云：「宋公孫周、

字子高。」以周爲其名，子高爲其字。

0345、公孫固（僖二十七）、大司馬固（僖二十二）——宋

　　案：左僖二十七「宋公孫固如晉告急」，杜注：「公孫固，宋莊公孫。」左僖二十二「大司馬固諫曰」，杜注：「大司馬固，莊公之孫公孫固也。」大司馬爲宋官名，左昭二十二「宋公使公孫忌爲大司馬」是也。固則其名或字。

0346、公孫姓（定四經）——蔡

　　案：左定四經「蔡公孫姓帥師滅沈」，公羊作公孫歸姓，有歸字，春秋異文箋云：「昭元年經會于虢，左、公、穀皆作蔡公孫歸生，此經左、穀無歸字，或闕文。生、姓，古通假字。」會箋亦云：「此經無歸字，當爲省文，生、姓音之轉，字隨讀變。」公孫姓見於經傳者三，即此經及左哀四經傳所載蔡殺「公孫姓」是也，而公孫歸生則見於左襄二十六、二十七經傳及左昭元經，稱「公孫歸生」或「歸生」，此後不再見，而其子朝吳則見於左昭十三、十五，左昭十三載朝吳協助楚公子棄疾奪取王位，左昭十五載其深受楚王重視，居蔡，而費無極害之，使蔡人逐之，故「朝吳出奔鄭」，此後亦不再出現於經傳，止左昭二十七沈尹戌追敘費無極「去朝吳」之事。由此觀之，公孫歸生事見於襄、昭間，其子朝吳事見於昭十三、十五年間，而公孫姓則出現於定、哀間，公孫歸生與公孫姓非一人亦明矣。公孫歸生於襄二十六年復伍舉、二十七年與弭兵之會、昭元年與諸侯會於虢，當是年事已高，故此後即不再見於經傳。若謂歸隱三十五年後復帥師滅沈，再十五年後被殺，實無此可能也。又經傳之書公孫歸生、公孫姓，分別極明，不相混淆，足證非一人也。

0347、公孫明（昭四）、子明（昭四）——齊

　　案：左昭四「公孫明知叔孫於齊」，杜注：「公孫明，齊大夫子明也。」傳續云：「子明取之」，明爲其名或字，冠公孫，曰公孫明。稱子明者，則於名或字上冠子字，此左傳人物名號之常例，詳上篇第二章。

0348、公孫林（哀二）——鄭

　　案：左哀二鄭「姚、般、公孫林殿而射」，則公孫林爲鄭人。

0349、公孫枝（僖九）、子桑（僖十三）——秦

　　案：左僖九「公謂公孫枝曰」，杜注：「公孫枝，秦大夫子桑也。」左僖十三即稱子桑，解詁云：「秦公孫枝，字子桑。」以枝爲其名，子桑爲其字。

0350、公孫肸（襄三十）──鄭

案：左襄三十鄭游吉「使公孫肸入盟大夫」，則公孫肸蓋鄭人。

0351、公孫舍之（襄九）、子展（襄八）、舍之（襄八）──鄭

案：左襄九「鄭六卿……公孫舍之……」，杜注以爲即「子展」，左襄八「子展欲待秦」，杜注：「子展，子罕子。」傳續載子展曰：「舍之聞之」，自稱舍之，則舍之其名也，子罕爲穆公子，見 0241 公子喜條，則子展實爲公孫，故以公孫配名，稱公孫舍之也。解詁云：「鄭公孫舍之、字子展。」謂子展爲其字。

0352、公孫青（昭二十）、子石（昭二十）、青（昭二十）──齊

案：左昭二十「齊侯使公孫青聘于衛」，杜注：「青，頃公之孫。」同年傳「且言子石」，杜注：「子石，公孫青。」解詁云：「齊公孫青、字子石。」以青爲其名，子石爲其字。

0353、公孫段（襄二十七）、子石（襄二十七）、伯石（襄二十九）──鄭

案：左襄二十七「公孫段賦桑扈」，杜氏世族譜列公孫段於鄭豐氏子豐之下，又以子豐爲鄭穆公子，則公孫段爲子豐之子、鄭穆公之孫，故稱公孫也。左襄二十七「二子石從」，杜注：「印段、公孫段」，則公孫段又稱子石，解詁云：「鄭公孫段，字子石。」以段爲其名，子石爲其字。古人名段多字石，如宋褚師段、鄭印段皆稱子石，石爲其字也。左襄三十「有事伯石」，杜注：「伯石、公孫段。」則公孫段又稱伯石，古人或以「子」配字，或以行次配字，公孫段字石，以「子」配字，則稱子石，以行次配字，則稱伯石也。

0354、公孫洩（昭七）──鄭

案：左昭七「子產立公孫洩……」，杜注：「公孫洩，子孔之子也。」謂公孫洩爲鄭公子嘉之子，則公孫洩爲鄭人。

0355、公孫貞子（哀十五）──陳

案：左哀十五「陳侯使公孫貞子弔焉」，楊注云：「孟子萬章下謂孔丘曾住司城貞子家，爲陳侯周之臣。司城貞子即此公孫貞子。」杜氏世族譜陳國下云：「司城氏：公孫貞子，哀公孫。」謂公孫貞子爲陳哀公之孫，爲司城氏。傳稱公孫貞子，孟子稱司城貞子，貞蓋其謚也。

0356、公孫夏（哀十一）──齊

案：左哀十一齊「公孫夏命其徒歌虞殯」，則公孫夏爲齊人。

0357、公孫夏（襄十五）、子西（襄十）、夏（襄二十六）──鄭

　　案：左襄十「子西聞盜」，杜注：「子西，公孫、子駟子。」子駟即公子
騑，見 0303 公子騑條，為公子之子，故稱公孫。左襄二十六子西如晉聘，曰
「使夏謝不敏」，自稱夏，則其名夏，杜注亦云：「夏、子西名。」解詁云：「鄭
公孫夏、字子西。」以夏為其名、子西為其字。

0358、公孫師（文十八）──宋

　　案：左文十八宋「使公孫師為司城」，杜注謂公孫師為宋「莊公之孫」。

0359、公孫般師（哀十七）、般師（哀十七）──衛

　　案：左哀十七「晉立襄公之孫般師而還」，則般師為衛襄公之孫，故同年
傳即稱公孫般師，般師當是其名。

0360、公孫茲（僖四經）、叔孫戴伯（僖四）──魯

　　案：左僖四經「公孫茲帥師會……侵陳」，杜注：「公孫茲，叔牙子、叔
孫戴伯。」經多書名，則茲蓋其名也。茲，公羊作慈，春秋異文箋云：「慈、
古或省作茲，公羊不省，故作慈。」同年傳「叔孫戴伯帥師……侵陳」，會箋、
楊注皆以為經書公孫茲，則公孫茲未得「叔孫」之氏，至其子叔孫得臣乃得
之，傳稱叔孫戴伯者，乃傳家追書之辭。然叔孫戴伯或已以叔孫為氏，參頁
二十。會箋、楊注之說未必是。又楊注謂「戴、其諡號。」

0361、公孫傁（昭十二）──齊

　　案：左昭十二「公孫傁趨進曰……以齊侯出」，杜注：「傁、齊大夫。」

0362、公孫宿（哀十四）、公孫成（哀十五）、成（哀十五）──魯

　　案：左哀十五「見公孫成」，杜注：「公孫成，成宰公孫宿也。」左哀十
四作「成宰公孫宿」，左哀十五亦稱「公孫宿」，又稱「成曰」，明為一人，解
詁云：「魯公孫宿，字成。」俞樾及胡元玉亦皆以為「名宿、字成」，見春秋
名字解詁補義及駁春秋名字解詁。又左傳人名辨異謂左哀十四「成人」即公
孫宿。

0363、公孫捷（昭十）、子車（昭八）、子淵捷（昭二十六）──齊

　　案：左昭八「逐子成、子工、子車」，杜注：「三子，齊大夫……子車，
頃公之孫捷也。」左昭十「反子城、子公、公孫捷」，即稱子車為公孫捷。又
左昭二十六「齊子淵捷從洩聲子……子車曰……」，杜注：「子車即子淵捷。」
則子車、公孫捷、子淵捷一人也。通志氏族略第三：「子泉氏、姜姓，世本『齊

頃公之子公子湫字子泉之後也』。又子泉捷，齊大夫，見新序。」左通補釋二十七謂此「子泉」之「泉」當作「淵」，從唐諱作「泉」，並引潛夫論志氏姓「齊之子淵氏、姜姓也」以爲證。然則據鄭樵之說推之，公孫捷父當字淵，以「子」配字曰子淵，爲通行之名號，而公孫捷因以爲氏者也。傳稱公孫捷、又稱子車者，解詁云：「齊公孫捷、字子車。」以捷爲其名，子車爲其字。

0364、公孫敖（襄二十五）──齊

案：左襄二十五齊「賈舉……公孫敖……皆死」，杜注：「皆齊勇力之臣。」

0365、公孫敖（僖十五經）、孟穆伯（僖十五）、穆伯（文元）──魯

案：左僖十五經「公孫敖帥師……救徐」，經多書名，敖其名也。杜注：「公孫敖、慶父之子。」同年傳稱其爲「孟穆伯」，左文元稱「穆伯」，穆蓋其諡也，稱孟穆伯者，因其父爲三家之長，故後因以孟爲氏。

0366、公孫揮（哀十一）──齊

案：左哀十一齊「公孫揮命其徒曰……」據傳公孫揮爲齊人。

0367、公孫援（昭二十）──宋

案：左昭二十宋華亥等殺「公孫援」，則公孫援蓋宋之公孫，參 0333 公孫丁條。

0368、公孫敢（哀十五）──衛

案：左哀十五衛「公孫敢門焉」，會箋云：「公孫敢、衛大夫。」

0369、公孫朝（哀十七）、武城尹（哀十七）──楚

案：左哀十七「楚公孫朝帥師滅陳」，則公孫朝爲楚人，同傳「武城尹吉」，杜注：「武城尹，子西子，公孫朝。」則公孫朝爲楚平王之孫。春秋大事表十云：「定四年傳有武城黑，杜註：『楚武城大夫。』楚官多以尹名者，而寢與武城皆邑名，蓋即縣尹。」謂武城尹蓋即楚武城縣尹。公孫朝任此職，故稱武城尹。

0370、公孫朝（昭二十六）──魯

案：左昭二十六「成大夫公孫朝謂平子曰」，成爲魯孟氏邑，則公孫朝爲魯人。

0371、公孫無地（襄二十七）──衛

案：左襄二十七衛公孫免餘「與公孫無地……謀」，杜注：「衛大夫。」則公孫無地爲衛人。無地蓋其名。

0372、公孫無知（莊八）、齊無知（莊八經）、無知（莊八）、仲孫（昭四）
　　　——齊

案：左莊八經「齊無知弒其君諸兒」，經多書名，無知其名也。同年傳：
「僖公之母弟曰夷仲年，生公孫無知」，則無知爲公子之子，故稱公孫、左昭
四「齊有仲孫之難而獲桓公」，杜注：「仲孫，公孫無知。」無知之父爲僖公
之母弟夷仲年，仲爲其行次，見 0753 夷仲年條。無知爲公孫，而以父行次稱，
故稱仲孫，猶言公室中仲之後也，或無知以「仲」爲氏，如魯叔孫氏、臧氏，
於公孫一代即稱某孫，故傳稱公孫茲爲叔孫戴伯，而周內史且稱臧哀伯爲「臧
孫達」，臧哀伯爲公孫，時人謂之臧孫，無知亦公孫，故時人亦可謂之「仲孫」
也。

0373、公孫登（昭十八）——鄭

案：左昭十八子產「使公孫登徙大龜」，杜注：「登，開卜大夫。」謂公
孫登爲鄭開卜大夫。

0374、公孫黑（襄十五）、子晳（襄二十九）——鄭

案：左襄二十九「鄭伯有使公孫黑如楚……子晳曰」，杜注：「黑，子晳。」
是以爲一人，解詁：「鄭公孫黑、字子晳。」以黑爲其名，子晳爲其字。

0375、公孫黑肱（襄二十二）、子張（宣十四）、伯張（襄二十二）——鄭

案：左襄二十二「鄭公孫黑肱有疾……伯張卒」，則伯張即公孫黑肱，傳
又稱其爲「子張」，杜氏世族譜鄭印氏下云：「子張、公孫黑肱、伯張」，以爲
一人，解詁云：「鄭公孫黑肱，字子張。」以黑肱爲其名，子張爲其字，實則
其字只一「張」字，以男子美稱「子」字配字，曰子張，以其行次配字，則
曰伯張也。杜氏世族譜以公孫黑肱爲鄭穆公子「子印」之子，是爲鄭穆公孫，
故稱公孫也。

0376、公孫剽（襄元經）、子叔（襄元）、衛侯（襄十六經）、剽（襄二十六
　　　經）——衛

案：左襄元經「衛侯及公孫剽來聘」，杜注：「剽，子叔黑背子。」經多
書名，剽當是其名也。左襄二十六經「衛甯喜弒其君剽」，亦稱其名。剽爲
衛定公弟黑背之子，則爲衛穆公之孫，故稱公孫。同年傳「衛子叔……來聘」，
稱其曰子叔，解詁云：「衛侯剽、字子叔。」以子叔爲其字，非是。公孫剽
父黑背稱子叔黑背，見左成十，黑背爲定公弟，叔爲其行次，於行次上冠子

為稱，猶衛靈公兄公孟縶，以公字配行次稱「公孟」，見0327公孟縶條。公孟縶之子經稱公孟彄，即以公孟為氏，以此例之，則子叔黑背之子公孫剽稱子叔，亦以子叔為氏也。稱子叔者，單稱其氏，與左襄五稱王叔陳生曰王叔者同。左襄十四「衛人立公孫剽」，故左襄十六稱其曰「衛侯。」

0377、公孫會（昭二十經）——曹

　　案：左昭二十經「曹公孫會自鄸出奔宋」，公羊云：「畔也，畔則曷為不言其畔，為公子喜時之後諱也。」公子喜時即曹宣公之子子臧，據公羊，公孫會即子臧之子，曹宣公之孫，故稱公孫。經多書名，會蓋其名。

0378、公孫楚（昭元）、子南（昭元）、子南氏（昭元）、楚（昭元）、游楚（昭元）——鄭

　　案：左昭元「公孫楚聘之矣」，杜注：「楚、子南，穆公孫。」傳載子產曰「罪在楚也」，楚當是其名。以其為鄭穆公孫，故稱公孫楚，傳又載其曰「子南」、「游楚」，解詁云：「鄭游楚、字子南。」謂楚為其名，子南為其字，其稱游楚者，鄭穆公子公子偃、字游，傳稱子游，其孫以其字游為氏，見1711游販及1709游吉條，而公孫楚稱公孫，當是公子偃之子，以父字為氏，故稱游楚。傳載鄭逐公孫楚，而諮於游氏之宗子游吉，游吉云：「吉不能亢身，焉能亢宗？」又云：「何有於諸游？」皆可知游楚氏游。

0379、公孫滑（隱元）——鄭

　　案：左隱元「鄭共叔之亂，公孫滑出奔衛」，杜注：「公孫滑，共叔段之子。」謂公孫滑為鄭共叔段之子，則為鄭武公之孫。

0380、公孫晢（昭七）——齊

　　案：左昭七齊「公孫晢」，杜注：「晢，齊大夫。」

0381、公孫鉏（昭二十三）——邾

　　案：左昭二十三邾「公孫鉏曰」，杜注：「鉏，邾大夫。」

0382、公孫鉏（襄三十）——鄭

　　案：左襄三十鄭「子皮以公孫鉏為馬師」，杜注：「鉏，子罕之子。」，子罕即公子善，為鄭穆公之子，字罕，公孫鉏為子罕之子，則為鄭穆公之孫。

0383、公孫僑（襄二十二）、子產（襄八）、僑（襄二十四）、子美（襄二十五）——鄭

　　案：左襄二十二「鄭人使少正公孫僑對曰」，杜注：「公孫僑，子產。」

左襄八即稱「子產」，云：「唯子產不順」，杜注：「子產、子國子。」子國即鄭穆公子公子發，是子產爲穆公孫，故稱公孫。左襄二十四「僑也惑之」，子產自稱僑，則僑其名也。左襄二十五「鄭子展、子產帥車七百乘伐陳……子展命師無入公宮，與子產親御諸門……子展執縶而見，再拜稽首，承飮而進獻，子美入，數俘而出。」杜注：「子美、子產也。」其說可信，以傳前文皆以子展與子產相對爲文，子美當即子產。解詁云：「鄭公孫僑、字子產，一字子美。」是子產、子美皆其字。國語晉語八稱子產爲公孫成子，韋注：「成子、子產之謚。」鄭國卿大夫多無謚，然傳稱子產之子國參曰桓子思，以桓爲謚；左襄三十一鄭有馮簡子，與子產同時，簡亦類似謚；左哀九鄭罕達曰武子膞，會箋、楊注皆謂武爲其謚，則鄭卿大夫並非絕對無謚，國語所載、韋氏之說，當可信也。

0384、公孫壽（文十六）——宋

案：左文十六「司城蕩卒，公孫壽辭司城」，杜注：「壽，蕩之子。」謂公孫壽爲司城蕩之子。左文七「公子蕩爲司城」，公子蕩爲司城，故稱司城蕩，杜注謂公子蕩爲宋桓公之子，則公孫壽乃宋桓公之孫也。左成八經「宋公使公孫壽來納幣」，經多書名，壽蓋其名。

0385、公孫寧（文十七）、孔寧（宣九）、孔（成二）——陳

案：左宣九「陳靈公與孔寧、儀行父通於夏姬」，杜注：「二子，陳卿。」左宣十夏徵舒弒陳靈公，孔寧、儀行父奔楚，左宣十一楚人入陳，殺夏徵舒，經書「楚子入陳，納公孫寧、儀行父于陳」，公孫寧即孔寧，經稱公孫寧者，蓋孔寧爲陳之公孫故也。左成二載巫臣曰：「出孔、儀」，指孔寧與儀行父，孔寧之稱孔，蓋以孔爲氏，然則公孫亦得有氏也。

0386、公孫寧（哀十八）、寧（哀十六）、子國（哀十七）、右司馬子國（哀十八）——楚

案：左哀十六「乃使寧爲令尹」，杜注：「子西之子子國也。」哀十七「他日改卜子國」，杜注：「子國，寧也。」解詁云：「楚公孫寧、字子國。」謂寧爲其名、子國爲其字，左哀十八即稱之爲「公孫寧」，又稱之爲右司馬子國，右司馬亦其官也。

0387、公孫輒（襄九）、子耳（襄八）——鄭

案：左襄九「鄭六卿……公孫輒……」，杜注：「子耳。」左襄八稱「子

耳」，杜注以爲「子良之子」，子良爲鄭穆公之子公子棄疾，則公孫輒即鄭穆公之孫，故稱公孫。解詁云：「鄭公孫輒、字子耳。」謂輒爲其名，子耳爲其字。

0388、公孫寬（哀十九）、寬（哀十六）──楚

案：左哀十六「使寬爲司馬」，杜注：「子期之子。」子期爲楚平王之子，故左哀十九稱寬爲「公孫寬」。

0389、公孫翩（哀四）、翩（哀四）──蔡

案：左哀四「公孫翩逐而射之」，杜注：「翩，蔡大夫。」傳續云：「翩射之……」，蓋稱其名也。

0390、公孫鄭（文七）──宋

案：左文七宋「穆、襄之族，殺公孫固、公孫鄭于公宮」，則公孫鄭爲宋人。

0391、公孫彊（哀七）、司城彊（哀八）、彊（哀七）──曹

案：左哀七「曹鄙人公孫彊」，公孫彊之上冠以「曹鄙人」三字，可知公孫彊雖稱公孫，然非國君之孫，會箋云：「伍員後爲王孫氏，公孫亦氏族也，非公之孫」，戰國策秦白起又稱公孫起，蓋亦是類也。傳又稱其曰彊，彊蓋其名也。其稱司城彊者，左哀七載曹伯使公孫彊「爲司城以聽政」，司城爲宋官，宋以武公之故，廢司空爲司城，見左桓六及杜注，而此傳稱司城者何也？春秋大事表十云：「程啓生曰：司城、宋官，曹不應有，蓋曹後衰弱，奉宋之政令已久，其見滅于宋，宜矣。」以司城亦曹之官名，則稱司城彊者，以官名冠名上也。

0392、公孫閼（隱十一）、子都（隱十一）──鄭

案：左隱十一「公孫閼與潁考叔爭車」，杜注：「公孫閼、鄭大夫。」傳又稱之爲「子都」，解詁云：「鄭公孫閼，字子都。」以閼爲其名，子都爲其字。

0393、公孫霍（哀四經）、公孫盱（哀四）──蔡

案：左哀四經「蔡殺其大夫公孫姓、公孫霍」，傳云：「殺公孫姓，公孫盱。」杜注：「盱即霍也。」以爲一人，解詁云：「蔡公孫霍、字盱。」並釋名字相應云：「霍、大貌，爾雅『大山宮，小山霍』，風俗通義『萬物盛長，霍然而大』。盱之言于也，于，大也，爾雅『訏，大也』，方言『中齊西楚之

間曰訏』、訏與盱聲義亦同。」

0394、公孫嬰齊（成二經）、子叔聲伯（成六）、聲伯（成八）、嬰齊（成十六）、子叔嬰齊（成十六）——魯

　　案：左成六經「公孫嬰齊如晉」，杜注：「嬰齊、叔肸子。」叔肸為魯文公子，則此為魯文公之孫，故稱公孫。左成十六公孫嬰齊自謂「嬰齊、魯之常隸也」，則嬰齊、其名也。左成二經楊注謂公孫嬰齊「諡聲伯」，以聲為其諡。左成十六范文子曰：「子叔嬰齊奉君命無私。」時人於其名上冠子叔二字，則子叔為其氏。公孫嬰齊父叔肸之行次為叔，而後人因以叔為氏，經所謂叔老、叔弓、叔鞅皆是，然傳又稱「叔」氏為「子叔」，如稱叔老為子叔齊子，稱叔弓為子叔子，以二字為氏，故公孫嬰齊亦稱子叔嬰齊也。然叔氏何以又稱子叔？子為美稱，春秋時人之字多止一字，而每於字上冠子，稱子某，後人或以某為氏，如鄭之罕氏、駟氏、游氏、印氏是也。然亦有以子某為氏，如鄭子人氏、魯子服氏、子家氏是也。叔肸之後或稱叔某，或稱子叔某，與此同例。

0395、公孫彌牟（哀二十五）、子之（哀十二）、南氏（哀二十五）、文子（哀二十五）——衛

　　案：左哀二十五「奪南氏邑」，杜注：「南氏，子南之子公孫彌牟。」傳下文即稱公孫彌牟。子南即公子郢、為衛靈之子，則公孫彌牟即衛靈公之孫，故稱公孫。左哀二十六公孫彌牟曰「彌牟亡而有益」，自稱彌牟，則彌牟，其名也。又左哀二十五「見子之……文子曰」，稱其為「子之」、「文子」、杜注：「子之、公孫彌牟。」解詁云：「衛公孫彌牟，字子之。」以子之為其字。其稱「文子」者，文蓋其諡也。前引左哀二十五稱公孫彌牟為「南氏」，左哀二十六亦稱「南氏相之」，南氏指公孫彌牟也。彌牟之父公子郢字南，則公孫彌牟以父字為氏也。

0396、公孫獲（隱十一）、獲（隱十一）——鄭

　　案：左隱十一鄭莊公告許大夫百里曰「吾將使獲也佐吾子」，杜注：「獲，鄭大夫公孫獲」，鄭莊公於他國之臣前當稱己臣之名，則獲，其名也，傳下文亦稱「公孫獲。」

0397、公孫歸父（宣十經）、子家（宣十）、歸父（宣十八經）——魯

　　案：左宣十經「公孫歸父如齊」，杜注：「歸父、襄仲子」，則是魯莊公

之孫，故稱公孫，傳云：「子家如齊」，稱子家者，解詁云：「魯公孫歸父、字子家。」以歸父爲其名，子家爲其字，其後人以子家爲氏，見 0112 子家羈條。

0398、公孫歸生（襄二十七經）、聲子（襄二十六）、歸生（襄二十六）、子家（昭元）——蔡

案：左襄二十六「伍舉與聲子相善也。」杜注：「聲子、子朝之子。」子朝爲蔡之公子，見 0062 大師子朝條，傳又載聲子曰「歸生聞之」，自稱歸生，則歸生、其名也。稱聲子者，聲蓋其謚也。左昭二十七經、傳，左昭元經皆稱之爲「公孫歸生」，左昭元謂之「蔡子家」，解詁云：「蔡公孫歸生，字子家。」以歸生爲其名，子家爲其字。左定四經、哀四經、傳有公孫姓，趙坦、竹添光鴻及春秋經傳引得皆以爲一人，疑非是，詳見 0346 公孫姓條。

0399、公孫獵（哀三經）——蔡

案：左哀三經「蔡人放其大夫公孫獵于吳」，經多書名，獵蓋其名也。

0400、公孫蠆（襄二十九）、子尾（襄二十八）——齊

案：左襄二十八「子雅、子尾怒」，杜注：「二子，皆惠公孫。」齊惠公孫故曰公孫。次年傳「公孫蠆、公孫竈放其大夫高止於北燕」，杜注：「蠆、子尾。」呂氏春秋慎行篇高誘注：「蠆、惠公之孫、公子高祈之子子尾也。」謂公孫蠆爲公子高祈之子。解詁云：「齊公孫蠆、字子尾。」以蠆爲其名，子尾爲其字。

0401、公孫蠆（襄九）、子蟜（襄八）、司馬子蟜（襄十四）——鄭

案：左襄十四經「叔孫豹會……鄭公孫蠆……伐秦」，經多書名，則蠆當是其名也。左襄九「公孫蠆」，杜注云：「子蟜。」解詁云：「鄭公孫蠆，字子蟜。」以蠆爲其名、子蟜爲其字。據杜氏世族譜，公孫蠆爲公子偃之子，鄭穆公之孫，故於名上冠公孫，稱公孫蠆也。左襄十四「鄭司馬子蟜帥鄭師以進」，司馬，其官也。

0402、公孫鍾離（文八）——宋

案：左文八宋襄夫人「殺襄公之孫孔叔、公孫鍾離……」，是公孫鍾離爲宋襄公之孫，故稱公孫，鍾離當是其名。

0403、公孫竈（襄二十九）、子雅（襄二十八）——齊

案：左襄二十八齊「子雅、子尾怒」，杜注：「二子皆惠公孫。」次年傳

「公孫蠆、公孫龜放其大夫高止於北燕」，杜注：「竈，子雅。」呂氏春秋慎行篇高誘注云：「公孫竈，惠公之孫，公子欒堅之子子射也。」謂公孫竈為公子欒堅之子，又其稱「子射」者，射當為雅之譌。解詁云：「齊公孫竈、字子雅。」以竈為其名，子雅為其字。

0404、公壻池（文八）——晉

　　案：左文八「且復致公壻池之封」，杜注：「公壻池、晉君女壻。」孔疏曰：「釋親云：女子子之夫為壻。傳稱公壻，知是晉君之女壻，池、其名也。」而楊注駁之：「十七年傳云『晉鞏朔行成於鄭，趙穿，公壻池為質焉』，則趙穿與公壻池為兩人（原注：朱駿聲謂『趙穿名池，一人也』，不可信），又據十二年傳『趙有側室曰穿，晉君之壻也』文，趙穿實為晉君女壻，反不曰「公壻」，何池獨曰『公壻』？公壻亦是氏。」會箋云：「定五年吳及楚戰于公壻之谿，注『公壻、楚地名』，蓋公壻池本楚人，奔晉，因地為氏者，池，其名也。」謂公壻本楚人，以地為氏。

0405、公期（定八）——魯

　　案：左定八孟氏「為公期築室於門外」，杜注：「公期、孟氏支子。」魯三家之後，有於名或字上冠「公」字為稱者，公期蓋亦如是，詳頁六五。

0406、公賁（昭二十五）——魯

　　案：左昭二十五「公為告公果、公賁」，杜注：「果、賁皆公為弟。」則公賁為魯昭公之子，賁蓋其字，因為魯昭公之子，故於字上冠「公」字，稱公賁，詳0328公果條。

0407、公鉏極（定八）——魯

　　案：左定八「公鉏極……不得志於季氏」，杜注：「公彌曾孫，桓子族子。」公彌名彌字鉏，於字上冠與公室有關之「公」字，曰公鉏，見0410公彌條，故其後人以公鉏為氏，然則公鉏極者，氏公鉏，極為其名或字。

0408、公賓庚（哀八）——魯

　　案：左哀八魯「公賓庚、公甲叔子與戰于夷」，廣韻公字注云：「複姓……左傳魯有……公賓庚。」以公賓為其「複姓」。後漢書劉玄傳載「東海人公賓就」，注云：「風俗通曰：『公賓、姓也，魯大夫公賓庚之後。』」由左傳人物名號考察，魯君之子或三家之後有於字上冠「公」字，稱公某，而其後人以公某為氏；亦有於字上冠「公」字，稱公某，後殿以名者，參0316公冉

務人條。則公賓庚或氏公賓、名庚，不然則庚爲其名，賓爲其字，因與魯公室有關，故連言曰公賓庚。

0409、公衡（成二）、衡父（成二）——魯

案：左成二「公衡爲質」，杜注：「公衡，成公子。」沈欽韓春秋左氏傳補注六駁云：「成公雖有子，尚幼不仕爲質，蓋宣公子也。」又楊伯峻云：「公羊成公十五年傳謂『宣公死、成公幼』，以成公即位十四年後娶妻推之，此說可信。」見春秋左傳注頁七八一，然則魯成公即位時年尚幼，其即位之二年，豈有子可爲質乎？公衡必非魯成公之子也。其稱公衡者，魯之公子及三家之後，得於名或字上冠公字，詳頁六五。同傳臧宣叔稱其曰「衡父」、父者，男子之美稱，春秋時以名或字配父，實爲常例，蓋時公衡年輩俱長，故臧宣叔稱其曰衡父，此亦可證公衡非魯成公之子也，又左昭七蓮啓彊述魯成公之言曰「吾……將使衡父照臨楚國」，成公呼其曰衡父，以字配父，則公衡年輩當俱長於魯成公也。

0410、公彌（襄二十二）、彌（襄二十三）、公鉏（襄二十三）、公鉏氏（襄二十三）——魯

案：左襄二十三「公彌長……而召公鉏」，據傳及杜注，公彌即公鉏，傳載其父季武子曰：「彌與紇……」稱其子曰彌，則彌，其名也，稱公彌者，魯君之子及三家之後得以公字冠名字上，詳頁六五。解詁云：「魯季公彌，字鉏」，謂鉏爲其字，是也。左定十齊「犂彌」勸齊君以兵刼孔子，而史記齊大公世家作「犂鉏」，可爲古人名彌字鉏者證，解詁釋其名字相應云：「彌、讀爲鑷，玉篇『鑷、青州人呼鎌也』，說文『鉏、立薅斫也』，鑷、鉏皆所以芟夷者，故名鑷、字鉏。」公彌字鉏，又稱公鉏者，亦於字上冠與公室有關之「公」字也。同傳稱公鉏氏者，謂公鉏家也。因其以鉏爲字，稱公鉏，故其子孫以公鉏爲氏，詳 0407 公鉏極條。

0411、公斂陽（定八）、公斂處父（定七）、處父（定七）、陽（定八）——魯

案：左定七「公斂處父御孟懿子」，杜注：「處父，孟氏家臣，成宰公斂陽。」次年傳即稱其「公斂陽」，既稱公斂陽，又稱公斂處父，則公斂當是其氏，廣韻「公」字注引公斂陽，以公斂爲複姓，解詁云：「魯公斂陽、字處父。」以陽爲其名，處父爲其字。

0412、壬（哀六）、齊簡公（哀十四）——齊

　　案：左哀六公子陽生告家臣闞止曰「反與壬也處」，杜注：「壬，陽生子簡公。」父當稱子之名，則壬、其名也。左哀十四稱「齊簡公」，簡蓋其謚也。

0413、夫人南子（定十四）——衛

　　案：左定十四「衛侯爲夫人南子召宋朝」，杜注：「南子，宋女也，朝，宋公子，舊通于南子，在宋呼之。」謂南子爲宋女，南子之子即其母家姓。春秋時婦女稱謂有以母家氏冠於母家姓上爲稱者，詳上篇第二章，南或其母家氏也。左通補釋三十引周氏附論曰：「莊子云『衛靈公有妻三人』，南子蓋其最寵者，故立以爲夫人，如晉驪姬及少齊之類……南子者，殆爲別號以寵異之，如楚懷王后鄭袖之稱南后也。」則以南子爲別號，如鄭袖之稱南后。然戰國策楚三楚王「召南后、鄭袖而觴之」，繼云：楚王曰「吾固以爲天下莫若是兩人也」，則南后、鄭袖爲二人，非南后爲鄭袖之號，周氏附論之說蓋非。

0414、夫槩王（定四）——吳

　　案：左定四「闔廬之弟夫槩王晨請於闔廬曰」，則夫槩王爲吳王闔廬之弟，其稱夫槩王何？左定五「夫槩王歸自立也，以與王戰，而敗，奔楚」，杜注：「自立爲吳王，號夫槩。」據此，則其自立爲王，而以夫槩爲號，猶其兄吳子光名光，即位爲王後，號闔廬也。參頁五七。

0415、孔父嘉（桓二）、孔父（隱三）——宋

　　案：此孔子之先祖。左桓二經「宋督弒其君與夷及其大夫孔父」，杜注以孔父爲名，同年傳「孔父嘉」，杜注又謂嘉爲其字；此說蓋非也；孔父嘉實名嘉，字孔，古人名字連言，皆先字後名。又古人名字相應，名嘉字孔者，其例甚多，如鄭公子嘉、又稱子孔，司徒孔，孔爲其本字，子爲字上所冠之美稱，與本字合稱「子孔」，而成通行之名號。楚成嘉，亦稱子孔，其例同，此孔父嘉，亦名嘉，本字孔，故其後嗣以其字「孔」爲氏，稱孔氏。父者，字後所殿男子美稱之詞，與本字合稱孔父，而爲通行之名號。孔子家語本姓解謂「孔父者，生時所賜號也。」此亦非也。

0416、孔丘（昭七）、仲尼（僖二十八）、孔子（宣二）、丘（襄十一）、尼
　　　　父（哀十六）——魯

　　案：左襄十一孔子曰「丘不識也」，自稱丘，則丘、其名也。左哀十六魯哀公誄，孔子，稱其曰「尼父」，禮記檀弓上鄭注云：「尼父，因其字以爲之

諡。」其字爲且字之誤，哀十六孔疏引作「且字」，說文「且，所以薦也」，段玉裁注云：「蓋古二十而冠，祇云某父，五十而後以伯仲，某父者，所以承藉伯仲也。」又於經韵樓集且字考下云：「凡承藉於下曰且，凡冠而字，祇有一字耳，必五十而後以伯仲，故下一字所以承藉伯仲也。言伯某、仲某，是稱其字，單言某父，是稱其且字。」又儀禮士喪禮「哀子某爲其父某甫」下鄭注云：「某甫，且字也，若言山甫、孔甫矣。」以山甫、孔甫爲且字，則亦以尼父爲且字，鄭玄之意謂哀公以孔子之且字尼父爲諡也。此當據左隱八「諸侯以字爲諡」而立說。依左傳考之，春秋時人之字止一字，而以字配父爲稱者極多，如孔子先祖孔父及儀父、皇父、眾父、華父、羽父等皆是，鄭玄以古人之字配父者爲「且字」，則必如段玉裁所謂以行次配字者爲「字」，此則非也。孔子之字止一尼字，故孔子又以其行次「仲」冠字上，稱仲尼。孔子有兄，論語載孔子以其兄之子妻南容，家語本姓解稱其兄爲「孟皮」，故孔子之行次爲仲，配以字、稱仲尼，而爲通行之稱呼。春秋時人或以行次配字行，或以字配「父」字行，孔子則以行次配字行，故自史記後皆稱孔子字仲尼也。又其先祖曰孔父嘉，字孔，後人以字爲氏，稱孔氏，以氏配名，稱孔丘，稱孔子者，子、男子之美稱，以氏配子，猶如左隱四稱石碏曰石子也。

0417、孔伯姬（哀十五）、孔姬（哀十五）、伯姬（哀十五）、伯姬氏（哀十五）——衛

　　案：左哀十五「衛孔圉取大子蒯聵之姊……孔姬使之焉」，孔姬爲衛大子之姊，孔圉之妻，衛爲姬姓，則稱孔姬者，以夫氏冠母家姓也。傳又稱其曰伯姬，伯爲其行次。以夫氏配行次配母家姓，則稱孔伯姬。

0418、孔叔（文八）——宋

　　案：左文八「宋襄夫人……殺襄公之孫孔叔……」，則孔叔爲宋襄公之孫。

0419、孔叔（僖三）——鄭

　　案：左僖三「孔叔不可」，杜注：「孔叔、鄭大夫。」左僖五、僖七皆載鄭孔叔諫君事，當即一人，左僖七鄭大子華告齊侯曰「洩氏、孔氏、子人氏三族實違君命」，會箋謂「孔氏必孔叔矣」，其說可從，則孔、其氏也，叔，蓋其行次。

0420、孔奐（襄二十七經）——陳

　　案：左襄二十七經「叔孫豹會晉趙武、楚屈建、蔡公孫歸生、衛石惡、

陳孔奐、鄭良霄，許人、曹人于宋」，經於諸侯大夫除公孫歸生外，皆書氏名，以此例之，則孔奐當是氏孔名奐。左宣九陳有孔寧，又稱公孫寧，孔奐或是其後。又孔奐、公羊作孔瑗，春秋異文箋云：「奐、瑗音相近，公羊作瑗，聲之誤。」

0421、孔姞（哀十一）——衛

案：左哀十一「衛大叔疾出奔宋……衛人立遺，使室孔姞」杜注：「遺、疾之弟，孔姞，孔文子之女，疾之妻。」，則孔姞之孔為其母家氏，春秋時婦女繫姓，姞為其母家姓也。

0422、孔虺（襄二十一）——齊

案：左襄三十一齊「工僂灑、渻竈、孔虺、賈寅出奔莒」，則孔虺為齊人。

0423、孔悝（哀十五）、孔叔（哀十五）、悝（哀十五）——衛

案：左哀十五「衛孔圉取大子蒯瞶之姊，生悝」，傳又稱孔悝，則孔悝為孔圉之子，孔為其氏，悝蓋其名。傳載子路稱其曰孔叔，叔當是其行次。

0424、孔烝鉏（昭七）、孔成子（成十四）、成子（昭七）——衛

案：左成十四「使孔成子、甯惠子立敬姒之子衎」，杜注：「成子，孔達之孫。」則孔、其氏也。左昭七「孔成子夢康叔謂己立元」，杜注：「成子，衛卿，孔達之孫烝鉏也」，則孔成子即孔烝鉏。同傳史朝夢衛康叔謂己「余將命而子苟與孔烝鉏之曾孫圉相元」，衛康叔當稱衛臣之名，則烝鉏、其名也。其稱成子者，成當是其謚。

0425、孔圉（定四經）、圉（昭七）、孔文子（哀十一）、文子（哀十一）
**　　——衛**

案：左定四經「晉士鞅、衛孔圉帥師伐鮮虞」，杜注：「孔圉、孔羈孫。」則孔、其氏也。左哀十一孔圉曰「圉豈敢度其私」，自稱圉，則圉、其名也。圉，公羊定四經作圄，春秋異文箋云：「圉、圄，音同義通，古或通用。」左哀十一稱其孔文子，文子，文蓋其謚也。

0426、孔將鉏（僖二十四）——鄭

案：左僖二十四「鄭伯與孔將鉏……省視官具于氾」，杜注謂孔將鉏為「鄭大夫」，左僖七載鄭有「孔氏」之族，又有大夫孔叔，孔將鉏或其後，氏孔，名將鉏歟？

0427、孔張（昭十六）──鄭

案：左昭十六鄭「孔張後至」，杜注：「孔張，子孔之孫。」同傳「孔張⋯⋯子孔之後也」，杜注亦云，「子孔⋯⋯孔張之祖父。」鄭穆公之子公子嘉字孔，參 0274 公子嘉條，則孔張以王父字爲氏也。

0428、孔達（文元）、達（宣十四）──衛

案：左宣十四衛「告于諸侯曰：寡君有不令之臣達」，告於他國當稱己國臣子之名，則達爲其名也。傳又稱孔達，孔爲其氏也，其後衛有孔烝鉏、孔圉、孔悝等，爲其後人。左閔二衛有孔嬰齊，春秋分記世譜七以爲其父，並述其世系云：「孔氏：嬰齊生達、達之孫烝鉏，烝鉏生羈，羈之孫圉，圉生悝。」

0429、孔嬰齊（閔二）──衛

案：左閔二衛與狄戰「孔嬰齊殿」，則孔嬰齊爲衛人。春秋分記世譜七衛孔氏下首列孔嬰齊，並謂孔達爲其子，左通補釋四之說同，云：「孔達見文元年，嬰齊即其父也，杜譜列之雜人內，蓋誤。」然則孔、其氏也，嬰齊爲其名。春秋時人有名嬰齊者，如楚公子嬰齊、晉趙嬰齊、魯公孫嬰齊、仲嬰齊等皆是也。

0430、少西氏（宣十一）──陳

案：左宣十一「將討於少西氏」，杜注：「少西，澂舒之祖子夏之名。」又國語楚語上載「昔陳公子夏爲御叔娶於鄭穆公，生子南。子南之母亂陳而亡之」，子南即夏徵舒，其母夏姬淫亂亡陳，見左宣十、十一，據國語，夏徵舒之祖曰公子夏，左傳鄭公孫夏字西，左襄十稱子西，知夏與西名字相應。杜注謂少西爲公子夏之名者，以夏徵舒氏夏，當以王父字爲氏，故推夏爲字，少西爲名，其說是也。以左傳人物字多一字，亦可證夏當是字，而少西爲名。傳稱「討於少西氏」者，氏當釋爲族或家，言討於少西之族、少西之家也。

0431、少良（桓六）──北戎

案：左桓六「北戎伐齊⋯⋯鄭大子忽⋯⋯大敗戎師，獲其二帥大良、少良」，楊注云：「大良、少良，或云人名，猶論語微子之有少連；或云官名，猶史記商君列傳秦之有大良造。章炳麟以爲大良、少良，大君、少君也，皆其酋豪之稱，猶左賢王、右賢王。說詳春秋左傳讀。以文義論之，似以人名爲較確。」

0432、少姜（昭二）、少齊（昭二）——晉

案：左昭二「齊陳無宇送女，致少姜，少姜有寵於晉侯，晉侯謂之少齊」，杜注：「爲立別號，所以寵異之。」會箋云：「長少是其行，猶長衛姬、少衛姬耳。在姜姓唯齊爲大，故代姜以齊，此所以寵異之。」楊注：「于當時之禮，婦應稱母家姓，今不稱姜，而以其國名爲稱，所以表示寵異。」則會箋、楊注皆以少齊之齊指齊國。

0433、少師（桓六）——隨

案：左桓六「隨人使少師董成」，杜注：「少師，隨大夫。」會箋云：「少師應是官名，其姓名竟不可知。」楊注同。春秋大事表十亦以少師爲隨官名。

0434、少康（襄四）

案：左哀元「昔有過澆……滅夏后相，后緡方娠，逃出自竇，歸于有仍，生少康焉」，則少康爲夏后相之子。

0435、少衛姬（僖十七）——齊

案：左僖十七齊桓公「內嬖如夫人者六人，長衛姬生武孟，少衛姬生惠公，鄭姬生孝公，葛嬴圭昭公……」衛爲姬姓之國，故衛女以母家國名配母家姓，稱衛姬，與鄭姬，葛嬴一律，因桓公內嬖有二衛姬，故以長、少別之。

0436、少皞摯（昭十七）、少皞氏（文十八）、金天氏（昭元）

案：左文十八「少皞氏有不才子」，杜注：「少皞，金天氏之號，次黃帝。」左昭元「昔金天氏有裔子」，杜注：「金天氏，帝少皞。」孔疏云：「金天、代號，少皞，身號。」左昭十七「少皞氏鳥名官」，杜注：「少皞，金天氏，黃帝之子。」則杜注以少皞即金天氏，爲黃帝之子，繼黃帝而立，雷學淇所輯世本云：「少昊，黃帝之子，名契，字青陽，黃帝歿，契立，王以金德，號曰金天氏。」則世本亦謂少皞即金天氏，爲黃帝之子，與杜注同。

0437、尹公佗（襄十四）——衛

案：左襄十四「尹公佗學射於庚公差，庚公差學射於公孫丁，二子追公」，杜注：「二子，佗與差也。」單稱佗與差。傳又稱庚公差爲子魚，差與魚名字相應，即差爲名，詳 1679 庚公差條，然則佗蓋亦名也。孟子離婁下亦載此事，與左傳人名事蹟有異有同，而尹公佗作「尹公之他」，之爲人物名號中之助詞，參頁七一。

0438、尹氏（僖二十八）——周

　　案：左僖二十八「王命尹氏及王子虎、內史叔興父策命晉侯為侯伯」，左隱五周有尹氏，杜注：「尹氏……周世族大夫也。」會箋曰：「尹氏世為周卿士，食采於尹。」楊注亦云：「蓋食邑於尹，因為氏者。」

0439、尹氏（隱十一）——鄭

　　案：左隱十一「鄭人囚諸尹氏」，杜注：「尹氏，鄭大夫。」會箋云：「鄭近出自周，必是周尹氏之分族也。」

0440、尹何（襄三十一）——鄭

　　案：左襄三十一鄭「子皮欲使尹何為邑」，杜注：「為邑大夫。」則尹何蓋鄭人。鄭有尹氏，見 0439 尹氏條。則尹何或氏尹歟？

0441、尹言多（襄三十）——周

　　案：左襄三十周「尹言多，劉毅、單蔑、甘過、鞏成殺佞夫」，杜注：「五子，周大夫。」會箋云：「尹言多與劉、單同列，其為世卿無疑，蓋尹武公之後也。」謂尹言多為尹武公之後，則尹、其氏也，言多蓋其名。

0442、尹辛（昭二十三）——周

　　案：左昭二十三周「尹辛敗劉師于唐」，杜注：「尹辛，尹氏族。」則尹、其氏也。

0443、尹氏固（昭二十六）、尹固（昭二十九）——周

　　案：左昭二十六「王子朝及召氏之族、毛伯得、尹氏固、南宮嚚奉周之典籍以奔楚」，杜注：「尹、召二族皆奔，故稱氏，重見尹固名者，為後還見殺。」謂固為名，尹為氏，又謂左昭二十九「尹固之復也」，即此尹氏固。

0444、尹武公（成十六）、尹子（成十六經）——周

　　案：左成十六經「公會尹子……伐鄭」，杜注：「尹子，王卿士，子爵。」同年傳稱其為尹武公，武蓋其謚也。

0445、尹圉（昭二十三）、尹文公（昭二十五）——周

　　案：左昭二十三「尹圉誘劉佗殺之」，杜注：「尹圉，尹文公。」左昭二十五即稱之為尹文公，則尹、其氏也。文蓋其謚也，圉則其名或字。馮繼先疑此即尹氏固。

0446、巴子（桓九）——巴

　　案：左桓九「巴子使韓服告于楚」，杜注：「巴國在巴郡江州縣。」則巴

子爲巴國之君。

0447、巴姬（昭十三）——楚

　　案：左昭十三楚共王「與巴姬密埋璧於大室之庭」，杜注：「巴姬，共王妾。」左桓九有巴子，爲巴國之君，則巴姬之巴，蓋其母家國名，春秋婦女繫姓爲稱，姬、其母家姓也。

0448、文之無畏（文十）、無畏（文十）、子舟（文十）、申舟（宣十四）、
　　　　毋畏（宣十五）——楚

　　案：左文十楚「文之無畏爲左司馬」，左宣十五其子申犀言於楚穆王曰「毋畏知死」，於君前當稱己父之名，則毋畏、其名也。無畏又作毋畏，蓋無、毋字通也。左文十又稱其曰「子舟」，杜注：「子舟，無畏字。」實則舟爲其字，子爲字上所冠男子美稱之詞，其稱申舟者，左通補釋九云：「申，其食邑。」左宣十五稱其子曰「申犀」，則申爲其氏，稱申舟者，以氏配字而成之稱謂也。其稱文之無畏者，潛夫論志氏姓云：「申氏……芈姓也……楚大夫申無畏者，又氏文氏。」謂文亦其氏。左通補釋九引萬氏氏族略云：「申舟稱文之無畏，疑是文族，楚文王之後也。」左通補釋據此云：「文蓋以諡爲氏者。」未知其說然否，又「之」字則爲語助，可有可無，故左通補釋云：「之，語詞，淮南主術篇稱文無畏可見。」呂氏春秋行論篇亦作「文無畏」，無「之」字，此如介之推又稱介推、燭之武又作燭武，之爲氏名間之語詞，參頁七一。

0449、文之鍇（哀四）、鍇（哀四）——蔡

　　案：左哀四「文之鍇後至……鍇執弓而先……鍇遂殺之」，杜注：「鍇，蔡大夫。」傳稱鍇，則鍇爲其名或字，文或其氏，之蓋氏與名或字間之語助。參頁七一。

0450、文夫人（僖三十三）——鄭

　　案：左僖三十三「文夫人歛而葬之鄶城之下」，杜注：「鄭文公夫人也。」以夫諡稱，故曰文夫人。

0451、文芈（僖二十二）、芈氏（僖二十二）——鄭

　　案：左僖二十二「鄭文夫人芈氏……文芈送于軍」，杜注：「鄭文公夫人芈氏，楚女。」楚爲芈姓之國，稱芈氏者，以母家姓稱也。以夫諡配母家姓則曰文芈也。

0452、文姜（桓六）、姜氏（桓三經）、夫人姜氏（莊四經）——魯

案：左桓三經「齊侯送姜氏于讙」，此魯桓公之夫人，齊女，左桓六稱文姜，文、其謚也，姜、其母家姓也。以謚配母家姓，爲春秋婦女稱謂之通例。

0453、文嬴（僖三十三）、夫人嬴氏（僖二十四）——晉

案：左僖二十四「晉侯逆夫人嬴氏以歸」，杜注：「秦穆公女文嬴也。」左僖三十三即稱「文嬴」，此晉文公之夫人，文蓋其夫謚，嬴、其母家姓，如晉懷公之夫人亦稱懷嬴也。

0454、比（定十三經）——薛

案：左定十三經「薛弒其君比」，經多書名，則比爲其名。

0455、毛伯得（昭二十六）、毛得（昭十八）、毛伯（昭二十六經）——周

案：左昭二十六「王子朝及召氏之族，毛伯得……奉周之典籍以奔楚」，左昭十八稱毛得，云「周毛得殺毛伯過而代之」，則毛爲其氏，得爲其名或字。

0456、毛伯過（昭十八）——周

案：左昭十八「周毛得殺毛伯過而代之」，杜注：「毛伯過，周大夫。」周有毛氏，毛伯過氏毛，過蓋其名也。

0457、毛伯衛（文元）、毛伯（文元經）——周

案：左文元經「天王使毛伯來錫公命」，杜注：「毛、國，伯、爵。」傳稱「毛伯衛」，杜注：「衛、毛伯字。」會箋云：「衛、名也。諸侯不生名，王朝之公卿多名者，周公閱、楚、黑肩、召伯廖、奐、盈，毛伯得、過，原伯貫、魯，劉子摯，尹氏固，芮伯萬，皆是名。」楊注亦云：「衛當是毛伯之名。」

0458、王大子壽（昭十五）、大子壽（昭二十六）——周

案：左昭十五「王大子壽卒」，杜注：「周景王子。」因與王有關，故於大子壽之名號上冠以王字。

0459、王大子鄭（僖五）、王世子（僖五經）、襄王（僖七）、襄（成十一）——周

案：左僖五經「公及齊侯……會王世子于首止」，杜注謂王世子即「惠王大子鄭」，傳亦稱「王大子鄭」，鄭蓋其名，以其爲周王之子，故於世子、大子之上冠以王字。左僖七稱襄王，襄蓋其謚也。

0460、王子地（哀十三）、地（哀十三）——吳

案：左哀十三「越子伐吳，爲二隧……吳大子友。王子地……自泓上觀

之」，則王子地爲吳人。

0461、王子牟（襄二十六）、申公子牟（襄二十六）、子牟（襄二十六）
　　──楚

　　案：左襄二十六「伍舉娶於王子牟，王子牟爲申公而亡」，傳稱王子牟，
則牟蓋其名也，稱子牟，則名上冠以男子美稱之子字也。因其爲楚申公，故
稱申公子牟。

0462、王子伯廖（宣六）、伯廖（宣六）──鄭或楚

　　案：左宣六「鄭公子曼滿與王子伯廖語」，王子伯廖，傳又稱伯廖，杜注：
「鄭大夫。」沈欽韓春秋左氏傳補注五云：「王子似是周人，非鄭大夫，鄭無
王子也。」惠士奇亦以爲非鄭大夫，見惠棟春秋左傳補註。俞樾以爲楚大夫，
云：「此傳本與上文楚人伐鄭取成而還連屬爲一，楚與鄭成，故其大夫交相見，
因而鄭公子曼滿得與楚王子伯廖語也。」見群經平議二十六。楊注云：「周自
有王子，楚自稱王，亦有王子，然列國亦有王子，文十一年傳齊有王子成父，
襄八年及十一年傳鄭有王子伯駢，則此王子伯廖或亦是鄭大夫。」並以俞樾
之說無據。作廖蓋其名也。

0463、王子伯駢（襄八）──鄭

　　案：左襄八鄭「使王子伯駢告于晉曰」，杜注：「伯駢，鄭大夫。」左襄
十一亦載「鄭人使王子伯駢行成」，則王子伯駢爲鄭人。左宣六有王子伯廖，
杜注以爲鄭大夫，左通補釋十五引高氏左傳姓名同異攷一云：「伯駢、王子伯
廖之子」，蓋以王子爲其氏，楊注云：「不知其據。」

0464、王子佞夫（襄三十）、佞夫（襄三十經）──周

　　案：左襄三十「儋括欲立王子佞夫」，杜注：「佞夫，靈王子，景王弟。」
同年經亦稱「佞夫」，經多書名，佞夫蓋其名也。佞夫，公羊作「年夫」，春
秋異文箋云：「佞、年音相近，故公羊作年。」

0465、王子克（桓十八）、子儀（桓十八）──周

　　案：左桓十八「周公欲弒莊王而立王子克」，杜注：「莊王，桓王太子，
王子克，莊王子儀。」則王子克即子儀，爲周桓王之子，周莊王之弟，傳下
文即稱「子儀」，解詁云：「周王子克，字子儀。」以克爲其名，子儀爲其字。

0466、王子成父（文十一）──齊

　　案：左文十一「鄋瞞伐齊，齊王子成父獲其弟榮如」，杜注：「王子成父，

齊大夫。」

0467、王子姑曹（哀八）、公子姑曹（哀十七）——吳

案：左哀八「以王子姑曹當之」，杜注謂王子姑曹爲「吳王之子」，左哀十七高柴告孟武伯，稱其「公子姑曹」，稱王子者，以吳僭稱王，故吳君之子或稱王子。姑曹當是其名。

0468、王子狐（隱三）——周

案：左隱三「周鄭交質，王子狐爲質於鄭」，杜注：「王子狐，平王子。」

0469、王子虎（僖二十八）、王叔文公（文三）——周

案：左文三經「王子虎卒」，經多書名，虎蓋其名。傳云：「王叔文公卒」，則王叔文公即王子虎，文蓋其謚也。其稱王叔者，春秋分記世譜一謂王叔文公爲周莊王之子，周惠王之叔，陳氏世族譜則以爲周惠王之弟，周襄王之叔，叔當是其行次。左傳人物名號中，與王有關者或冠王字，詳頁六九，因其爲周王之子，故以王字配行次曰王叔，猶魯昭公之子務人以「公」字配行次，曰公叔也，詳見 0323 公叔務人條。左文三於王叔文公卒後又載「王叔桓公」，杜注以爲「王叔文公之子」，孔疏謂「蓋以王叔爲其氏」，其說是，杜氏世族譜即於周「王叔氏」下首列王叔文公，次王叔桓公，次王叔陳生，以王叔爲其氏，則王叔文公之子即以其父王叔之稱爲氏，猶衛公孟縶之子以其父公孟之稱爲氏也，參 0325 公孟彄條。

0470、王子帶（僖十一）、大叔帶（僖七）、大叔（僖二十二）、甘昭公（僖二十四）、昭公（僖二十四）、帶（僖二十四）、叔帶（昭二十六）——周

案：左僖七「惠王崩，襄王惡大叔帶之難」，杜注：「襄王，惠王大子鄭也，大叔帶，襄王弟，惠后之子也。」則大叔帶爲周惠王之子，周襄王之弟，故左僖十一謂之王子帶，帶蓋其名也。左僖二十四襄王告于魯，即稱其曰帶。叔則爲其行次，其稱大叔者，蓋其爲襄王大弟故也，如鄭莊公之母弟共叔段亦稱大叔，詳頁七四。左僖二十四稱「甘昭公」，杜注：「甘昭公，王子帶也，食邑於甘。」則甘、其采邑名，昭蓋其謚也。稱叔帶者，以行次配名爲稱也。

0471、王子處（昭二十二）——周

案：左昭二十二周「單子使王子處守于王城」，杜注謂王子處爲王子猛黨。

0472、王子朝（昭二十二）、子朝（昭二十二）、西王（昭二十三）——周

案：左昭二十二「王子朝、賓起有寵於景王」，杜注：「子朝，景王之長庶子。」則王子朝爲周景王之子，故稱王子。左昭二十三經「尹氏立王子朝」，經多書名，朝蓋其名也。稱子朝者，名上冠男子美稱子字也。左昭二十三「今西王之大臣亦震……東王必大克」，杜注：「子朝在王城，故謂西王。」「敬王居狄泉，在王城之東，故曰東王。」據傳，王子朝與周敬王爭王位，周有二王、王子朝在王城，稱西王，而敬王居狄泉，在王城之東，故傳稱東王。

0473、王子瑕（襄三十經）、瑕（襄三十）——周

案：左襄三十經「王子瑕奔晉」，此周之王子，經多書名，瑕蓋其名也。

0474、王子趙車（昭二十九）——周

案：左昭二十九「王子趙車入于鄻以叛」，杜注：「趙車，子朝之餘也。」謂王子趙車爲周王子朝之餘黨，則王子趙車爲周人，趙車蓋其名。

0475、王子罷（成七）——楚

案：左成七楚子重、子反「使沈尹與王子罷分子蕩之室」，則王子罷爲楚人。

0476、王子頹（莊二十）、子頹（莊十九）、頹（昭二十六）——周

案：左莊十九「王姚嬖于莊王，生子頹」，則子頹爲周莊王之子，故又稱王子頹。頹蓋其名，稱子頹者，名上冠男子美稱子字也。

0477、王子還（昭二十二）、還（昭二十二）——周

案：左昭二十二周「王子還夜取王以如莊宮」，杜注：「王子還、子朝黨也。」謂王子還爲周王子朝之黨。傳續云：「群王子追之、單子殺還、姑、發、弱、鬷、延、定、稠」，楊注云：「上文云『群王子』，則此八人皆王子，故僅稱其名。」以王子還等爲周之王子，並謂還、姑、發……等皆是名。

0478、王子職（文元）、職（文元）——楚

案：左文元楚成王「既又欲立王子職」，杜注：「職、商臣庶弟。」謂王子職爲楚大子商臣之庶弟，則亦楚成王之子。同傳成王妹江羋稱「而立職也」，以姑稱姪，當呼其名，則職，其名也。

0479、王子黨（僖十）——周

案：左僖十「周公忌父、王子黨會齊隰朋立晉侯」，杜注：「王子黨，周大夫。」

0480、王札子（宣十五經）、王子捷（宣十五）──周

案：左宣十五經「王札子殺召伯、毛伯」，杜注：「王札子、王子札也，蓋經文倒札字。」謂王札子爲王子札之誤倒。同年傳「王孫蘇與召氏、毛氏爭政，使王子捷殺召戴公及毛伯衛」，杜注：「王子捷即王札子。」謂經王札子即傳之王子捷。會箋以杜注爲非，於「王札子」下云：「王札子即王孫蘇也，札者，其名也，以子配名者，桓十六傳有急子、壽子，成十八年晉悼公稱周子，皆王札子之例也……蘇蓋其字也，如公子夏、公子干，皆其字也，王是王儋季之王，蓋王子、王孫之冒王。」會箋謂經王札子即傳之王孫蘇，札爲其名，蘇爲其字。然左傳人物名號中，稱公子某，公孫某，王孫某，某多爲名，其所舉公子夏、公子干之例，爲國語之例，而非左傳之例；且若以札爲其名，則左傳多名、字互見，然左傳凡五稱王孫蘇，見左文十四、十五、十六，而無一稱王孫札者，豈左傳皆稱其字，而不稱其名乎？會箋之說疑非是。經之王札子蓋即傳之王子捷也，解詁云：「周王札子字捷。」並解云：「捷，讀曰楫，船櫂也，釋名曰：『船在旁撥水曰櫂，又謂之札，形似札也；又謂之楫，楫、捷也，撥水使舟捷疾也。』是楫與捷聲相近，故楫通作捷。」王引之據釋名，謂札即楫，楫、捷也，以爲名札字捷，名字相應，然傳稱王子捷，豈以王子配字爲稱乎？說文通訓定聲札字下云：「札……假借……左宣十五傳王札子，即王子捷，札、捷一聲之轉。」蓋以札、捷聲近假借，而不以爲一名一字也。左氏經傳實有音近假借之例，如經「世」字，傳多作「大」，王引之以爲世、大聲相近，參 0512 世子止條。左傳史苟又作史狗，夷陽五又作夷羊五，高偃之偃又作鄾，皆不得指爲一名一字。然則王札子即王子捷，捷、札蓋假借字，皆其名也。經稱王札子，杜注以爲王子札之誤倒，然公、穀經皆作王札子，漢書古今人表亦同，則杜蓋亦以意推之耳。左傳人物名號中有以名配子之例，除會箋所舉周子、壽子、急子外，尚有晉獻公之子名卓者，傳稱卓子，公羊經亦稱卓子，參 0205 公子卓條。是札子爲以名配「子」字之稱也，札子之稱王札子何？左傳人物名號中，凡與王有關者，或冠以王字，除會箋所舉左傳傳文王儋季外，經文亦有其例，如左宣十經「王季子」，爲周王之幼子，季爲其行次，經於「季子」之稱上冠以王字，與經於札子之稱上冠以王字者同。據上所述、王札子蓋即王子捷，捷、札二字聲近假借，皆其名也。以名配男子美稱「子」字曰札子，因其爲王子，故冠以王字，稱王札子也。

0481、王犯（哀八）──吳→魯

案：左哀八「王犯嘗爲之宰」，杜注：「王犯、吳大夫、故嘗奔魯爲武城宰。」

0482、王生（哀五）──晉

案：左哀五「范氏之臣王生惡張柳朔……」，據傳王生爲晉范吉射家臣。惠棟春秋左傳補註云：「墨子所染篇云：『范吉射染於長柳朔、王胜』，王胜即王生也。」

0483、王甲（哀六）──齊

案：左哀六齊「殺王甲，拘江說，囚王豹于句竇之丘」，杜注謂王甲、王豹爲齊「景公嬖臣」，左成十八有王湫，襄二十五有王何，昭十有王黑、定九有王猛，亦皆齊人，陳氏世族譜列此六人爲齊「王氏」，以爲皆氏王。

0484、王何（襄二十五）──齊

案：左襄二十五齊「王何奔莒」，杜注謂王何爲齊「莊公黨」，王蓋其氏也，參 0483 王甲條。

0485、王叔桓公（文三）──周

案：左文三「王叔桓公、晉陽處父伐楚以救江」，杜注：「桓公、周卿士、王叔文公之子。」王叔文公即王子虎，則王叔桓公爲王子虎之子矣，杜氏世族譜周「王叔氏」下列王叔文公、王叔桓公、王叔陳生、以王叔爲其氏。其稱王叔桓公，桓蓋其謚也。陳氏世族譜以王叔桓公與王孫蘇合爲一人，不知何據。

0486、王叔陳生（襄五）、王叔（襄五）、王叔氏（襄十）──周

案：左襄五「王使王叔陳生愬戎于晉」，杜注：「王叔、周卿士。」王叔，其氏也，故杜氏世族譜周王叔氏下，列王叔陳生於王叔文公、王叔桓公之下。左襄十亦稱王叔氏，可證王叔爲其氏。傳稱王叔者，以氏稱之也。國語周語中又稱之爲王叔簡公、王叔子，簡蓋其謚；稱王叔子者，氏殿以子，此春秋卿大夫稱謂之通例。

0487、王季（僖五）

案：左僖五「虢仲、虢叔，王季之穆也」，王季爲周古公亶父之子，周文王之父，又稱季歷。史記周本紀云：「古公有長子，曰太伯，次曰虞仲，太姜生少子季歷」，則王季爲少子，季，其行次也。

0488、王季子（宣十經）、劉康公（宣十）、劉子（成十一）──周

案：左宣十經「天王使王季子來聘」，傳云「劉康公來報聘」，則王季子

即劉康公也。公羊謂王季子爲周天子之「母弟」，穀梁以爲「王子」，杜注用公羊說。經稱劉康公爲「王季子」者，春秋經凡與王有關之人物或冠以「王」字，如左昭十五「王大子壽卒……王穆后崩」，皆冠王字；又如周簡王之子儋季，亦冠王字，曰王儋季，參 0510 王儋季條。則稱王季子者，蓋亦以其爲王室之人，故於「季子」之上冠以王字也。季子者，幼子也，左閔元經「季子來歸」，謂魯桓公之幼子公子友也，可知經有稱季子之例。故經稱「王季子」者，蓋以其爲周王之幼子也。傳稱劉康公者，左襄十五經孔疏云：「王季子食采於劉，遂爲劉氏。」謂劉爲其采地，因以爲氏。左昭二十二「劉子如劉」，杜注：「歸其采邑。」則周有劉邑，王季子食采於此，因以爲氏，左昭二十二之劉子，即其後也。康，蓋其謚，故稱劉康公。

0489、王官無地（文二）──晉

案：左文二晉「王官無地御戎」，左文三「秦伯伐晉，濟河焚舟，取王官……」，則王官爲晉地，左通補釋九因謂王官無地者，「王官、地名，蓋其先之食邑，是以邑爲氏者也」，其說可從。無地，蓋其名也。

0490、王姚（莊十九）──周

案：左莊十九周「王姚嬖于莊王」，杜注：「王姚，莊王之妾也，姚、姓也。」古婦女繫姓，姚爲其母家姓，其冠以王字者何？左傳人物名號中，與王有關者，或冠王字，故周襄王之姊嫁與宋襄公者，左文十六稱王姬，齊桓公夫人爲周女者，左莊十一經，左僖十七皆稱王姬，與此王姚之稱同例。

0491、王姬（莊元經）──齊

案：左莊元經「單伯送王姬」，杜注：「王姬不稱字，以王爲尊，且別於內女也。」孔疏云：「以姬繫王，不稱女字，以王爲尊，故繫之於王，且以別於內女，內女則以字配姓，謂之伯姬……」，經所書王姬，除此外，左莊十一經亦有王姬，爲齊桓公之夫人。左文十六之王姬，則爲周襄王之姊，宋襄公之夫人。其稱王姬者，古婦女繫姓，又以其與周王有關，故稱王姬，左莊十九有「王姚」，爲周莊王之妾，亦以王字配母家姓爲稱，與此同例。

0492、王孫由于（定四）、由于（定四）、寢尹（哀十八）、吳由于（哀十八）──楚

案：左哀十八「寢尹、工尹勤先君者也」，杜注：「柏舉之役，寢尹吳由于以背受戈。」謂寢尹即同傳之吳，由于，與左定四之由于、王孫由于爲一

人。春秋分記職官書第四云：「定四年傳『昭王寢，盜攻之，以戈擊王，王
孫由于以背受之，中肩』，哀十八年傳『惠王曰：寢尹、工尹勤先君者也』……
寢尹、蓋司王之寢處。」會箋從其說，亦云：「定四年稱王孫由于，無寢尹，
然曰『王寢、盜攻之，以戈擊王，王孫由于以背受之』，則可以知由于爲寢
尹也。」以爲寢尹乃司王寢之官。而春秋大事表十「沈尹」下，則據左宣十
二「沈尹」，杜注「沈或作寢，寢，縣也，今汝陰固始縣」之文，以寢尹即
沈尹，爲寢縣之縣尹、與程氏、竹添氏之說不同，未知孰是。由于則其名也。

0493、王孫牟（昭十二）——衛

　　案：左昭十二楚靈王曰「昔我先王熊繹與呂伋、王孫牟……並事康王」，
杜注謂王孫牟爲「衛康叔子康伯」，史記衛世家云：「康叔卒，子康伯代立。」
索隱引世本云：「康伯名髠。」而杜氏世族譜則以康伯髠即王孫牟，史記志疑
卷八因云：「牟、髠聲相近，髠字誤。」以髠即牟，而作髠者，字之誤也。牟
當是其名，因其爲康叔子，周文王孫，故以王孫配名稱王孫牟也。其稱康伯
者，以其父初封於康，後乃徒衛，以舊封邑名稱，故曰康伯也，詳2196衛康
叔條。

0494、王孫沒（昭十二）——周

　　案：左昭十二「殺……王孫沒」，杜注：「周大夫。」

0495、王孫圉（定五）——楚

　　案：左定五楚王賞「鬬辛、王孫由于、王孫圉……」，則王孫圉爲楚人。
國語楚語下「王孫圉聘於晉，定公饗之」，據史記十二諸侯年表，晉定公在位
三十七年，魯定公五年，當晉定公七年，則楚語下聘於晉「晉定公饗之」之
楚王孫圉，當即左定五之王孫圉。楚語下王孫圉曰：「圉聞國之寶六而已。」
自稱圉，則圉，其名也。

0496、王孫喜（莊二十八）——楚

　　案：左莊二十八楚伐鄭「鬬班……王孫喜殿」，則王孫喜爲楚人。

0497、王孫揮（襄二十三）——齊

　　案：左襄二十三「齊侯伐衛，先驅，穀榮御王孫揮」，則王孫揮爲齊人。

0498、之〔王〕孫游（莊二十八）——楚

　　案：左莊二十八楚「鬬班、王孫游、王孫喜殿」，工孫游之王字阮刻本作
之，誤。王孫游爲楚人，游蓋其名也。

0499、王孫賈（定五）──楚

案：左定五楚王賞「鬬辛、王孫由于……王孫賈」，則王孫賈爲楚昭王之臣。

0500、王孫賈（定八）、賈（定八）──衛

案：左定八「衛侯怒，王孫賈趨進」，杜注：「賈，衛大夫。」春秋分記世譜七：「王孫氏：牟之後曰賈，賈子齊。」謂王孫賈爲衛康叔之子王孫牟之後，以王孫爲氏，其子曰王孫齊，見左哀二十六，其以王孫賈爲王孫牟之後，不知何據然杜氏世族譜已列王孫賈、王孫齊爲衛王孫氏，並以王孫齊爲王孫賈之子，則亦以王孫爲氏也。楊注云：「論語憲問謂：『王孫賈治軍旅。』說苑權謀篇作『王孫商』，商或其字。」

0501、王孫滿（僖三十三）──周

案：左宣三年「王孫滿尚幼」，杜注：「王孫滿、周大夫。」通志氏族略第四引英賢傳「周共王生圉、圉曾孫滿」，謂王孫滿爲周共王玄孫。左通補釋八云：「案共王、穆王之子，穆王名滿，其六世孫何得亦名滿不諱？疑滿字作蒲，如晉厲公州滿爲州蒲之屬。」謂王孫滿之滿爲蒲之譌，猶晉厲公名州蒲，或譌爲州滿。然周共王距魯僖公三十二年，凡三百餘年，王孫滿當非周共王玄孫，英賢傳誤也。周穆王名滿，王孫滿去周穆王三百餘年，或已不諱，漢應劭有此說，而晉厲公實名州滿，作州蒲者，誤也，俱詳 0030 大子州蒲條，故王孫滿之滿，非蒲之譌。滿蓋其名也。

0502、王孫齊（哀二十六）──衛

案：左哀二十六衛「文子使王孫齊私於皋如」，杜注：「齊，衛大夫。」杜預、程公說以王孫齊爲衛王孫賈之子，氏王孫，參 0500 王孫賈條。

0503、王孫燕（哀十六）──楚

案：左哀十六「王孫燕奔頯黃氏」，杜注：「燕、勝弟。」謂王孫燕爲白公勝之弟，則亦楚大子建之子，故稱王孫也。

0504、王孫彌庸（哀十三）、彌庸（哀十三）──吳

案：左哀十三「越子伐吳，爲二隧……吳大子友、王子地、王孫彌庸……自泓上觀之」，則王孫彌庸爲吳人，彌庸蓋其名也。

0505、王孫蘇（文十四）──周

案：左文十四「周公閱與王孫蘇爭政」，左宣十五亦有王孫蘇，「與召氏、

毛氏爭政」，杜注云：「王卿士。」會箋以爲即同年經之王札子、或非，參 0480
王札子條。陳氏世族譜以爲即王子虎之子王叔桓公，亦不知何據。杜氏世族
譜周雜人下有王孫蘇，今從杜說，則列爲一人。

0506、王豹（哀六）──齊

　　案：左哀六齊「囚王豹于句竇之丘」，杜注謂王豹爲「景公嬖臣」，王蓋
其氏，參 0483 王甲條。

0507、王猛（昭二十二經）、王子猛（昭二十二經）、悼王（昭二十二）──
　　　　周

　　案：左昭二十二經「夏四月乙丑，天王崩……劉子、單子以王猛居于皇。
秋，劉子、單子以王猛入于王城。冬十月，王子猛卒」，杜注。「王猛書名，
未即位。」謂猛爲其名。其稱王猛、王子猛者，會箋云：「大子立未踰年，
不宜稱王，書王猛者，爲王子朝而變文，著其正也，故於其居王城也書王，
而於其卒也仍書王子，從其本稱，不沒其實也。」謂稱王猛者，名上冠以「王」
字，稱王子猛者，名上冠以「王子」。又傳稱王子猛爲「悼王」，杜預於傳「王
子猛卒」下注云：「雖未即位，周人謚曰悼王。」則悼，其謚也。

0508、王湫（成十八）──齊

　　案：左成十八齊「王湫來奔」，杜注謂王湫爲齊「國佐黨」，王蓋其氏，
參 0483 王甲條。

0509、王黑（昭十）──齊

　　案：左昭十齊景公「卜使王黑以靈姑銔率」，杜注：「王黑，齊大夫。」
王蓋其氏，參 0483 王甲條。

0510、王儋季（襄三十）──周

　　案：左襄三十「王儋季卒，其子括將見王而歎……儋括欲立王子佞夫」，
杜注：「儋季，周靈王弟。」則儋季爲周簡王之子，傳稱其子曰括，又稱儋
括，明其子以儋爲氏。左定六又有儋翩，是周有儋氏，而其始祖則儋季也。
路史後紀九下云：「簡之子儋季爲儋氏。」以儋季氏儋。儋季而曰王儋季者，
以其爲周之王子，左傳人物名號中，與王有關之人物，或冠王字，詳頁六九。

0511、王穆后（昭十五）、穆后（昭十五）──周

　　案：左昭十五「王穆后崩」，此周景王之后也，其夫謚景，則穆蓋穆后之
謚。稱王穆后者，左傳人物名號中，與王有關者，或冠王字，詳頁六九。

五　畫

0512、世子止（昭十九經）、大子止（昭十九）——許

案：左昭十九經「許世子止弒其君買」，經多書名，買蓋其名也。傳稱「大子止」者，經書「世」，傳多稱大，此左氏經傳之通例。左桓九經孔疏云：「諸經稱世子，及衛世叔申，經作『世』字，傳皆爲『大』，然則古者世之與大，字義通也。」謂經稱世子、世叔，傳則作大子、大叔。如左襄二十九經世叔儀之世叔，傳亦稱大叔，王引之云：「世、大聲相近。」見解詁「鄭游吉字子大叔」條下。

0513、世子申生（僖五經）、大子申生（莊二十八）、共大子（僖十）、共子（昭二十八）——晉

案：左莊二十八晉獻公「烝於齊姜，生秦穆夫人及大子申生」，則申生爲晉獻公之大子，國語晉語二申生使人言於狐突曰「申生有罪」，自稱申生，則申生爲其名也。其稱共大子者，國語晉語二云：「是以諡爲共君。」以共爲其諡。共，會箋本作恭，禮記檀弓上同。其稱共子者，以諡配男子美稱「子」字爲稱也，此左傳人物名號之常例，詳上篇第二章。

0514、世子光（襄三經）、大子光（襄元）、光（襄十九）、莊公（襄十九）、齊侯（襄十九）、齊莊公（襄二十一）——齊

案：左襄二十五經「齊崔杼弒其君光」，經多書名，則光當爲其名也。左襄十九謂齊侯娶于魯，「鬷聲姬生光以爲大子」，故左襄元稱大子光，左襄三經稱世子光者，以傳稱大子，經則多書世子，詳0512世子止條。左襄十九「莊公即位」，杜注：「大子光也。」莊蓋其諡也。

0515、世子有（昭十一經）、隱大子（昭十一）——蔡

案：左昭十一經「執蔡世子有以歸」，經多書名、有蓋其名，會箋亦謂有爲其名。有、穀梁作友，史記管蔡世家及集解引世本亦作友，與左氏、公羊異，楊注云：「兩字古同音通用。」是也，如論語「有朋自遠方來」，釋文云：「有或作友」。傳稱「隱大子」，孔疏云：「必是蔡侯廬歸國，乃追諡其父爲隱耳。」以隱爲其諡。

0516、世子巫（襄五經）、大子巫（襄五）、鄫大子（襄五）——鄫

案：左襄五經「叔孫豹、鄫世子巫如晉」，經多書名，巫蓋其名也。

0517、世子忽（桓十五經）、公子忽（隱三）、曼伯（隱五）、大子忽（桓六）、鄭忽（桓六）、鄭昭公（桓十一）——鄭

案：左桓十一經「鄭忽出奔衛」，經多書名，忽蓋其名，杜注：「鄭人……以名赴。」亦以忽爲其名。傳稱鄭昭公，昭蓋其謚也。左隱五鄭「使曼伯與子元潛軍軍其後」，又謂曼伯與子元爲「鄭二公子」。左昭十一「鄭京、櫟實殺曼伯」，左隱五會箋以曼伯即鄭昭公，云：「曼伯即昭公之字，古人名字相配，必有其義，忽、疾也，速也；曼、延也；長也，延長與疾速義正相反，名忽字曼伯，蓋取相反者爲義，與鄭豐卷字子張一例。」謂曼伯爲鄭昭公之字，「曼」與昭公之名「忽」名字相應，其說蓋是。

0518、世子偃師（昭八經）、大子偃師（襄二十五）、悼大子偃師（昭八）、悼大子（昭十三）──陳

　　案：左昭八經「陳侯之弟招殺陳世子偃師」，經多書名，偃師當是其名。傳稱「悼大子偃師」，楊注云：「悼、偃師之謚。」

0519、世子商臣（文元經）、大子商臣（僖三十三）、商臣（文元）、穆王（文元）、楚子（文九）──楚

　　案：左文元經「楚世子商臣弒其君頵」，經名書名，則商臣蓋其名。杜注：「商臣、穆王也。」傳亦稱其爲「穆王」，穆蓋其謚也。

0520、世子痤（襄二十六經）、大子痤（襄二十六）──宋

　　案：左襄二十六經「宋公殺其世子痤」，經多書名，痤當是其名。

0521、世子華（僖七經）、大子華（僖七）、子華（僖七）──鄭

　　案：左僖七經「公會……鄭世子華盟于甯母」，經多書名，華蓋其名也。傳載管仲稱其曰子華，此名上冠男子美稱「子」字也。

0522、世子蒯聵（定十四經）、大子蒯聵（定十四）、蒯聵（定十四）、衛大子（哀二）、衛莊公（哀十一）、莊公（哀十五）、衛侯（哀十六）──衛

　　案：左哀十六「衛侯使鄢武子告于周，曰『蒯聵得罪于君父、君母』」，自稱蒯聵，則蒯聵爲其名。左哀十五稱莊公，莊蓋其謚也。

0523、世叔申（昭三十二經）、大叔懿子（哀十一）──衛

　　案：左昭三十二經「仲孫何忌會……衛世叔申……城成周」，經多書名，則申當是其名也。杜注：「世叔申、世叔儀孫也。」經稱世、傳稱大，世叔儀即大叔儀，以大叔爲氏，則世叔申亦氏大叔也，參0525世叔儀條。杜氏世族譜衛大叔氏下云：「大叔申，大叔懿子。」謂大叔申即大叔懿子，左襄十一即稱「大叔懿子」，懿蓋其謚也。

0524、世叔齊（哀十一經）、大叔疾（哀十一）、疾（哀十一）、悼子（哀十一）、大叔（哀十一）——衛

　　案：左哀十一經「衛世叔齊出奔宋」，經多書名，齊蓋其名；杜注：「書名。」亦以齊爲其名。傳曰「衛大叔疾出奔宋」，杜注謂大叔疾即世叔齊，何以世叔齊稱大叔疾？經書世、傳作大，此經傳之通例，詳 0512 世子止條，故經書世叔，傳稱大叔也。解詁云：「衛世叔齊，字疾。」謂齊爲其名，疾爲其字。傳又云「大叔懿子……生悼子」，杜注：「悼子，大叔疾。」悼蓋其謚也。傳稱其爲大叔懿子之子，大叔懿子氏大叔，則大叔疾之大叔亦其氏也。

0525、世叔儀（襄二十九經）、大叔儀（襄十四）、大叔文子（襄二十五）、文子（襄二十七）——衛

　　案：左襄二十九經「仲孫羯會……衛世叔儀……城杞」，經多書名，則儀當是其名也。傳稱「大叔文子」，杜注：「文子、衛大叔儀。」左襄十四即稱「大叔儀」，經稱世、傳稱大，此左氏經傳之通例，詳 0512 世子止條。杜氏世族譜衛「太叔氏」下首列「太叔儀」，云：「太叔文子，僖侯八世孫。」謂大叔儀爲衛僖侯之八世孫，又於太叔儀下列太叔申，太叔疾、太叔遺，以太叔爲其氏。左襄二十九經稱「世叔儀」，可証大叔儀已以大叔爲氏，左襄十四會箋、楊注皆謂「大叔儀謚文子」，則文、其謚也。

0526、丘弱（昭二十三）、弱（昭二十三）——邾

　　案：左昭二十三「徐鉏、丘弱、茅地曰……獲鉏、弱、地」，杜注：「三子，邾大夫。」左通補釋二十七引張彝曰：「下云獲鉏、弱、地，據哀七年邾茅夷鴻以茅叛，知徐與丘亦必其食邑，丘疑即僖元年之虛丘，或襄二十一年之閭丘……」由茅夷鴻以茅邑爲氏，推茅地亦以茅爲氏，而再推丘弱、徐鉏當亦以食邑立、徐爲氏，會箋從其說。其說若是，則弱爲其名或字。

0527、令尹蒍艾獵（宣十一）——楚

　　案：左宣十一「令尹蒍艾獵城沂」，杜注：「艾獵、孫叔敖也。」孔疏云：「世本，艾獵爲叔敖之兄。」今從世本之說，以令尹蒍艾獵與孫叔敖爲二人，參 2174 蒍敖條。又蒍、其氏也，艾獵當是其名。

0528、冉求（哀十一）、求（哀十一）、有子（哀十一）、冉有（哀十一）——魯

　　案：左哀十一「季孫謂其宰冉求」，杜注云：「冉求、魯人，孔子弟子。」

論語雍也篇載孔子曰「求也藝」，則求當是其名；先進篇載其對孔子曰「求也為之」，自稱求，求為其名甚明也。史記仲尼弟子列傳云：「冉求、字子有。」孔子家語同，以子有為其字，而左傳作冉有、有子何也？此乃冉求、字有，稱子有者，以「子」冠字而成之稱謂；稱冉有者，以氏配字而成之稱謂，此皆左傳人物名號之通例，詳上篇第二章；其稱有子者，則以字殿「子」而成之稱謂。左傳人物名號，有以名配「子」為稱，詳頁二八，此稱有子，則以字殿「子」之形式也。左閔二晉「梁餘子養」氏梁、名養、字餘，以字殿「子」為餘子，復冠氏殿名，而為梁餘子養之稱，其以字殿「子」，與此類似。又：冉求又稱冉有，則冉當是其氏也。

0529、冉猛（定八）、猛（定八）──魯

案：左定八「冉猛偽傷足而先」，杜注：「猛，魯人。」同傳載冉猛之兄呼曰「猛也殿」，則猛蓋其名。左昭二十六魯有冉豎，為季氏臣，左哀十一魯有冉求，亦為季氏臣，則此冉猛蓋亦氏冉。

0530、冉豎（昭二十六）──魯

案：左昭二十六「冉豎射陳武子」，杜注：「冉豎，季氏臣。」左哀十一魯有冉求，亦為季氏臣，左定八魯有冉猛，則冉豎之冉，蓋其氏也。

0531、出姜（文四）、姜（文四經）、夫人姜氏（文九）、哀姜（文十八）──魯

案：左文四經「逆婦姜于齊」，則魯文公之夫人也，杜注：「稱婦、有姑之辭。」謂新婦之姑尚存，故於其母家姓上冠以婦字。左文十八經「夫人姜氏歸于齊」，傳云：「夫人姜氏歸于齊，大歸也，將行，哭而過市……市人皆哭，魯人謂之哀姜。」史記魯周公世家索隱云：「此哀非謚，蓋以哭而過市，國人哀之，謂之哀姜，故生稱哀。」會箋亦云：「此哀非謚也，稱號也，以哭而過市、國人哀之，稱曰哀姜。」此說是也。傳稱「魯人謂之哀姜」，明哀非謚。左文四謂之「出姜」，云：「君子是以知出姜之不允於魯也。」杜注云：「文公薨而見出，故曰出姜。」劉文淇春秋左氏傳舊注疏証申之云：「按出姜無謚，因其大歸而為稱也。」又於左文十八「魯人謂之哀姜」下云：「出亦非謚、夫人卒於齊，蓋不制謚。」此說亦是。漢書古今人表於魯悼公下注云「出公子」，據史記魯周公世家，悼公為哀公子，哀公稱出公者，疑哀公孫于越，故有出公之號。衛侯輒傳亦稱衛出公，而孟子萬章下朱注謂衛出公又稱衛孝公，衛

孝公而傳稱出公者，或亦以其二次出奔，終卒于越，是以有出公之號，參2192
衛侯輒條。出姜之稱，蓋與此類似。

0532、匄（襄三十一）、士文伯（襄三十）、伯瑕（襄三十）、文伯（襄三十
　　　一）——晉

　　案：左襄三十「士文伯曰」，杜注：「文伯，士弱之子。」則士，其氏也。
左襄三十一士文伯讓鄭曰「寡君使匄請命」，自稱匄，則匄、其名也。左襄三
十謂之伯瑕，解詁云：「晉士匄字伯瑕。」謂其名匄，字伯瑕，並釋名字相應
云：「瑕、假古字通，乞人之物曰匄，借人之物曰假，內則曰『不通乞假』，
是乞與假事類相近，故名乞者字假，名匄者亦字假。」解詁又並舉楚陽匄字
子瑕、鄭駟乞字子瑕以相印証。是名匄字瑕，名字相應，伯則其行次，故又
以諡配行次曰文伯。

0533、北宮佗（襄三十）、北宮文子（襄三十一）、文子（襄三十一）——
　　　衛

　　案：左襄三十「叔孫豹會……衛北宮佗……會于澶淵」，杜注：「佗，北
宮之子。」校勘記謂北宮下當有「括」字，會箋本亦作「佗，北宮括之子」，
則北宮、其氏也。杜氏世族譜衛北宮氏下，首列北宮括，次北宮遺，次即北
宮佗，亦以北宮為其氏。左昭十一經稱「北宮佗」，經多書名，佗蓋其名也。
其稱北宮文子者，文蓋其諡也。

0534、北宮括（成十七）、北宮懿子（襄十四）、懿子（襄十四）——衛

　　案：左成十七經「衛北宮括帥師侵鄭」，經多書名，括蓋其名也。杜注：
「括，成公曾孫。」謂北宮括為衛成公之曾孫。杜氏世族譜衛北宮氏下首列
北宮括，次北宮遺，次北宮佗、次北宮喜、次北宮結。經稱「北宮括」，則括
已以北宮為氏矣。傳稱北宮懿子、懿子、懿蓋其諡也。

0535、北宮喜（昭十）、北宮子（昭二十）、貞子（昭二十）、北宮貞子（昭
　　　二十七）——衛

　　案：左昭二十五經「叔詣會……衛北宮喜……于黃父」，經多書名，則喜
蓋其名也。杜氏世族譜及陳氏世族譜皆列北宮喜於衛北宮氏之北宮佗後，春
秋分記世譜七且以為北宮佗之子，然則，北宮、其氏也。其稱北宮子者，氏
下殿以子字，此春秋卿大夫稱謂之常例。其稱貞子者，左昭二十云「衛侯賜
北宮喜諡曰貞子」，然則貞，其諡也。

0536、北宮遺（襄二十六）──衛

　　案：左襄二十六「晉人執衛喜，北宮遺」，杜注：「遺，北宮括之子。」
則北宮、其氏也。杜氏世族譜衛北宮氏下云：「北宮遺，成子。」故此傳楊注
曰「諡曰成子」。

0537、北郭佐（襄二十八）、北郭子車（襄二十八）、子車（襄二十八）、佐
　　　（襄二十八）──齊

　　案：左襄二十八「告北郭子車」，杜注：「子車，齊大夫。」同傳載子車曰
「非佐之所能也」，自稱佐，則佐、其名也，杜注亦謂「佐，子車名」。解詁云：
「齊北郭佐，字子車。」以佐為其名，子車為其字。通志氏族略第三「北郭氏：
左傳齊大夫北郭子車之後也」，傳稱北郭佐，又稱北郭子車，則北郭、其氏也。

0538、北郭啟（昭二十二）──齊

　　案：左昭二十二「齊北郭啟帥師伐莒」，杜注：「啟，齊大夫，北郭佐之
後也。」通志氏族略第三以北郭啟為北郭佐之子，則北郭、其氏也。

0539、北燕伯欸（昭三經）、北燕伯（襄二十八）、燕簡公（昭三）、簡公（昭
　　　六）──北燕

　　案：左昭三經「北燕伯欸出奔齊」，經多書名，欸蓋其名，杜注：「書名，
從告。」亦以欸為其名。傳稱燕簡公，簡蓋其諡也。左襄二十八有北燕伯，據
史記燕召公世家，燕懿公卒於是年，則不知傳之北燕伯為燕懿公或燕簡公，
今暫歸於此條。

0540、句龍（昭二十九）

　　案：左昭二十九「共工氏有子曰句龍，為后土」，孔疏云：「言共工有子。
謂後世子耳，亦不知句龍之為后土在於何代。」

0541、召伯奐（昭二十三）、召莊公（昭二十二）──周

　　案：左昭二十二「王子還與召莊公謀」，杜注：「莊公、召伯奐。」左昭
二十三即稱召伯奐。杜氏、陳氏世族譜周召氏下皆列召莊公，以召為其氏。
其稱召莊公者，莊蓋其諡也。

0542、召伯盈（昭二十六）、召簡公（昭二十四）、召伯（昭二十六）──
　　　周

　　案：左昭二十四「召簡公、南宮囂以甘桓公見王子朝」，杜注：「簡公，
召莊公之子召伯盈也。」則召、其氏也。其稱召簡公，簡蓋其諡也。左昭二

十六稱召伯盈，又稱召伯，盈或其名也。

0543、召伯廖（莊二十七）——周

案：左莊二十七「王使召伯廖賜齊侯命」，杜注：「召伯廖，王卿士。」孔疏云：「召康公之封召也，當在西都畿內，釋例曰：扶風雍縣東南有召亭也，春秋時召伯猶是召公之後，西都既已賜秦，則東都別有召地，不復知其所在。」杜氏世族譜於周召氏下列召伯廖，以召爲其氏。

0544、召武公（僖十一）——周

案：左僖十一「天王使召武公，內史過賜晉侯命」，杜注：「召武公，周卿士。」國語周語上載此事云：「襄王使邵公過及內史過賜晉惠公命」，召武公作「邵公過」，召，邵字通。韋注云：「邵公過，邵穆公之後邵武公也。」則召、其氏也。楊注據國語此文謂「召武公亦名過」，以過爲其名。武蓋其謚也。

0545、召忽（莊八）、召（莊九）——齊

案：左莊八「管夷吾，召忽奉公子糾來奔」，杜注：「管夷吾、召忽，皆子糾傅也。」左莊九「管、召讎也」，管爲管夷吾之氏、則召當爲召忽之氏。左襄二十三齊有召揚，召或亦其氏。

0546、召昭公（文五）、召伯（文五經）——周

案：左文五經「王使召伯來會葬」，杜注：「召伯，天子卿也，召，采地。」召伯之召爲其氏，召氏以邑爲氏。傳稱召昭公，昭蓋其謚也。

0547、召桓公（宣天）、召伯（成八經）——周

案：左宣六「召桓公逆王后于齊」，杜氏、陳氏世族譜皆列召桓公於周召氏下，以召爲其氏。桓蓋其謚也。

0548、召康公（僖四）、召公（襄十四）、召伯（定九）——周

案：左僖四管仲曰「昔召康公命我先君大公」，杜注：「召康公，周大保召公奭也。」是時尚未有謚號，而傳稱召康公，康或與文、武、成、康、昭、穆同爲其生號歟？史記燕召公世家索隱云：「召者，畿內采地，奭始食於召，故曰召公……後武王封之北燕……亦以元子就封，而次子罶周室，代爲召公，至宣王時，召穆公虎，其後也。」屈萬里詩經釋義以爲甘棠詩中之召伯爲召穆公虎，云：「早期經籍於召伯虎或稱公，而絕無稱召公奭爲伯者。」若其說是，則左襄十四、左定九所載與甘棠詩有關之召公、召伯，並召穆公虎矣。

今暫從毛傳，杜注之說，歸之召康公之下。

0549、召揚（襄二十三）——齊

　　案：左襄二十三「齊伐衛……召揚為右」，左莊八齊有召忽，氏召，疑召揚或亦氏召。

0550、召穆公（僖二十四）——周

　　案：左僖二十四「召穆公思周德之不類」，杜注：「召穆公，周卿士，名虎，召，采地。」詩江漢毛傳「召虎，召穆公也。」又云「名虎」，孔疏云：「於世本，穆公是康公之十六世孫。」康公者，召康公奭也，參 0548 召康公條，則召、其氏也。

0551、召獲（哀十五）——衛

　　案：左哀十五「欒寧將飲酒，炙未熟，聞亂，使告季子，召獲駕乘車，行爵食炙，奉衛侯輒來奔」，杜注：「召獲，衛大夫。」群經平議卷二十七以召為動詞，云：「杜以召獲二字連讀為人名，而解為衛大夫，則是召獲自駕車奉衛疾出奔；而行爵食炙四字遂無著矣……今案獲者，人名，而非衛大夫，蓋與季子同仕於孔氏者也。召者，欒寧召之也。」會箋亦以召獲為孔氏家臣，而非衛大夫，此同於群經平議，但又以召獲二字連讀為人名，云：「其駕乘車，亦寧使之，召獲上不言使者，蒙上『使告』之『使』，省文耳。」此又同杜注。今暫依杜注，以召獲為人名號。

0552、召襄（宣十五）——周

　　案：左宣十五「王孫蘇與召氏、毛氏爭政，使王子捷殺召戴公及毛伯衛，卒立召襄」，杜注：「襄，召戴公之子。」杜氏世族譜周召氏下列召襄公，則以召為其氏，襄為其謚。左宣六載「召桓公逆王后于齊」，左成八載「召桓公來賜公命」，而二者之間有此殺召戴公及立召襄之事，杜以召襄公為召戴公之子，然何以召戴公及召襄公之前後有召桓公，杜未明言，此實可疑。竹添光鴻以召襄即召桓公，云：「疑召戴公奪召桓公位，或別有故而代為召伯，王札子殺召戴公，而再立召桓公。」見左成八傳會箋。今暫以召襄為一人。

0553、召戴公（宣十五）、召伯（宣十五經）、召氏（宣十五）——周

　　案：左宣十五周王孫蘇「使王子捷殺召戴公」，杜氏、陳氏世族譜於周召氏下皆列召戴公，以召為其氏，戴蓋其謚也。

0554、史佚（僖十五）──周

案：左僖十五「且史佚有言曰」，杜注：「史佚，周武王時大史，名佚。」注中「名佚」，會箋本作「尹佚」，楊注云：「史佚即尚書洛誥之『作冊逸』，逸、佚古通。晉語『文王訪於莘、尹』，注謂尹即尹佚，逸周書世俘解『武王降自東，乃俾史佚繇書』，淮南子道應訓云：『成王問政於尹佚。』則尹佚歷周文、武、成三代，左傳引史佚之言者五次，成王四年傳又引史佚之志，則史佚之言恐當時人均據史佚之志也，漢書藝文志有尹佚，注云：『周臣，在成、康時也。』此史佚為人名。」則史佚為周臣，其稱史者，蓋以其為史官之故。

0555、史狗（襄二十九）、史苟（昭七）、苟（昭七）──衛

案：左襄二十九季札「適衛，說……史狗」，杜注：「史朝之子文子。」左昭七衛史朝夢康叔謂己曰「余將命而子苟……」，則史苟為史朝子，同傳即稱其為「史苟」，杜注云：「史朝子。」然則同為史朝子，一作史狗，一作史苟，會箋以為一人，云：「或作狗、或作苟，猶伯輿、伯與，高鄩、高偃之類，同音異文，古書多例。」史、其氏也，衛康叔稱「苟」，則苟、其名也。

0556、史狡（襄十）──周

案：左襄十周王「殺史狡以說焉」，據傳，此周人，為周靈王所殺。

0557、史皇（定四）──楚

案：左定四「史皇謂子常」，杜注：「史皇，楚大夫。」

0558、史猈（昭十三）──楚

案：左昭十三「蔡公使須務牟與史猈先入」，杜注：「史猈，楚大夫、蔡公之黨也。」

0559、史朝（昭七）──衛

案：左昭七「史朝亦夢康叔謂己」，史朝為衛大夫史狗之父，見 0555 史狗條，通志氏族略第四「以官為氏」下云：「史之為氏……衛有史鰌、史狗、史朝。」謂史朝之史為氏，史氏以官為氏。

0560、史華龍滑（閔二）──衛

案：左閔二「狄人囚史華龍滑與禮孔……二人曰『我大史也』」，因其為大史，故冠以史字，華蓋其氏，龍滑或其名。

0561、史趙（襄三十）──晉

案：左襄三十「史趙曰」，杜注：「史趙，晉大史。」史蓋其官名。

0562、史龜（哀九）──晉

　　案：左哀九晉趙鞅「占諸史趙、史墨、史龜」，杜注：「皆晉史。」史趙、史墨、史龜並稱，史蓋其官名。

0563、史顆（成十一）──秦

　　案：左成十一秦「使史顆盟晉侯于河東」，杜注：「史顆，秦大夫。」

0564、史囂（昭二十）──齊

　　案：左昭二十梁丘據告齊侯曰「今君疾病爲諸侯憂，是祝、史之罪……君盍誅於祝固。史囂以辭賓」，史囂之史爲其官，囂蓋其名，參 1370 祝固條。

0565、史囂（莊三十二）──虢

　　案：左莊三十二「虢公使祝應、宗區、史囂享焉」，杜注：「史，大史……囂……名。」以史爲其官，囂爲其名。

0566、史蘇（僖十五）──晉

　　案：左僖十五「史蘇占之曰」，杜注：「史蘇，晉卜筮之史。」史蓋其官，蘇或其名。

0567、史鰌（襄二十九）──衛

　　案：左襄二十九季札「適衛，說……史鰌」，杜注謂史鰌即「史魚」，論語衛靈公篇，子曰：「直哉史魚。」集解引孔曰：「衛大夫史鰌。」亦以史鰌即史魚。解詁：「衛史鰌字魚。」以鰌爲其名，魚爲其字。通志氏族略第四「以官爲氏」下云：「史之爲氏者……衛有史鰌。」以史爲其氏，並以史氏爲以官爲氏。

0568、右大夫詹（襄十一）──秦

　　案：左襄十一「秦右大夫詹帥師從楚子」，左成二有「秦右大夫說」，春秋大事表十以右大夫爲秦官名。詹則其名或字。

0569、右大夫說（成二）──秦

　　案：左成二「公及……秦右大夫說……盟于蜀」，右大夫爲秦官名，參 0568 右大夫詹條，說爲其名或字。

0570、右公子職（桓十六）、右公子（桓十六）──衛

　　案：左桓十六衛「左公子洩、右公子職立公子黔牟」，同傳又稱左公子、右公子，杜注：「左、右媵之子，因以爲號。」會箋云：「左右是當時稱號，未知其由，或其居室在公室左右歟？不然則以班位之次言也。公羊曰：諸侯

娶一國，則二國往媵之，以有二媵，故分爲左右，杜據以爲說，非也。」然則何謂左右公子，則不得其詳。同傳楊注云：「右公子名職。」以職爲其名。

0571、右司馬稽（昭三十一）——楚

　　案：左昭三十一楚「左司馬戍、右司馬稽帥師救弦」，春秋大事表十以左司馬、右司馬皆楚官名。稽爲其名或字。

0572、左行辛（成十八）——晉

　　案：左成十八晉使「右行辛爲司空」，杜注：「辛將右行，因以爲氏。」國語晉語七載此事云「知右行辛之能以數宣物定功也，使爲元司空」，韋注：「右行辛，晉大夫賈辛也。」左僖十晉有右行賈華，蓋氏賈，官右行，參 0574 右行賈華條。韋昭或以右行辛爲右行賈華之後，氏賈，故稱賈辛，又以官爲氏，故又稱右行辛。左通補釋十四亦云：「僖十年有右行賈華……辛是其後，以官爲氏。」

0573、右行詭（昭二十二）——晉

　　案：左昭二十二「晉箕遺、樂徵、右行詭濟師」，杜注：「三子，晉大夫。」右行詭蓋氏右行，參 0572 右行辛條。

0574、右行賈華（僖十）、賈華（僖六）——晉

　　案：左僖六「晉侯使賈華伐屈」，杜注：「賈華，晉大夫。」左通補釋九謂「桓九年，晉滅賈國，以爲邑，疑賈華先受之」，蓋以賈華受賈，因稱賈華。左僖十稱右行賈華，與左行共華並稱，左行、右行爲晉官名，蓋賈華官右行，故稱右行賈華。

0575、右宰穀（襄十四）、穀（襄二十六）——衛

　　案：右襄十四衛「右宰穀從而逃歸」，杜注：「穀，衛大夫也。」左隱四「衛人使右宰醜涖殺州吁于濮，石碏使其宰獳羊肩涖殺石厚于陳」，春秋分記職官書第三及春秋大事表十引右宰穀、右宰醜，以右宰爲衛官名。左襄二十六楊注則云：「右宰蓋以官爲氏。」同傳稱其曰穀，穀蓋其名。

0576、右宰醜（隱四）——衛

　　案：左隱四「衛人使右宰醜涖殺州吁于濮」，右宰蓋其官名，參 0575 右宰穀條。

0577、右領差車（哀十七）——楚

　　案：左哀十七「右領差車與左史老皆相令尹、司馬以伐陳」，杜注：「右

領……楚賤官。」左昭二十七楚「鄔將師爲右領」，是右領爲楚官名。會箋云：
「差車，其名也。」

0578、司臣（襄十）——鄭

　　案：左襄十「子駟爲田洫，司氏……喪田焉……司臣……殺子駟」，據傳，司臣爲喪田之故殺子駟，傳稱司氏，則司、其氏也；臣爲其名或字。同傳有司齊，杜注以爲司臣子。

0579、司空士縠（文二）、士縠（文二經）——晉

　　案：左文二「及晉司空士縠……」杜注：「士蔿子。」則士，其氏也。是年經亦稱「士縠」，經多書名，則縠蓋其名也。晉有司空之官，左成十八「右行辛爲司空」是也。故司空、其官也。縠，穀梁作「穀」，楊注云：「穀、縠字通。」

0580、司空無駭（隱二）、無駭（隱二經）、展氏（隱八）——魯

　　案：左隱二經「無駭帥師入極」，經多書名，無駭、蓋其名也；孔疏云：「今名書於經，傳言司空……」亦謂無駭是其名。傳云「司空無駭入極」，杜注：「魯司徒、司馬、司空，皆卿也。」司空爲魯官名，無駭任司空之職，故稱「司空無駭」。左隱八「無駭卒，羽父請謚與族……公命以字爲展氏」，杜注：「諸侯之子稱公子，公子之子稱公孫，公孫之子以王文字爲氏，無駭、公子展之孫，故爲展氏。」此說或非，展當是無駭之字，詳頁二二。

0581、司空靖（襄二十一）——晉

　　案：左襄二十一晉范宣子殺「司空靖」，杜注：「晉大夫，欒盈之黨也。」司空蓋其官名。左襄十九魯襄公「享晉六卿于蒲圃，賜之三命之服，軍尉、司馬、司空……皆受一命之服」，則晉有司空之官。

0582、司城須（文十八）、須（文十六）——宋

　　案：左文十六「文公即位，使母弟須爲司城」，則此爲宋文公之母弟也。因其爲司城，故傳又稱司城須。須蓋其名。

0583、司城蕩意諸（文八）、宋司城（文八經）、蕩意諸（文八）、意諸（文十六）——宋

　　案：左文八「司城蕩意諸來奔」，杜注：「意諸，公子蕩之孫。」其說是。左文十六載「初，司城蕩卒，公孫壽辭司城，請使意諸之爲，既而告人曰：『君無道，吾官近，懼及焉，弃官則族無所庇，子、身之貳也，姑紓死焉，雖亡

子，猶不亡族」，據此，則蕩意諸爲公孫壽之子，司城蕩之孫，故司城蕩死，公孫壽宜繼其父爲司城，而使其子意諸爲之，據左文七「公子蕩爲司城」，則知司城蕩即公子蕩，以其爲司城，故又稱司城蕩。公子蕩蓋卒於文七、八年之間，故左文八書司城蕩意諸來奔。然則蕩意諸爲公子蕩之孫，公孫壽之子，以王父名或字「蕩」爲氏也。意諸爲其名也。

0584、司徒卬（襄十七）——陳

案：左襄十七「宋莊朝伐陳，獲司徒卬」，杜注：「司徒卬，陳大夫。」司徒蓋其官名。左哀十一陳「轅頗爲司徒」，是陳有司徒之官。

0585、司徒老祁（昭十四）——魯

案：左昭十四「司徒老祁、慮癸僞廢疾」，孔疏謂杜氏世族譜以「司徒老祁爲一人，慮癸爲一人」，引服虔說同。其稱司徒者，孔疏引服注云：「司徒，姓也。」會箋謂服氏此說不可易，而馬宗璉春秋左傳補注則謂：「此司徒蓋即小司徒，季氏家臣爲之……蓋老祁、慮癸二人皆爲司徒也。」則以司徒爲官名，其說與服虔不同，未知孰是。孔疏又引服虔云：「老祁，字也，慮癸亦姓、字也。」謂老祁爲其字，春秋時，以二字爲字者罕見，其說蓋非。會箋亦反對此說，云：「蓋司徒老是一人、祁慮癸是一人，皆其氏名。」謂司徒爲氏，老爲名，祁爲氏，慮癸爲名。因其斷句不與服、杜同，故其說亦異。今則從服、杜之說斷句。老祁，蓋其名也。

0586、司徒期（哀二十五）、期（哀二十五）——衛

案：左哀二十五衛「司徒期因……以作亂」，傳又載衛出公使夫人之弟期爲「司徒」，則司徒，其官也。左哀二十六衛出公曰「期則爲此」，期或其名，以傳述衛出公是時甚怒司徒期，當直呼其名，且期爲衛出公之臣，以君呼臣名，亦宜。

0587、司徒醜（昭二十二）——周

案：左昭二十二「司徒醜以王師敗績于前城」，杜注：「醜，悼王司徒。」則司徒，其官也，醜爲其名或字。

0588、司馬子良（宣四）、子良（宣四）——楚

案：左宣四「楚司馬子良生子越椒，子文曰……」，杜注：「子文、子良之克。」子文即令尹子文，氏鬭，名穀於菟，子文父曰鬭伯比，祖曰若敖，則司馬子良亦鬭伯比之子，若敖之孫，氏鬭。司馬，爲其官也，傳以子良，

子文並稱，子文之文爲字，子良之良，蓋亦其字也。

0589、司馬公子何忌（襄三）──楚

　　案：左襄三「楚司馬公子何忌侵陳」，則公子何忌爲楚司馬。何忌蓋其名，魯孟懿子名何忌，齊大夫亦有苑何忌。

0590、司馬公子燮（襄八）、公子燮（襄八經）、司馬燮（襄八）、蔡司馬（襄二十）──蔡

　　案：左襄八經「獲蔡公子燮」，杜注：「燮，蔡莊公子。」經多書名，燮當是其名也。同傳則稱「獲蔡司馬公子燮」，則公子燮爲蔡之司馬，是以傳下文又稱「司馬燮」，以官名冠名上也。左襄二十「蔡司馬」，楊注謂「即公子燮」。

0591、司馬牛（哀十四）──宋

　　案：左哀十四「司馬牛致其邑與珪焉」，杜注：「牛，桓魋弟也。」以此司馬牛爲宋向魋弟。論語顏淵篇有「司馬牛問仁」，史記仲尼弟子列傳謂「司馬耕，字子牛。」以耕爲其名，子牛爲其字，則論語稱司馬牛者，稱其字也。論語集解引孔安國曰「牛，宋人，弟子司馬犁」，蓋以孔子弟子司馬牛即左傳宋向魋弟司馬牛也。孔子家語云：「見兄桓魋行惡，牛常憂」，亦以爲一人，後人多從之，如史記索隱、正義、左傳會箋者是。楊伯峻則以爲史記仲尼弟子列傳不採左傳司馬牛事，是史公以爲二人；孔安國謂司馬牛名犁，與史記以司馬牛名耕者不同，因謂「如果孔安國之言有所本，那麼本就有兩個司馬牛，一個名耕，孔子弟子，一個名犁，桓魋之弟。」見論語譯注。

0592、司馬卯（宣十二）──楚

　　案：左宣十二「還無社與司馬卯言」，杜注：「司馬卯……楚大夫也。」司馬蓋其官名，卯爲其名或字。

0593、司馬叔游（昭二十八）、叔游（昭二十八）──魯

　　案：左昭二十八「訪於司馬叔游」，杜注：「叔游，司馬叔侯之子。」即晉女叔齊之子。春秋分記世譜六亦云：「女叔氏：齊生游。」亦以叔游爲女叔齊之子，又以女叔爲其氏。傳稱叔游，叔蓋亦其氏，詳0069女叔齊條，游則爲其名或字。女叔齊又稱司馬女叔侯，左襄二十九楊注：「官司馬。」則叔游之稱司馬叔游，蓋襲父職也。

0594、司馬桓子（襄二十五）──陳

　　案：左襄二十五陳侯「遇司馬桓子」，杜注：「陳之司馬。」則司馬、其

官也。左通補釋十八引周氏附論云：「襄三年袁僑，據世族譜云：諡桓子，蓋時為司馬。」疑此司馬桓子即左襄三之袁僑。今暫分為二條。會箋云：「桓，諡。」以桓為其諡。

0595、司馬烏（昭二十八）、司馬督（昭二十二）──晉

案：左昭二十二「晉籍談、荀躒、賈辛、司馬督……」，杜注謂司馬督即「司馬烏」，左昭二十八即稱「司馬烏」。解詁云：「烏乃篤之譌，篤與督古字通，漢書古今人表正作司馬篤。」以為此人名「似異而實同者」。而左昭二十八會箋則云：「督名烏。」蓋以烏為其名、督為其字。

0596、司馬寅（哀十三）──晉

案：左哀十三「趙鞅呼司馬寅曰」，杜注：「寅，晉大夫。」楊注云：「司馬蓋其官，吳語作董褐，韋注謂即司馬寅。」

0597、司馬彊（昭二十）──宋

案：左昭二十「宋華向之亂……司馬彊……出奔鄭」，杜注：「宋大夫。」

0598、司馬薳越（昭二十三）、薳越（昭二十一）──楚

案：左昭二十一「楚薳越帥師將逆華氏」，陳氏世族譜及春秋大事表十二下於楚為氏下列「薳越」，以薳為其氏。蒍、薳音同通用，見 2298 薳章條。其稱司馬薳越者，司馬，其官也。

0599、司馬竈（昭三）──齊

案：左昭三「司馬竈見晏子」，杜注：「司馬竈，齊大夫。」

0600、司馬鬷戾（昭二十五）、鬷戾（昭二十五）──魯

案：左昭二十五「叔孫氏之司馬鬷戾言於其眾曰」，則鬷戾為魯叔孫氏之司馬，鬷蓋其氏也，參 2393 鬷聲姬條。戾為其名或字。

0601、司寇牛父（文十一）──宋

案：左文十一「鄋瞞伐宋，司徒皇父帥師禦之……司寇牛父駟乘」，則司寇牛父為宋人。司徒皇父之皇為其字，參 1172 皇父充石條，則牛父之牛或亦其字歟？

0602、司寇亥（哀二十五）──衛

案：左哀二十五衛「褚師與司寇亥乘」，通志氏族略第四「司寇氏」下曰：「世本云：衛靈公之子公子郢之後也，郢之子孫為衛司寇，以官為氏，司寇亥即其裔也。」以司寇為其氏。

0603、司齊（襄十）──鄭

案：左襄十「司臣……司齊……奔宋」，杜注：「司齊，司臣子。」則司，其氏也，參0578司臣條。

0604、司鐸射（昭十三）──魯

案：左昭十三「司鐸射懷錦奉壺……」，杜注：「魯大夫。」楊注云：「蓋司鐸爲官名，其官署亦曰司鐸，哀三年『司鐸火』，杜注『官名』可証。」

0605、外僕髡屯（僖三十三）──鄭

案：左僖三十三「外僕髡屯禽之以獻」，會箋：「髡屯蓋名。」楊注亦云：「髡屯疑爲人名。」杜氏世族譜鄭雜人下列「外僕髡屯」。春秋大事表十以外僕爲鄭官名。

0606、左公子洩（桓十六）、左公子（桓十六）──衛

案：左桓十六衛「左公子洩、右公子職立公子黔牟」，同傳又稱左公子、右公子，孔疏云：「此左、右公子蓋宣公之兄弟也。」左、右之稱爲號，參0570右公子職條。

0607、左尹王子勝（昭十八）──楚

案：左昭十八「楚左尹王子勝言于楚子曰」，則王子勝爲楚人，左尹爲楚官名。

0608、左尹郤宛（昭二十七）、郤宛（昭二十七經）、子惡（昭二十七）、左尹（昭二十七）──楚

案：左昭二十七「左尹郤宛……帥師至于潛」，左尹爲楚官名。同傳費無極譖郤宛，郤宛自殺，楚「盡滅郤氏之族黨」，傳稱郤氏，則郤、其氏也。同年經「楚殺其大夫郤宛」，杜注謂郤宛「書名」。傳稱子惡，解詁云：「楚郤宛、字子惡。」亦謂郤宛名宛，又謂其字子惡。左傳人物氏郤者，除郤宛外皆晉人，疑郤宛與伯州犁同，其先本亦晉人，左成十七晉討郤氏，殺三郤，而郤氏有奔楚者歟？

0609、左史老（哀十七）──楚

案：左哀十七「右領差車與左史老皆相令尹、司馬以伐陳」，杜注：「左史……楚賤官。」以左史爲其官，春秋大事表十亦以左史爲楚官名。老爲其名或字。

0610、左史倚相（昭十二）──楚

案：左昭十二「左史倚相趨過」，杜注：「倚相，楚史名。」會箋云：「二

字名，謂倚姓者非也。楚語，左史自稱倚相。」以國語楚語上左史自稱倚相，推知倚相爲其名，倚非其氏，左史則楚官名。

0611、左司馬沈尹戌（昭二十七）、戌（昭十九）、沈尹戌（昭十九）、左司
　　　　馬戌（昭三十一）、司馬（定四）──楚

　　案：左昭十九「沈尹戌曰」，杜注：「戌，莊王曾孫，葉公諸梁父也。」惠棟春秋左傳補註云：「王符潛夫論曰『左司馬戌者，莊王之曾孫也，葉公諸梁者，戌之第三弟也』，高誘呂覽注曰『沈尹戌，莊王之孫，沈諸梁葉公子高之父也』，三說不同。」雖三說不同，然以沈諸梁爲沈尹戌之親人則一也。沈爲楚縣名，其縣令曰沈尹，參 0921 沈尹條。沈尹戌或嘗爲沈尹，故稱沈尹戌，戌或其名歟？左昭三十一「左司馬戌，右司馬稽帥師救弦」，左、右司馬皆楚官名，參春秋大事表十。左昭二十四前稱其曰沈尹，昭二十七後稱其曰左司馬。司馬，則沈尹戌蓋後任司馬之職，故左定四載史皇稱沈尹戌爲「司馬」。司馬者，左司馬之省稱也。左定四「左司馬戌及息而還……初司馬臣闔廬」，以左司馬與司馬互用可知矣。

0612、左司馬眅（哀四）──楚

　　案：左哀四「左司馬眅……致蔡於負函」，杜注：「楚丈夫。」左司馬爲其官名，楚有左司馬之官，左襄十五楚「公子成爲左司馬」是也。

0613、左行共華（僖十）──晉

　　案：左僖十晉殺「左行共華、右行賈華」，其稱行者，左昭元戴晉與狄戰，魏舒以「彼徒我車」爲不利，故「請皆卒」，乃「毀車以爲行」，則行蓋爲步卒行列。左僖二十八「晉侯作三行以禦狄……屠擊將右行，先蔑將左行」，亦有左右行，蓋步軍也。左成十八有右行辛，左昭二十二傳有右行詭，則或以官爲氏，參 0572 右行辛條。然則左行者，蓋步軍之官名也。通志氏族略第二：「共氏……商末侯國，今河內共城即其地也。文王侵阮徂共，其子孫以國爲氏，晉有左行共華。」以共爲其氏。

0614、左師展（昭二十五）──魯

　　案：左昭二十五「左師展將以公乘馬而歸」，杜注：「展，魯大夫。」會箋云：「宋有左師，始見僖九年，今魯亦設是官。」以左師爲其官。展，其名或字也。

0615、左鄢父（僖二十四）──周

　　案：左僖二十四「王使……左鄢父告于秦」，杜注：「周大夫。」

0616、平（哀十六）──楚

　　案：左哀十六楚「子期之子平見之」，則此爲楚公子結之子，楚平王之孫。平或其名。

0617、平王（隱三）、平（僖二十四）──周

　　案：左隱三「平王崩」，此周平王也。左僖二十四「鄭有平、惠之勳」，杜注以平爲周平王，平蓋其謚也。

0618、平夏（昭元）──楚

　　案：左昭元楚公子圍弒楚王「遂殺其二子幕及平夏」，則平夏及幕爲楚子麇之子，楚康王之孫。楊注：「二子之名。」以平夏爲其名。

0619、平國（宣十經）、陳侯（文十四經）、陳靈公（宣元）、靈侯（成二）
　　　　──陳

　　案：左宣十經「陳夏徵舒弒其君平國」，經多書名，平國，其名也。左宣十二經「葬陳靈公」，靈當是其謚。左成二申公巫臣謂夏姬「弒靈侯」，杜注：「陳靈公也。」經書陳君曰侯，此以謚配侯字爲稱，而會箋云：「謚稱公，不稱侯，此恐傳寫之誤。」謂本作「靈公」，傳寫誤作「靈侯」。此未必然，經傳有以謚配侯爲稱，如左桓十七經「葬蔡桓侯」，是經以謚配侯爲稱者也。左宣十七經「葬蔡文公」，而左襄二十稱「蔡文侯」；左哀四經「葬蔡昭公」，同年傳稱「蔡昭侯」，是傳以謚配侯爲稱也。會箋謂「謚稱公，不稱侯」者，得其大概，而遺其特例。

0620、弁糾（成十八）──晉

　　案：左成十八晉使「弁糾御戎」，杜注：「弁糾，欒糾也。」國語晉語七「知欒糾之能御以和于政也，使爲戎御」，韋注：「欒糾，晉大夫弁糾。」杜、韋二注皆以弁糾即欒糾。會箋云：「弁，采邑名。」晉有欒氏，弁糾蓋原氏欒，故國語稱欒糾，陳氏世族譜及春秋大事表十二上於晉欒氏下皆列欒糾，以欒爲其氏。會箋以弁爲采邑名，若其說是，則欒糾食邑於弁，故稱弁糾，猶士會之子士魴食采於彘，故傳稱其爲彘季，稱其子曰彘裘。

0621、弗父何（昭七）──宋

　　案：左昭七孟僖子曰「孔立……其祖弗父何以有宋而授厲公」，杜注：「弗父何，孔父嘉之高祖，宋閔公之子，厲公之兄。」詩商頌那孔疏引世本云：「宋湣公生弗甫何，弗甫何生宋父，宋父生正考甫，正考甫生孔父嘉，

爲宋司馬，華督殺之，而絕其世，其子木金父降爲士，木金父生祁父，祁父生防叔，爲華氏所偪，奔魯爲防大夫，故曰防叔，防叔生伯夏，伯夏生叔梁紇，叔梁紇生仲尼。」亦以弗父何爲孔子先祖、宋閔公之子。解詁云：「宋公子何，字弗父。」以何爲其名，弗父爲其字，是也。古人名字連言，皆先字後名，故以字配名曰弗父何。

0622、弘（僖十五）——秦

案：左僖十五秦穆公夫人「以大子罃、弘與女簡璧登臺而履薪焉」，杜注：「罃、康公名，弘、其母弟也。」則弘爲秦康公之母弟，秦穆公之子，罃爲康公之名，則弘當亦名也。

0623、正考父（昭七）——宋

案：左昭七「及正考父」，杜注：「弗父何之曾孫。」弗父何爲宋閔公之子，孔子之先祖，正考父亦孔子之先祖，杜注以正考父爲弗父何之曾孫，據世本，則弗父何之孫也，參 0621 弗父何條。解詁：「宋公孫考父，字正。」自注云：「昭七年左傳正考父，先字而後名也。」並謂考，成也，正亦成也。是以名字相應。

0624、正常（哀三）——魯

案：左哀三「季孫有疾，命正常曰」，杜注謂正常爲季「桓子之寵臣」。

0625、正輿子（襄二）——萊

案：左襄六「王湫帥師及正輿子，棠人軍齊師」，杜注：「正輿子，萊大夫。」傳述萊正輿子與齊戰，敗而奔莒，其後齊滅萊，荀子堯問篇「萊不用子馬而齊并之」，楊倞注云：「或曰正輿子、字子馬。」會箋云：「據此，則正輿子蓋姓正，名輿，古人名字相配，楊倞以子馬爲正輿子字，是也。」解詁云：「萊正輿子，字子馬。」自注云：「正蓋氏也。」並釋云：「駕馬所以引輿」。以爲名輿字子馬，名字相應。

0626、玄妻（昭二十八）

案：左昭二十八「昔有仍氏生女，黰黑……名曰玄妻」，杜注：「美髮爲黰。」又注「玄妻」云：「以髮黑故。」然則稱玄妻者，以此女髮黑故也。

0627、甘大夫襄（昭九）、甘人（昭九）——周

案：左昭九「周甘人與晉閻嘉爭閻田」，杜注：「甘人，甘大夫襄也。」傳下文稱「甘大夫襄」，孔疏云：「孔子父叔梁紇爲鄹邑之長，論語謂孔子爲

鄒人之子，是典邑大夫法當以邑名冠之而稱人，知此甘人即是下文甘大夫襄也。」左襄十亦稱叔梁紇為郰人紇，以「郰人」配名稱之。傳稱甘大夫襄，襄，其名或字。

0628、甘桓公（昭二十四）——周

案：左昭二十四「召簡公、南宮囂以甘桓公見王子朝」，杜注：「桓公，甘平公之子。」則甘、其氏也；桓蓋其謚也。

0629、甘過（襄三十）、過（昭十二）、甘悼公（昭十二）——周

案：左襄三十「甘過……殺佞夫」，杜注：「周大夫。」左昭十二「甘簡公無子，立其弟過」，則甘過為甘簡公之弟也，甘為其氏。甘過得立後，其卒乃得稱甘悼公，悼蓋其謚也。過，其名或字。

0630、甘歜（文十七）——周

案：左文十七「周甘歜敗戎于邥垂」，杜注：「歜，周大夫。」陳氏世族譜及春秋大事表十二上，皆列甘歜於周甘氏之下，以甘為其氏。

0631、甘簡公（昭十二）——周

案：左昭十二「甘簡公無子」，杜注：「甘簡公，周卿士。」杜氏世族譜周甘氏下列甘簡公，以甘為其氏，簡蓋其謚也。

0632、田丙（哀十七）——宋

案：左哀十七「宋皇瑗之子麇，有友曰田丙」，則田丙蓋宋人。

0633、田蘇（襄七）——晉

案：左襄七晉韓無忌謂韓起「與田蘇游」，杜注：「田蘇，晉賢人。」

0634、甲（昭二十五）——魯

案：左昭二十五魯季公鳥「生甲」，洪亮吉春秋左傳詁十八云：「顧炎武云『石經申誤作甲』，今攷宋本並作甲，與石經合，未可謂之誤也。諸刻本作申，乃傳寫之誤也。」會箋本亦作甲，則作甲是。春秋左傳詁又曰：「或云：猶言某甲，失其名耳。」

0635、申公叔侯（僖二十六）、申叔（僖二十八）——楚

案：左僖二十六「實桓公子雍於穀……楚申公叔侯戍之」，楚稱某公者，為某地之守邑大夫，則申公叔侯者，即守申之大夫也。史記楚世家作「申侯」，侯為其名或字，以邑配名或字，故曰申侯，如趙同食邑於原，而傳稱原同也。左僖二十八「楚子入居于申，使申叔去穀」，作「申叔」，叔或其行次，如趙

同食邑於原，傳稱原叔也。

0636、申公壽餘（哀四）——楚

案：左哀四楚「申公壽餘……致蔡於負函」，杜注：「楚大夫也。」楚謂縣大夫曰公，申公壽餘爲申之大夫，壽餘當是其名。

0637、申公鬬班（莊三十）、鬬班（莊二十八）——楚

案：左莊二十八「鬬班……王孫喜殿」，俞樾春秋名字解詁補義及胡元玉駁春秋名字解詁俱以爲此鬬班即令尹子文之子鬬般，鬬班見於此年及左莊三十，左莊三十稱其爲申公，殺令尹子元，其後即未再出現。而鬬般則見於左宣四，爲令尹子文之子，是年被殺，兩者相去五十九年，當非一人。且據左宣四鬬般爲若敖之曾孫，而據左莊三十孔疏引服虔之說，鬬班爲若敖子，引杜氏世族譜之說，以爲若敖孫，輩份不相同，則鬬班與鬬般當爲二人。若敖之後多以鬬爲氏，如鬬伯比、鬬射師，鬬椒皆是，則鬬班蓋氏鬬，陳氏世族譜及春秋大事表十二下楚鬬氏下皆列鬬班。以其爲楚申縣大夫，故又稱申公鬬班。

0638、申包胥（定四）——楚

案：左定四「伍員與申包胥友」，杜注：「包胥，楚大夫。」申包胥，史記楚世家集解引服虔曰：「楚大夫王孫包胥。」秦本紀正義云：「包胥，姓公孫，封於申，故號申包胥。」傳述申包胥如秦乞師救楚事，戰國策楚一載此事稱「棼冒勃蘇」，會箋云：「棼冒，楚武王之兄，史記作蚡冒，勃蘇即包胥，蓋包胥出於蚡冒，故戰國策謂之棼冒勃蘇，而服虔注左氏亦曰王孫包胥也。傳稱申包胥者，食邑於申，因以爲氏耳。」楊注亦謂申包胥「或食邑於申，因以爲氏」，然又云：「勃蘇疑其名……包胥則其字乎？」以勃蘇爲名、包胥爲字，而不以勃蘇爲包胥之異文。綜觀左傳人物之字，多爲一字，罕有二字者，疑包胥是名，而非字也。

0639、申句須（定十二）——魯

案：左定十二「仲尼命申句須、樂頎下伐之」，杜注：「二子，魯大夫。」魯有申氏人物，申句須蓋氏申，參 0650 申須條。

0640、申叔展（宣十二）、叔展（宣十二）、申叔（宣十二）——楚

案：左宣十二「號申叔展」，杜注：「楚大夫。」傳又稱其曰申叔、叔展，展蓋其名，申叔、叔皆其氏，參 0641 申叔時條。

0641、申叔時（宣十一）——楚

　　案：左宣十一「申叔時使於齊」，此楚大夫。春秋分記世譜七楚申叔氏下首列申叔時，云：「時生跪，跪生叔豫。」通志氏族略第五云：「申叔氏：楚大夫申叔侯，食邑于申，此申叔時之後也。」陳氏世族譜楚申叔氏首列申公叔侯，即氏族略所謂申叔侯，次列申叔時與申叔展，申叔時之後列申叔跪、申叔跪之後列申叔豫。既稱申叔氏，必與申有關。左成十五「申叔時老矣，在申」，杜注：「老歸本邑」。是也、陳氏世族譜於申叔時之前，列申公叔侯，申公叔侯爲申縣大夫，傳又稱申叔，史記稱申侯，蓋侯爲其名或，叔爲其行次，參 0635 申公叔侯條。陳氏世族譜以申公叔侯爲申叔氏之祖，若是，則蓋其後人以其行次叔爲氏，曰叔氏，如魯三家之以行次爲氏也。又因其爲申公，其後人與申亦有密切關係，如申叔時老而居申，即其一例。故又以邑「申」配「叔」而爲申叔氏。然則叔、其單氏也；申叔，其複氏也，此如楚苗賁皇，苗爲其邑，賁爲其父字，以父字爲氏曰賁皇，以邑配父字爲複氏，曰苗賁皇。由上之分析，則申叔氏又得以叔爲氏也，故申叔展，傳或稱叔展，參 0640 申叔展條；申叔豫，傳又稱叔豫，參 0644 申叔豫條。或以叔爲上述諸人之行次，然自申公叔侯之後凡五人，其行輩皆爲叔乎？蓋不可能也。楚申叔氏人物之名號，與晉女叔氏類似，參 0069 女叔齊條。

0642、申叔跪（成二）——楚

　　案：左成二「申叔跪從其父將適郢」，杜注：「叔跪，申叔時之子。」則申叔爲其氏也，跪、其名歟？詳 0641 申叔時條。

0643、申叔儀（哀十三）——吳

　　案：左哀十三「吳申叔儀乞糧於公孫有山氏」，杜注：「申叔儀，吳大夫。」楚有申叔氏，見 0641 申叔時條。此吳之申叔儀，未知與彼申叔氏有關否？

0644、申叔豫（襄二十一）、叔豫（襄二十一）、申叔（襄二十二）——楚

　　案：左襄二十一「訪問申叔豫」，杜注：「叔豫，叔時孫。」傳續稱其曰「叔豫」，左襄二十二蔿子馮稱其曰「申叔」，豫蓋其名，叔及申叔皆其氏，詳 0641 申叔時條。

0645、申夜姑（昭二十五）、夜姑（昭二十五）——魯

　　案：左昭二十五「公鳥之臣申夜姑」，則申夜姑爲魯季公鳥之家臣。同傳季公鳥妻季姒訴公甫曰「展與夜姑將要余」，稱夜姑，夜姑蓋其名也，而申當爲其氏也。

0646、申侯（僖四）──楚→鄭

　　案：左僖七「申侯、申出也，有寵於楚文王……出奔鄭，又有寵於厲公」，則申侯原爲楚人，復爲鄭臣。其稱申者，傳云「申出也」，顧炎武左傳杜解補正云：「蓋楚女嫁於申所生。」此非也。左傳作某出者，即某國之女所生也，如左莊三十二「陳厲公，蔡出也」，即蔡女所生，故此「申出也」，應爲申女所生方是。會箋云：「隱元年申初見，莊六年楚文王伐申，莊三十年始書申公，蓋滅申爲縣也。申侯蓋楚公子冒母家之族者。」謂申侯爲楚公子，而冒母家之族申，故稱申侯。楊注云：「申侯或本非申氏，或雖申氏而娶於申國，申國固姜姓，不背古人同姓不婚之禮。」謂申侯之父雖氏申，而娶於申國亦可。左僖七經「鄭殺其大夫申侯」，杜注：「申侯，鄭卿，專利而不厭，故稱名以殺。」會箋云：「侯、其名。」傳稱「申侯、申出也」，則申非其名，會箋謂侯爲其名，是也。

0647、申書（襄二十一）──晉

　　案：左襄二十一晉范宣子殺「申書」，杜注：「晉大夫。」

0648、申無宇（襄三十）、芊〔芋〕尹無宇（昭七）、無宇（昭七）──楚

　　案：左昭七「芊尹無宇斷之」，釋文云：「芊，干付反。」字作芋，會箋本亦作芋，則傳文「芊」當作「芋」。孔疏：「芋是草名，哀十七年陳有芋尹，蓋皆以草名官。」楊注謂「芋尹爲毆獸之官」，不知何據，然皆以芋尹爲官名。左昭十三「芋尹無宇之子申亥」，稱其子爲申亥。左襄三十稱其爲「申無宇」，則申爲其氏，無宇蓋其名。

0649、申犀（宣十五）、犀（宣十四）──楚

　　案：左宣十四楚申舟「見犀而行」，杜注：「犀，申舟子，以子託王示必一死。」左文十五即稱「申犀」，父稱申舟，子稱申犀，則申、其氏也，犀蓋其名。

0650、申須（昭十七）──魯

　　案：左昭十七「申須曰」，杜注：「申須，魯大夫。」左桓六魯有申繻，左襄二十三魯有申豐，左昭二十五魯有申夜姑，左定十二魯有申句須，申蓋彼等之氏歟？

0651、申蒯（襄二十五）──齊

　　案：左襄二十五「申蒯侍漁者……」，據傳，申蒯爲齊莊公之臣，同傳齊有申鮮虞，氏申，申蒯或亦氏申歟？

0652、申鮮虞（襄二十三）、鮮虞（襄二十五）——齊

案：左襄二十五「與申鮮虞乘而出，鮮虞推而下之」，杜注：「莊公近臣。」既稱申鮮虞，又稱鮮虞，則申、其氏也，鮮虞蓋其名。廣韻申字注引申鮮虞，以申鮮為複氏，若以申鮮為複氏，則傳不得稱鮮虞矣，故其說非。

0653、申豐（襄二十三）——魯

案：左襄二十三「申豐趨退」，杜注：「申豐，季氏屬大夫。」申蓋其氏，參0650申須條。

0654、申繻（桓六）——魯

案：左桓六「公問名於申繻」，杜注：「申繻，魯大夫。」左桓十八楊注：「管子大臣篇作申俞，俞、繻古音同在侯部，列女傳孽嬖傳仍作申繻。」申蓋其氏，參0650申須條。

0655、申驪（成八）、申麗（襄二十六）——楚

案：左成八「晉欒書……侵楚，獲申驪」，杜注：「申驪，楚大夫。」左襄二十六作申麗，實同一人也。

0656、白乙丙（僖三十三）、白乙（僖三十三）——秦

案：左僖三十三晉「敗秦師于殽，獲百里孟明視，西乞術、白乙丙以歸」，稱白乙丙。而左襄三十二「召孟明、西乞、白乙」，止稱白乙，孔疏云：「古人之言名字者，皆先字後名而連言之……丙必是名……白乙或字或氏，不可明也。」以丙為其名，是也。呂氏春秋悔過篇載秦三帥對弦高曰「寡君之無使也，使其三臣丙也、林也、視也……」，自稱丙，則丙、其名也。悔過篇又曰「蹇叔有子曰申與視」，高注云：「申，白乙丙也。」左通補釋八因謂：「疑白乙是氏，丙名，申字也。」以白乙為氏，此一說也。廣韻白字注：「白……姓，秦師有白乙丙。」以白為白乙丙之姓。解詁云：「秦白丙，字乙。」自注云：「蓋曰、姓也，乙、字也，丙、名也，稱白乙丙者，文十一傳正義曰：『古人連言名字者，皆先字後名。』」以白為氏，乙為字，丙為名，此又一說也。據傳，蹇叔之子與師而已，而非三帥，蹇叔預言其子必死殽之二陵間，左傳好預言，言多有應，而傳載三帥生還秦國，則白乙丙非蹇叔之子，高注以蹇叔子申為白乙丙，蓋非。左通補釋據高注立說，當亦非也。解詁以白為氏，乙為字，丙為名，當是。左傳人物有以天干為名字者，如鄭石癸字甲，衛夏戊字丁，楚公子任夫字辛，白乙丙名丙字乙，亦其例也。

0657、白狄子（僖三十三）──白狄

　　案：左僖三十三「郤缺獲白狄子」，杜注：「白狄，狄別種也。」白狄子即白狄之君。

0658、石乞（哀十六）、乞（哀十六）──楚

　　案：左哀十六楚曰公勝「謂石乞曰」，杜注：「石乞，勝之徒。」則石乞爲楚人。同傳三稱「乞曰」，則乞爲其名或字，石蓋其氏也。

0659、石乞（哀十五）──衛

　　案：左哀十五衛大子蒯聵「下石乞、孟黶敵子路」，衛有石氏，陳氏世族譜及春秋大事表十二下皆列石乞、石曼姑、石魋於衛石氏下，以石爲其氏。

0660、石之紛如（莊八）──齊

　　案：左莊八「石之紛如死于階下」，杜注：「齊小臣。」會箋云：「石，姓。」以石爲其姓，又云：「之，助語也……蓋因姓名音節用助聲也。」楊注亦云：「之字，蓋加以助音節者。」之字爲氏名間之語助，詳頁七一。

0661、石制（宣十二）、子服（宣十二）──鄭

　　案：左宣十二「鄭石制實入楚師……鄭殺……子服」，杜注：「子服，石制也。」解詁云：「鄭石制、字子服。」以制爲其名，子服爲其字。左傳人物中，鄭有石癸、石楚、石制、石首、石奠、石盂，陳氏世族譜以爲皆氏石，歸爲石氏。

0662、石尚（定十四經）──周

　　案：左定十四經「天王使石尚來歸脤」，杜注：「石尚，天子之士，石、氏，尚，名。」

0663、石盂（襄二十二）──鄭

　　案：左襄二十二鄭子產曰「子侯、石盂，歸而討之」，石盂爲鄭人，蓋氏石，參 0661 石制條。杜注以石盂即石奠，恐非，參 0059 大宰石奠條。

0664、石祁子（莊十二）──衛

　　案：左莊十二衛「石祁子曰」，杜注：「石祁子，衛大夫。」禮記檀弓下有石祁子，乃石駘仲之子，鄭注謂石駘仲爲衛大夫石碏之族，杜氏世族譜衛石氏下亦列石祁子，然則石，其氏也。左莊六「鄧祁侯」，孔疏云：「諡法：經典不易曰祁，衛有石祁子，亦諡也。」則孔疏以祁爲其諡。左莊十二楊注云：「春秋初期，各國卿大夫並以伯仲叔季爲稱，此衛大夫稱石祁子，閻若璩謂『大夫稱子莫先於此』。」然左隱四石碏已稱「石子」，則此說非也。

0665、石厚（隱四）、厚（隱三）——衛

　　案：左隱三謂衛石碏「其子厚與州吁游」，左隱四作「石厚」，則石厚爲石碏之子，石，其氏也，厚爲其名歟？

0666、石癸（宣三）、石甲父（僖二十四）——鄭

　　案：左僖三十「鄭公子蘭出奔晉……鄭石甲父、侯宣多逆以爲大子，以求成于晉」，則石甲父爲鄭大夫。左宣三追敍此事云「石癸……侯宣多納之，以與晉平」，易石甲父爲石癸，則石甲父即石癸；杜氏世族譜以石甲父、石癸爲一人，是也。通志氏族略第三衛石氏下以石甲父、石癸爲二人，左傳人名地名索引及春秋經傳引得亦同，則非。既言石甲父，又稱石癸，則石、其氏也。元和姓纂卷十云：「鄭石癸……字甲父。」解詁同，以癸爲其名，甲父爲其字，甲蓋其字，父則男子美稱。左傳人物有以天干爲名字者，如衛夏戊字丁、楚公子壬夫字辛是也。

0667、石首（成十六）——鄭

　　案：左成十六「石首御鄭成公」，則石首爲鄭人，石蓋其氏，參 0661 石制條。

0668、石圃（哀十七）、圃（襄二十八）——衛

　　案：左襄二十八衛人立石惡之「從子圃，以守石氏之祀」，杜注：「石惡之先君石碏有大功於衛國，惡之罪不及不祀。」然則石圃之石，其氏也，圃爲其名或字。

0669、石張（昭三十二）——周

　　案：左昭三十二「王使富辛與石張如晉，請城成周」，則石張爲周人。左定十四經周有石尚，杜注以石尚之石爲氏，左莊十九周有石速，此石張及石速或亦氏石也。

0670、石曼姑（哀三經）——衛

　　案：左哀三經「齊國夏、衛石曼姑帥師圍戚」，則此爲衛大夫。杜氏世族譜云：「石曼姑、懿子、石買孫。」以其爲石買孫，則石、其氏也，經多書名，則曼姑爲其名。

0671、石速（莊十九）、膳夫（莊十九）——周

　　案：左莊十九周惠王「收膳夫之秩……石速……作亂」，杜注：「膳夫，石速也。」楊注云：「膳夫，官名……下言石速，蓋變文。」石速之石或其氏，參 0669 石張條。

0672、石惡（襄二十七經）、悼子（襄十九）──衛

案：左襄十九「衛石共子卒，悼子不哀」，杜注謂石共子爲「石買」，悼子爲「買之子石惡」，則石惡氏石，石惡稱悼子。悼蓋其謚也。左襄二十八經「衛石惡出奔晉」，經多書名，惡蓋其名，杜注：「書名。」亦以惡爲其名。

0673、石楚（文十七）──鄭

案：左文十七「鄭大子夷、石楚爲質于晉」，杜注：「石楚，鄭大夫。」石楚之石蓋其氏，參 0661 石制條。

0674、石碏（隱三）、石子（隱四）──衛

案：左隱三衛「石碏諫曰」，杜注：「石碏，衛大夫。」潛夫論志氏姓云：「衛之公族：石氏。」杜氏世族譜云：「石碏，靖伯孫。」據史記衛康叔世家，靖伯爲衛君，在周夷王之前，石碏當非靖伯孫，或靖伯之後耳。通志氏族略第三謂石碏之石爲「以字爲氏」，路史國名紀戊則云：「石，碏邑……姓書云：王父字爲氏，非。」謂石爲石碏之邑，石碏之石，以邑爲氏，與氏族略之說不同。左隱四載其子石厚「問定君於石子，石子曰……」稱石碏爲石子，會箋云：「前後皆稱石碏，此改曰石子，父子之辭也。夾谷之會，討齊之請，特舉聖諱，亦君臣之辭也。」此或非也。子、男子之美稱，以氏配子稱某子，爲左傳卿大夫稱謂之通例，故左成二石碏四世孫石稷稱石子，孫良夫亦稱孫子，云「石子欲還，孫子曰……」，未見有所謂「父子之辭」也。左定十四孔子辭魯哀公，亦云「孔子辭」，而不曰「孔丘辭」，亦未見有所謂「君臣之辭」也。左傳大夫稱某子，自此始。

0675、石彄（定十經）──宋

案：左定十「石彄出奔陳」，杜注：「彄、褚師段子……宋卿。」褚師段爲宋共公之子，字石，詳見 2102 褚師段條，其子稱石彄，以父字爲氏也。左定十經「石彄」，杜注：「稱名，亦罪之也。」則以彄爲其名。

0676、石稷（成二）、石子（成二）、石成子（成二）──衛

案：左成二「衛侯使孫良夫、石稷……侵齊」，杜注：「石稷，石碏四世孫。」則石、其氏也。其稱石成子者，成蓋其謚也，子則男子之美稱。稱石子者，猶其先祖石碏之稱石子矣。

0677、石魋（哀十七）──衛

案：左哀十七「發陽之役衛石魋……」，杜注：「石魋，石曼姑之子。」然則石，其氏也。杜氏世族譜云：「石魋，昭子。」昭蓋其謚也。